Environment and Welfare

환경과 복지

박순애 편

정회성 정남지 장원창 추장민 구철회 이희선

박영사

차   례

제1부

환경복지의 개념과 핵심요소 (정회성)

제5부

환경복지정책의 미래 (박순애, 추장민, 구철회, 이희선)

▌맺음말

부록

서 장

제1장 지속가능한 발전과 환경

국민소득 2만 달러('11년), 인구 5천만 명('12년) 돌파 등 경제발전의 결과로 환경에 대한 국민의 기대가 변화하고 있다. 환경정책에 대한 국민의 요구 수준은 과거 오염물질관리 수준을 넘어 소극적인 '환경보건' 정책에서 적극적인 '환경복지' 차원으로 전환되고 있다. 헌법 제35조 제1항은 모든 국민이 건강하고 쾌적한 환경에서 생활할 권리를 보장하고 있으며, 환경정책기본법 제2조 제2항에서도 국가와 지방자치단체는 국민이 환경 관련 재화·서비스를 이용할 때 지역·계층·집단 간 형평성이 유지되도록 고려할 것을 규정하고 있다. 즉 안전하고 쾌적한 환경을 향유할 권리는 국민의 기본권이며 이와 관련된 서비스의 제공은 정부의 의무이자 책임임을 알 수 있다.

지속가능한 복지 논의에서 물질적 풍요만으로 삶의 질 수준을 높이는 데는 한계가 있다는 견해에 다수의 학자들이 동의하고 있지만(고재경, 2012), 복지국가에 대한 논쟁은 여전히 재원확보 측면에 초점이 맞춰져 있다. McNutt는 사회복지정책의 가능성을 환경복지, 즉 환경문제의 종합적 해결을 모색하는 과정 속에서 새롭게 탐구되어야 한다고 제시한 바 있다. 유사한 맥락에서 Hoff는 지속가능성의 생태학적 원칙이 인간의 기본 욕구 충족을 위한 사회제도 재구성의 토대가 되어야 한다고 주장하고 있다. 이에 대해 최경구(2006)는 빈곤과 불평등한 자원배분이 환경파괴의 원인이 된다는 점에서 환경문제와 사회복지의 결합인 환경복지라는 개념 창출의 가능성을 확인시켜주고 있다. 그러나 Agenda 21, 사회적 형평성과 경제, 환경문제를 함께 고려한 '지속가능한 발전'의 개념은 이미 환경복지의 개념을 부분적으로 내포하고 있음에도 불구하고 환경복지와 연계된 통합적인 정책으로 실효성 있게 구현되지 못하고 있다.

환경문제는 이미 전 세계적인 주요 패러다임 중 하나이며 각 국가들에서도 삶의 기초가 되는 환경에 관한 논의를 지속적으로 진행하고 있는 상황이다. 미국 환경보호처(EPA)는 2011년 100억 달러 규모의 7대 전략사업으로 기후변화대응, 대기질 개선, 화학물질 안정성 보장, 커뮤니티 정화, 수질보전, 환경정의 확대, 강력한 협력체계 구축을 포함하고 있다. 실제 EPA 사업 중 환경복지와 연관성이 높은 프로그램이 대부분인데 예를 들어, 어린이 등 취약계층에 대한 화학물질 노출 저감을 위한 프로그램, 오염지역 정화사업 등으로 고용창출 및 지역경제 활성화를 도모하기 위한 노력을 기울이고 있다(EPA, 2011).[1]

위에서도 살펴보았듯이 환경복지의 필요성과 긴급성에도 불구하고 이에 관한 사회적 담론만 간헐적으로 있을 뿐 학문적 또는 정책적으로 명료한 개념 정의도 거의 정립되지 않은 상태이다. 경제 발전을 국가 최고의 목표로 삼아 전 세계적으로 GDP측면에서 높은 순위를 기록해왔던 지난 시간을 넘어서, 국민의 쾌적한 삶의 질을 보장할 수 있는 새로운 복지국가의 패러다임을 열어가기 위해서는 환경복지의 정책적 개념정립과 환경복지정책 수립 및 실행을 위한 적극적인 검토가 필요한 시점이다. 환경은 인간의 복지와 삶의 질을 개선하는 데 긴요한 자원을 제공하므로 국민의 기본권을 보장하는 복지국가가 실현되기 위해서는 환경을 근간으로 한 정책적 연구가 필수적으로 수반되어야만 한다.

경제성장과 더불어 국가가 추구해야 하는 지향점에 대한 국민의 인식이 경제 강국에서 삶의 질 개선으로 전환되고 있기 때문에 정부도 국민의 삶의 질 개선과 환경서비스 불균형 해소를 위해 적극적으로 '환경복지' 정책과제를 발굴하여 추진할 필요가 있다. 또한, 모든 국민이 기본적인 환경

---

1) 어린아이들에 대한 납 성분 노출 방지와 석면이나 수은과 같은 고위험군의 화학물질에 대한 노출을 완화하기 위한 정책과 프로그램을 지속하고 있다. 또한, 오염된 부지 정화에 연방정부가 적극적으로 개입하여 지역사회의 안전과 건강을 도모하고, 고용창출 및 복원된 부지의 가치상승으로 해당 지역사회의 경제적 이익까지 도모하고자 노력하고 있다. 나아가 저소득계층이나 영유아 계층에 대한 환경적 불평등을 해소하는 데 집중하고, 특히 오염부지정화 프로그램(Brownfield program)을 통해 저소득계층 지역에 대한 투자를 집중하며 도시 상하수도 시설을 우선적으로 확충하는 데 주안점을 두고 있다.

서비스를 제공받고 건강하게 생활하기 위해서는 환경복지의 범위와 환경부정의(環境不正義)를 보완할 수 있는 전달체계에 대한 공론화가 이루어져야 한다.

본 저서의 궁극적인 목표는 환경복지에 관한 이론적 토대를 구축하고, 환경복지와 삶의 질 향상 문제에 대한 대안을 제시함에 있다. 세부 목표로는 첫째, 환경정의, 환경평등, 환경보건 불평등 등 환경복지 유사 개념과 환경복지의 연관성 및 차이점을 비교·분석하여 환경복지의 개념을 정립한다.

둘째, 지속적으로 환경복지수준을 관리하기 위한 환경복지모형 구축을 위해 국내·외 환경복지 현황 및 관련 연구결과에 대한 분석, 복지 분야에서 추진하는 환경정책에 대해 논한다. 특히 16개 광역자치단체의 환경질 수준과 선진 환경복지국가에 도달하기 위한 최저 기준과의 격차를 측정하고, 환경질과 환경서비스의 지역 간 격차를 줄여 환경정책의 수혜자와 비용부담자 간 불평등을 해소할 수 있는 환경복지정책방향을 제시한다.

셋째, 환경복지를 달성하기 위한 단계적 절차와 목표를 제시할 것이다. 구체적으로 환경복지의 정책 방향을 설정하고 신규 환경복지정책을 개발하여 정책별 세부 이행방안을 마련한다. 나아가 단기 및 중·장기 투자계획을 세우고 기대효과를 분석하여 복지 측면에서의 환경정책의 발전방향을 모색한다. 절차적으로는 사전예방 위주의 환경정책을 강화하고 사후적으로 환경피해보상제도를 확립해 나감으로써 환경복지 구현을 통해 생태계보전과 국민의 쾌적한 자연환경 접근성을 확대하며 녹색 일자리 창출로 생산적 복지를 이루어내는 것 등이 포함될 수 있다.

본 저서의 구체적인 흐름은 다음과 같다. 우선 서장에서는 환경과 복지에 대한 이론적인 논의들을 살펴본다. 제1부에서는 환경복지의 개념을 구성하는 핵심요소들을 살펴보고 환경복지 개념을 제시한다. 제2부에서는 국내·외 환경복지 사례를 살펴봄으로써 환경복지 실현에 있어 유용한 시사점을 도출한다. 제3부에서는 환경복지모형 구축 및 수준 측정을 위한 선행논의로서 우리나라 환경질 수준을 살펴보고 환경복지에 대한 국민인식

현황을 제시한다. 제4부에서는 환경복지와 관련한 국내·외 지표를 고찰하여 환경복지모형 잠재지표를 제시하고, 지방정부의 환경복지 영역별 표준화 지수를 구하였다. 이러한 논의를 종합하여 제5부에서는 환경복지정책에 대한 제언을 도출하였다.

이처럼 본 저서를 통해 궁극적으로는 환경과 복지에 대한 새로운 논의의 장을 마련하고 지속가능한 성장의 토대이자 동력이 될 수 있는 환경정책의 수립에 기여하고자 한다. 구체적으로, 첫째, 환경복지체계에 대한 정책적·이론적 토대를 구축한다. 이론적으로 환경복지개념을 구축함으로써 기후변화와 같이 정책융합 수준이 높은 문제에 대한 정부의 적극적이고 체계적인 대응방안 마련에 도움을 줄 수 있을 것으로 기대한다. 또한, 환경복지모형 구축을 통해 환경 및 정책 분야의 선도적 연구에 기여할 수 있을 것으로 기대한다.

둘째, 경제적·환경적 양극화의 극복에 기여한다. 환경복지 중장기 정책과제 개발을 통하여 환경서비스 불균형 해소에 기여할 수 있으며, 궁극적으로 국민의 삶의 질 개선에 이바지할 수 있다. 사회적으로 문제시되고 있는 경제적 양극화의 심화는 저소득층의 주거 및 자연환경의 악화에 직접적인 영향을 미칠 수 있고, 특히 지가의 상승, 각종 도시 서비스 가격 인상 등으로 저소득층 주민의 거주환경은 더욱 악화될 수밖에 없을 것이다. 정부의 적극적인 개입과 환경복지서비스 전달체계의 구축으로 환경질의 양극화 현상 극복에 기여할 수 있을 것으로 기대한다.

셋째, 지역의 건강성 회복 및 지역 커뮤니티의 재건에 기여한다. 환경복지서비스 전달 과정에 지역주민의 참여를 제고하고 리더십을 증진할 수 있는 방안을 모색함으로써 단순히 정부 서비스의 지원을 넘어서 지역 커뮤니티 재건에 기초를 다질 수 있을 것으로 기대한다. 주민과 학교, 공공기관 등을 연계한 환경거버넌스는 환경복지서비스 전달의 효율성을 높일 뿐만 아니라 지역 정치 및 민주주의의 기초가 되는 대응성 또한 확보 가능하게 하며, 주민 참여적인 환경복지서비스 전달방식을 개발하여 지역의 인적 자원과 사회적 인프라를 향상하는 역할을 할 수 있을 것이다.

제2장 환경과 복지에 대한 이론적 논의

I. 환경복지 개념 관련 선행연구

환경복지에 대한 논의는 학문적 차원과 실무적 차원에서 진행되어 왔기 때문에, 환경복지의 개념에 관해서는 학자들 간에 다양한 스펙트럼을 보이고 있다. 가장 진보적인 형태의 생태복지(Ecowelfare)는 자연환경과 사회환경을 하나의 생태계로 접근하며 진정한 복지는 사람과 사람, 사람과 자연 관계의 질을 높이는 것으로 보고 있다(고재경, 2012). 이러한 맥락에서 최재천(2009)은 생태계와 함께하는 환경친화적 복지를 강조하며, 홍성태(2009)는 생태계의 한계를 존중하고 참여민주주의를 통해 모든 구성원이 인간답게 살기 위한 생활과 인권을 보장할 것을 주장하고 있다. 한편, 환경복지의 출발선으로 볼 수 있는 환경정의에 대해서는 오랜 기간 연구가 축적되어 왔다. 환경정의는 환경 위해성과 관련된 편익과 비용배분의 불균형문제를 다루는 것으로 환경피해 및 환경개선을 위한 비용부담의 역진성, 환경정책 의사결정에서 영향력의 불균형에 대한 문제의식에서 출발하였다. 따라서 환경정의는 한 사회 내 약자뿐만 아니라 국가 간 불평등, 세대 간 불평등을 포괄한다(정회성, 2003: 5). 환경정의는 1990년 Bullard[2]가 흑인과 저소득층이 사는 지역과 폐기물 처리장 등 유해시설 입지 간의 상관관계가 높음을 밝혀낸 후 본격적으로 논의가 시작되었는데, 미국 환경보호청(EPA)은 인종, 민족, 피부색, 소득수준과 관계없이 모든 사람이 환경법·규제·정책의 개발과 집행과정에서 공정하게 대우받고 이러한 과정에 의미 있게 참여하는 것을 환경정의로 규정하였다. OECD(1995) 보고서[3]는

---

[2] Dumping in Dixie: Race, Class and Environmental Quality, 1990.
[3] OECD(1995), Environmental Principles and Concepts, Joint session of Trade and environment Experts(20-22 March 1995) COM/ENV/T7(93)117/REW3.

표 1	환경복지 개념에 관한 선행연구	
저자(연도) 및 연구제목	연구방법	연구내용
최경구(1997), 통일시대의 복지이데올로기: 패러다임의 전환과 환경복지자본주의	문헌연구	환경복지를 실현하기 위해서는 환경복지추진세력이 형성되어야 하며, 민주적 참여 속에서 지역사회복지가 이루어져야 함.
윤갑식(1999), 환경정책과 사회복지: 수도권 지역 내 수질정책의 비용-편익 분석	-조건부 가치측정(CVM) -프로빗모형	공공정책의 일환인 환경정책이 사회복지를 향상시킬 때 즉 환경정책으로 인해 발생하는 사회복지의 편익이 비용보다 클 경우 정책으로서 함의를 지니게 됨
홍개영(2005), 환경복지정책형성에 있어서 환경복지정책 원리에 관한 연구	문헌연구 및 설문조사 (상관관계 검증)	환경오염문제에 대한 국민의 관심은 시대의 흐름에 따른 문제의식임. 따라서 사회복지도 우리 삶과 밀접한 환경에 눈을 돌려야 하며 사회복지정책을 기초로 한 환경복지정책이 필요함.
황석규(2005), 환경복지사회로 나아가는 길 위에서: 제주도 사회복지정책을 중심으로	문헌연구	지방자치와 사회복지의 긍정적인 상호연계를 위해서는 주민 복지 욕구를 수용하고 전달하는 복지시스템 구현이 필요함
최경구(2006), 지속가능성의 패러다임과 사회복지의 결합	문헌연구	국가 내부 및 국가 간 존재하는 환경불평등 문제를 시정하는 것이 사회정의이자 환경정의임. 이를 실현하는 것이 환경문제와 복지문제를 동시적 해결을 가능케 하는 지속가능한 발전임을 제시함.
조복현(2011), 저소득층 에너지 복지사업의 도시정책적 효과 평가: WAP 사업을 중심으로	문헌 및 통계자료 사용 (교차분석)	(사)환경정의의 기후지원(Weatherization Assistance Program) 시범사업은 에너지 복지와 도시정책의 새로운 패러다임을 형성, 저소득층의 에너지 복지와 일자리 창출을 통한 사회통합, 주택정책의 전환을 구체화.
고재경(2012), 환경복지정책의 필요성 및 정책추진방향	문헌연구, GIS분석	환경복지란 모든 사람이 깨끗한 환경을 누리면서 삶의 질을 보장받는 것을 의미. 사회취약계층은 환경오염 피해에 더 취약하고 환경의 질과 서비스의 지역 간 격차가 크기 때문에 환경복지를 구현해야 할 필요.
정회성(2012), 환경복지의 이념과 정책과제	문헌연구	사회복지에서 환경복지로 확장시켜야 하며 인간으로서 누릴 기초수요로서의 환경질을 개선하기 위해서는 환경복지정책을 추진해야 함.
Bullard(1990), Dumping in Dixie: Race, Class and Environmental Quality	문헌연구 설문조사	백인 거주지에 비해 흑인(또는 저소득층) 거주지의 환경위험 정도가 크다고 할 수 있음. 환경인종차별에 대항하기 위해 미국 전역에 퍼진 풀뿌리 운동(grassroots)은 아프리카계 미국인 인권운동과 1960년대 환경보호 운동의 융합 결과임.
Wenz(1998), 「Environmental Justice」	문헌연구	환경약자를 사회적 약자로 제3세계 인류뿐만 아니라 미래세대까지 포괄하여 산업 및 과학기술 발전에 따른 예측 불가능한 피해에 대한 소극적 및 적극적 권리가 부여되어야 함을 주장함.
Hofrichter(1993), Toxic struggles: the theory and practice of environmental justice	문헌연구	워싱턴DC에 소재한 '생태와 사회정의를 위한 센터'의 23개 에세이 모음임. 첫 번째 파트는 환경정의 운동의 문맥을, 두 번째 파트는 지역사회 파괴에 대항하는 주민 결집의 이슈와 성과를 강조함.

Low, Nicholas P.(2000), Consuming Cities: The urban environment in the Global Economy after the Rio Declaration	문헌연구	환경정의에 생태적 요소를 포함하여 인간 외 생태계 구성인 자들을 권리나 도덕적인 주체로 보고, 기존 인간 간의 환경재 이용 및 배분 문제와 구별함.
Pops(1997), Seeking Environmental Equity and Justice	문헌연구	분배적 정의의 관점에서 환경정의를 크게 국가 간 국가 내부, 세대, 생물종 간의 공평성 문제로 나눔.
Hamilton(1997).	문헌연구	저소득층의 낮은 집단행동 성향이 위험발생시설의 집중화 를 낳을 것임을 제시, 달리 말하면 위험시설의 외부성에 대한 지불의사가 정치적 행위에서 사실대로 드러나지 않을 수 있음.

환경정의를 현세대와 미래세대의 수요를 고려하여 환경재를 공평한 방식으로 할당하고 사용하는 것으로 정의하였다. 또한 Wenz(1988), Hofrichter 1993), Low(2000), Pops(1997), Hamilton(1997) 등도 환경정의를 보다 구체적으로 논의하고 있으며, 이는 [표 1]에서 확인이 가능하다(정회성, 2003).

토다 기요시는 "환경평등"을 논의하면서 환경법에 의한 평등한 보호를 위해 적정한 입지, 유해폐기물의 정화, 공해의 효과적 규제를 지역사회의 인종, 계층에 관계없이 확보하기 위해서 법의 평등한 집행을 강조하고 있다(고재경, 2012). 최승철(2011)은 환경불평등(environmental inequality)을 '환경에 대한 접근의 기회'와 '향유의 정도'가 계층별 지위에 따라 불균등하게 이루어지는 것으로 본다. 특히 환경적인 문제로 인해 고통을 받고 있지만 그것에 대해 어떠한 선택도 할 수 없는 경우에 대해 환경불평등이라고 주장한다. 미국에서 시작된 환경정의에 대한 논의는 서로 다른 집단 간의 환경자원 및 경제재화 분배에 대한 부정의(不正義) 문제로 시작되었으며 취약계층, 여성, 아동 등이 안전하고 깨끗한 환경을 누릴 수 있도록 하는 보편적 환경권 차원으로 확대되어 왔다. 또한, 이러한 노력은 오염예방 정책등과 결합하면서 지역을 기반으로 한 다양한 복지정책을 수립하는 데 기여한 것으로 평가할 수 있다(정회성, 2003: 77).

환경정의보다는 비교적 최근에 대두된 환경복지개념에 대해 최경구 1997: 103)는 한국 사회복지 발전기 동안 진정한 의미의 사회복지실현에 부족한 점이 많았음을 지적하면서 이제는 환경과 사회를 통합하는 복지이념으로의 변화가 필요하다고 강조한다. 환경복지를 실현하기 위해서는 환경복지 추진 세력이 형성되어야 하며, 민주적 참여 속에서 지역사회복지가 이루어져야 함을 주장한다. 저자는 차기 연구(2006: 353-358)에서 국가 내부적으로 그리고 국가 간 존재하는 환경불평등의 문제[4]를 시정하는 것이 사회정의이자 환경정의이고, 이를 실현하는 것이 환경문제와 복지문제의 동시적 해결을 가능케 하는 지속가능한 발전으로 보고 있다. 환경복지국가의 전략으로 사회정의의 실현, 환경정당과 정치에의 참여, 환경복지국가의 협치 등을 제시하고, 이를 구현하기 위해서는 환경세력과 복지세력, 자본 세력 간의 대화와 타협이 우선되어야 함을 강조한다. 유사한 맥락에서 윤갑식(1999)은 사회취약계층은 환경오염 피해에 더 취약하고 환경의 질과 서비스의 지역 간 격차가 크기 때문에 환경복지를 구현해야 할 필요성이 존재한다고 주장하고 있다. 홍개영(2005)은 모든 사람은 깨끗하고 쾌적한 환경에서 살고 싶어 하는 욕구를 가지고 있기 때문에 환경오염문제에 대한 국민의 관심은 시대의 흐름에 따른 문제의식이며, 따라서 사회복지도 우리 삶과 밀접한 환경에 관심을 가질 것과 사회복지정책을 기초로 한 환경복지정책이 필요함을 주장한다. 정회성(2012: 9-10)은 사회복지와 환경복지가 모든 국민에게 인간다운 삶을 위한 최소한의 기반을 제공한다는 점에서 공통점을 찾고 있으나, 경제성장의 질적 차이를 개선한다는 것과 세대를 포괄한다는 점에서 환경복지를 사회복지보다 우위의 개념으로 설정하고 있다. 저자는 복지국가 담론을 사회복지에서 환경복지로 확장시켜야 하고, 인간으로서 누릴 수 있는 기초수요로서의 환경질(environment quality)을 개선해야 한다고 주장한다. 환경복지정책을 추진하기 위한 방안으로는 취약계층을 위한 환경보건정책의 증진, 기후변화 대응정책의 강화, 환경재난 사전예방과 피해보상을 적시에 할 수 있는 정책추진, 녹색 일자리 창출로 생산적 복지를 이룩하는 것 등을 제안하고 있다. 한편 고재경(2012)은 경기도를 대상으로 한 사례연구에서 "모든 사람이 깨끗한 환경을 누리면서 삶의 질을 보장받는 것"으로 환경복지를 정의하고 있다.

---

4) 일반적으로 환경공해가 사회적 약자에게 1차적으로 집중되는 경향이 있고, 도시보다는 농촌, 선진국보다는 개발도상국의 환경문제가 심각하다는 것이다(최경구, 2006: 352).

환경복지를 실천적 입장에서 접근한 연구로 윤갑식(1999: 2)은 공공정
책이 근본적으로 추구하는 것은 사회복지의 향상이기 때문에 환경정책도
사회복지를 향상시킬 때 즉, 환경정책으로 인해 발생하는 사회복지의 편익
이 비용보다 클 경우 정책으로서 함의를 지니게 된다고 주장한다.[5] 정우
현 외(2012: 15)는 환경행정의 지방분권화는 행정서비스의 전달체계가 용이
해짐에 따라 지역사회 복지구현에 이바지하며, 이는 결과적으로 지역환경
복지에 기여할 것으로 보고 있다. 그러나 제주도를 대상으로 한 황석규
(2005: 14)의 연구에서는 제주도의 사회복지정책이 환경복지의 구체적 실현
과는 거리가 있으며 이를 해결하기 위해서는 도민의식과 복지욕구를 충족
시킬 수 있는 상향식 전달체계에 근거한 환경복지사회의 필요성을 지적하였
다.[6] 조복현(2011: 2-3)은 기후지원 시범사업(Weatherization Assistance Program)
을 통해 에너지 복지와 도시 정책의 연계로 새로운 패러다임을 형성하였
으며 환경과 고용, 그리고 복지의 통합모델인 WAP는 저소득층의 에너지
복지와 일자리 창출을 통한 사회통합, 주택정책의 전환을 구체화한 방안이
라고 주장한다.

2. 환경과 경제 관련 선행연구

영어권 국가에서 환경복지 또는 환경후생(environmental welfare)이라는
용어가 사용된 역사는 길지만, 지속가능한 발전(sustainable development)이
라는 용어와 비교해 볼 때, 학자들 사이에 명확하게 규정되거나 폭넓게 동
의를 얻은 개념은 아닌 것으로 보인다. 특히, 연구질문이나 명제를 명확한
방법론을 통해 재해석하거나 검증함으로써 환경복지의 개념을 심도 있게

---

5) 특히, 윤갑식(1999)은 환경에 대한 중요성의 부각과 함께 쾌적한 환경에 대한 국민적
   수요가 증가함에 따라 정부 당국에서는 오염물질 배출허용기준설정, 경제적 유인제도,
   그리고 오염방지시설의 건설과 운영 등 여러 가지 환경정책 수단을 제시하고 있지만,
   대다수의 연구가 비용과 편익측면으로 접근하여 양분되어 진행되는 한계를 가지고
   있음을 지적한다.
6) 환경복지의 구체적 실현은 자연환경과 사회환경을 보호하고, 사회복지 문제와 주민욕
   구(소득, 의료, 교육, 교통, 주택보장 등)를 해결하며, 동시에 정치적 상호작용을 지속
   적으로 이루는 것이다(황석규, 2005: 8).

표 2 환경과 경제 관련 선행연구

저자(연도) 및 연구제목	연구방법	연구내용
Welsch(2007), Environmental welfare analysis: A life satisfaction approach	World Database of Happiness 자료로 소득과 이산화질소, 행복의 관계 수리모형으로 추정	54개국을 대상으로 행복함수를 분석한 결과, 소득은 평균행복으로 추정되는 사회적 후생(social welfare)에 유의한 정(+) 영향. 대기오염(nitrogene)은 부정적인 영향을 미침.
박순애 외(2012), Regional model of EKC for air pollution: Evidence from the Republic of Korea	16개 광역자치단체의 지역소득과 대기오염 시계열 패널자료 분석	광역자치단체 대기오염자료를 활용하여 경제성장과 대기오염 간의 관계(Environmental Kuznets Curve)를 분석한 결과, SO_2와 NO_2는 각 지역별로 상이한 EKC를 보여준 반면 CO의 경우 U자 형태의 지배적인 곡선이 나타남.
박순애 외(2011), The environmental effects of the CNG bus program on metropolitan air quality in Korea	7개 광역도시 대기오염 패널자료분석	천연가스 버스 도입의 영향은 지자체 별로 상이한 것으로 나타남. CO와 PM_{10}은 줄어든 것으로 나타났으나 SO_2와 NO_2는 유의한 영향을 발견하지 못함 반면 중국의 대기오염 지수가 100 이상일 경우 PM_{10}과 O_3가 증가.
박순애 외(2010), 지방자치단체 역량이 녹색성장정책 추진에 미치는 영향 연구	문헌연구 및 설문조사, 회귀분석	지방자치단체의 녹색성장 추진에 영향을 미치는 요인을 분석한 결과 지자체 유형별로 다양한 수준을 보여주고 있음. 대부분의 지자체 녹색성장정책은 초기수준에 있으며, 환경보다는 산업 측면에 역점을 두고 있음.
남경민(2012), Health Damage from Air Pollution in China	CGE모형을 기반으로 한 동적분석틀과 미항공우주국의 기상자료 활용	미세먼지 및 오존 관련 대기오염으로 인하여 초래된 중국경제의 후생비용은 1975년 220억 달러에서 2005년 1조 120억 달러 수준임. 이러한 피해비용의 상승에도 각 연도의 총 후생수준에 대한 상대적 피해비용은 동기간 14%에서 5%로 감소함.

다룬 논문은 많지 않다. Welsch(2007)는 주관적 웰빙으로 생애만족과 행복을 소득과 환경질의 관계를 통해 분석하면서 환경복지를 논하고 있다. Welsch는 행복함수를 환경질 저감(abatement)에 대한 소득한계대체율과 환경질 개선에 따른 암묵적 화폐가치로 구성하고 있다. 54개 국가를 대상으로 분석한 Welsch의 연구결과, 소득은 평균행복으로 추정되는 사회적 후생(social welfare)에 유의한 정의 영향을 미치고, 대기오염(nitrogene)은 부정적인 영향을 미치는 것으로 나타났다.

한편, 박순애 외(2011)는 환경쿠즈네츠곡선 가설을 검증하기 위해 한국의 16개 광역자치단체를 대상으로 지역소득과 대기질 오염수준의 상관관계를 16년간 패널자료로 분석한 결과 SO_2와 NO_2의 경우 지역마다 상이한 환경쿠즈네츠곡선을 가지는 것으로 나타났다.[7] 이러한 결과는 박순애 외(2012)의 CNG버스정책 관련 연구에서도 유사하게 나타나고 있다. 한국의 7개 광역시를 대상으로 CNG버스 도입정책이 대기질 개선에 효과가 있었는지를 분석한 결과 CNG버스 도입의 효과가 지역마다 상이하게 나타나고 있으며, 특히 산업구조나 제조업 비중 등 도시특성이 대기질에 미치는 영향이 강하여 CNG버스 도입의 효과가 상쇄된 것으로 나타났다.[8] 이러한 지역적 격차나 다양성은 지방자치단체의 녹색성장정책 추진 정도를 평가한 박순애 외(2010)의 연구에서도 확인할 수 있다. 이처럼 환경적 문제를 국가별 비교, 또는 전국 단위의 평균값으로 판단할 경우에는 현실에 대한 왜곡이 발생할 수 있다. 따라서 대부분의 환경 관련 통계자료가 활용 가능한 16개 광역자치단체를 분석대상으로 하는 것은 방법론적 타당성을 확보할 수 있는 대안으로 볼 수 있다.

남경민(2012)의 연구에 따르면 중국정부의 대기의 질 향상을 위한 그간의 정책적 노력에도 불구하고, 미세먼지 및 오존 관련 대기오염이 중국경제에 초래한 후생비용은 1975년 220억 달러에서 2005년 1조 120억 달러 수준으로 크게 증가한 것으로 나타났다. 이러한 절대적 피해비용의 상승에도 불구하고 각 연도의 총 후생수준에 대한 상대적 피해비용은 동기간 14%에서 5% 수준으로 오히려 감소하였는데, 이는 중국경제 전반의 성장속도가 대기오염으로 인한 피해비용의 상승속도를 큰 폭으로 초과했기 때문으로 분석되었다. 그러나 이는 분석범위를 중국 전체로 설정하여 도출된 결과로, 실제로는 지역 간 경제 격차나 환경 및 보건 수준은 상당한 차이가 있을 것으로 추정된다.

---

7) CO의 경우 U자 모형의 곡선이 발견되었다.
8) CNG버스 비율이 높아짐에 따라 CO와 PM_{10}은 저감하는 것으로 나타났으나, SO_2와 NO_2는 유의한 상관관계가 없는 것으로 나타났다. 그러나, 중국의 대기오염지수가 100 이상일 때 한국의 PM_{10}과 O_3 수치가 높아지는 것으로 나타났다.

제1부

환경복지의 개념과 핵심요소

제 1 장 환경복지의 핵심요소

인간이 경제활동을 영위하기 위해 필수적인 각종 자연자원의 고갈 그리고 기후변화 등 지구생명지원체계의 붕괴는 우리 미래세대의 복지, 더 나아가서는 생존을 위협하는 문제로 등장하고 있다(Jeffrey D. Sachs, 2011). 이하에서는 환경 및 자원의 제약이 커지고 있는 상황을 고려하여 보다 장기적인 시각으로 세대 내의 불평등 해소는 물론 세대 간의 불평등 문제도 고려한 새로운 환경복지국가의 비전과 전략을 제시하고자 한다.

1. 환경재의 특성과 국민복지와 행복

환경재는 본질적으로 우월재 또는 사치재로서의 성격과 생활필수품인 기초수요로서의 성격을 동시에 지니고 있다(정희성·변병설, 2011: 84-86). 우선 환경재는 인간의 생존을 위한 기본조건이자 보편적 복지의 필수적 요건이 된다는 점에서 기초수요적 성격을 띤다. 여기서 기초수요(basic needs)란 모든 국민이 인간다운 생활을 영위하기 위해 필요로 하는 최소한의 물질적인 생활의 기본조건을 의미한다. 오염된 물, 공기는 그 자체로 각종 질병의 원인이 된다. 유해화학물질 등으로 심하게 오염된 물이나 공기를 마시면 생물들은 목숨을 잃게 된다. 오염된 토양에서 생산된 음식을 장기간 섭취하면 인간과 동물은 각종 질병에 걸린다. 주요 질환의 약 80%가 환경위험인자 노출과 관련이 있으며 질환으로 인한 건강손실의 24%, 사망률의 23%가 환경적인 요인으로 비롯된 것이다(Pruss-Ustun A. & Corvalan C., 2006). 이처럼 환경재는 국민의 생활건강과 밀접한 관련이 있으며 행복수준에도 영향을 미친다고 할 수 있다. 따라서 대기, 수질, 토양 등의 환경질을 일정수준 이상으로 유지하는 것은 의식주와 같이 인간의 생존을 위해 꼭 필요한 것이다. 안전한 환경은 국민 복지의 기본요건이다. 인간으로서의 존엄성을 누릴 수 있는 기초수요로서의 환경질(environmental quality)을 모든 국민에게 제공하는 것은 국민 복지를 위한 필수불가결한 조건이다.

반면 환경재는 사치재적 성격(superior goods or luxury goods)을 띠기도 한다. 인간은 생활의 기본요건인 최소한의 의식주 문제가 해결되면 보다 고차원적인 욕구를 표출하게 된다. 매슬로우(Maslow)는 욕구 5단계 설을 제시하여 인간은 물질적인 하위 욕구가 충족되면 정신적인 상위 욕구로 점차 이행해 간다고 한 바 있다. 환경재는 다양한 품질을 가지고 있어서 소득수준이 향상됨에 따라 좀 더 고품질의 것을 추구하는 경향이 있다. 즉 개인의 소득수준이 향상되면 기초수요적인 환경재의 수준을 넘어 질적 수준의 향상을 요구한다. 생활에 여유가 있는 계층일수록 보다 쾌적한 환경의 주거, 보다 깨끗하고 안전한 식품, 보다 품격 높은 자연환경을 누리기를 원한다. 공기가 좋고 경관이 수려한 곳에 입지한 아파트가 그렇지 못한 아파트보다 비싸다. 같은 단지의 같은 아파트도 앞이 막히지 않는 로열층은 다른 곳보다 훨씬 고가로 거래된다. 부자 동네인 강남에서는 안전하다고 알려진 유기농 식품이 일반식품보다 훨씬 비싼 가격에 날개 돋친 듯이 팔린다. 그 때문에 이러한 성격의 환경재는 보다 잘 살게 되면 될수록 수요가 증가한다. 경제가 성장하여 국민소득이 증가하면 국민들은 보다 수려한 경관 그리고 잘 보전된 자연공원, 생태학습장을 찾아 삶과 인생의 맛과 멋을 즐기고자 한다. 그런데 자연에 대한 무분별한 개발로 경제성장을 이룩한 뒤에는 쾌적한 환경이 희소재가 되는 경우가 많다. 그리고 이러한 환경재를 구하기 위해 애써 이룩한 경제개발의 성과를 아낌없이 소비한다. 우리나라에서도 주말이면 아파트 등 무미건조한 빌딩으로 가득 찬 서울 등 대도시에서 수많은 시민들이 꽉 막힌 고속도로를 뚫고 쾌적한 자연을 찾아 나선다. 쾌적한 환경재를 구입하기 위해서 값비싼 석유와 여가 시간을 엄청나게 소모하고 있는 것이다. 즉, 자기 집 주변 환경이 좀 더 보전되어 있었더라면 필요하지 않을 수도 있는 비용을 지불하고 있는 셈이다.

그러므로 국가 경제가 성장하면서 수요가 늘어날 것으로 예상되는 환경자원을 잘 보전하고 관리하는 것 또한 지속적 국민 복지 신장을 위해 꼭 필요한 사항인 것이다.

2. 현대 산업사회와 환경 불평등의 문제

　환경문제에 대한 각종 실증 연구들은 환경오염 피해가 저소득 가정에
집중됨을 보여 주고 있다. 환경오염 피해는 빈민, 노약자, 여성 등 사회,
경제, 정치적 지위가 약한 사람에게 더욱 집중되는 경향이 있다는 것이다.
도시지역 저소득계층의 주민이 사는 지역은 대기오염 현상이 고소득 지역
보다 심하여 저소득계층의 주민이 상대적으로 많은 대기오염 피해를 보고
있다고 한다(Freeman Ⅲ, 1972; Asch & Seneca, 1978). 우리나라에도 서울시를
대상으로 대기오염도와 소득분포의 상관관계를 조사한 연구에서 유사한
결론을 내리고 있다(양장일, 1992). 비록 명확하지는 않으나 수질오염피해도
저소득계층에 보다 집중되는 경향이 있다고 한다(Asch & Seneca, 1980).

　저소득계층은 당장의 의식주 문제에 매달리게 되면서 오염된 환경을
회피할 수 있는 능력이 부족하다. 때로는 환경오염으로 인해 낮은 지가(또
는 임대료)의 토지를 주거지로 선택할 수밖에 없을 수도 있다. 저소득 일용
직들이 대기오염도가 높은 공단주변의 반지하 단칸방 또는 환경 위해시설
주변의 낮은 임대료 지역에 거주하는 경향이 높다. 한편, 저소득층이 환경
오염에 더욱 많이 노출돼 있음에도 불구하고, 환경보호 책임은 더 많이 지
고 있는 것으로 조사되었다.[1] 경제학자 중 일부는 환경재에 대한 낮은 선
호도 때문에 저소득층이 환경위해시설이 입지한 곳에 거주한다는 견해를
피력하기도 한다. 그러나 대기, 수질 등 환경오염도가 높은 지역을 택한
것은 낮은 소득으로 인한 불가피한 선택인 경우가 많을 것이다. 문제는 오

---

1) 소득과 학력 수준이 낮을수록 환경오염 피해는 더 많이 보면서, 환경책임은 많이 지고,
환경혜택은 적게 누린다는 분석도 있다. 추장민(2012)은 가구주가 고졸 이하일 경우,
월평균 소득이 150만 원 미만일 경우에 실내미세먼지(PM_{10}) 노출농도가 높아지며,
저소득층의 월평균 환경보호지출의 소비지출 대비 평균분담비율이 고소득계층보다
높으며, 상품 구매 시에 간접적으로 부담하는 환경보호지출의 소비 및 소득대비 분담
비율도 높다고 한다. 그리고 저소득 계층 주거 비중이 높은 구도시지역이나 시군구가
그렇지 않은 신도시지역이나 시·군·구보다 1인당 일상권 공원 면적 비율이나 개수
그리고 공원녹지예산 지출 등에서 낮다고 한다(추장민, 2012).

염된 환경에의 지속적인 노출은 본인은 물론 후손(미래세대)의 건강에도 부정적인 영향을 미치게 되어 현재와 미래의 경제활동 능력을 약화시킬 수 있다는 것이다. 그리고 취약한 건강은 소득활동을 어렵게 하는 것은 물론 학습능력의 저하를 초래하여 빈곤의 굴레에서 벗어날 기회를 상실하게 할 수도 있다. 예컨대 낮은 소득 중 상당 부분을 의료비용에 지출함으로써 교육·훈련 등 자신의 역량 제고를 위한 투자 여력을 상실케 할 우려가 있다. 이는 복지국가 논쟁에서 환경피해와 안전에 대한 고려가 불가피하다는 점을 보여준다.

한편 최근에는 기후변화, 유해 화학물질 노출, 원자력 발전 등과 같은 잠재적인 환경위험 요소의 중요성에 대한 인식 역시 갈수록 커지고 있다. 특히 위협이 되고 있는 것은 기후변화이다. 온실가스 배출 증가로 인한 지구온난화 현상은 기후변화를 초래하여 생태 및 환경에 심각한 영향을 주고 있으며, 이로 인한 자연재해 등의 환경적 불확실성이 증대되고 있다. 지금까지 매년 기후변화로 인한 사망자는 약 35만 명으로 추정되고, 특히 2008년에는 기후난민이 2,000만 명에 육박하였다. 향후 지구 기후변화는 보다 속도를 낼 것으로 전망되고 있다. 「기후변화에 대한 정부 간 패널(IPCC)」의 제4차 기후변화 보고서는 현재의 이산화탄소 배출 추이가 지속된다면 2050년까지 지구평균온도는 1.8℃, 우리나라 평균온도는 2.0℃ 정도 상승할 것으로 전망하고 있다(WMO & UNEP 1, 2007). 최근에 발표된 IPCC의 새로운 RCP 시나리오는 보다 급격한 지구 및 한반도 평균온도의 상승을 예측하고 있는데, 2050년까지 지구평균온도는 2.3℃, 한반도 평균온도는 3.2℃ 정도 상승할 것으로 전망하고 있다(기상청, 2011). 2050년에는 내륙의 산악지역을 제외한 남한 대부분이 아열대 기후대에 들어선다고 한다. 한반도의 해수면도 27cm 가량 상승하여 침수, 해일 등으로 인한 자연재해 피해가 커질 것으로 예측되고 있다(기상청, 2011). 기후변화에 따라 지구와 우리 주변 환경은 크게 변할 것으로 전망된다. 환경이 변하면 여기에 의존하는 우리의 경제·사회적 활동도 영향을 받게 마련이다. 새로운 전염병, 혹서(일사병) 등으로 인한 의료비용이 증대되는 것은 물론, 농촌지역의 식량 감산으로 인한 가격 폭등이 일어날 수도 있다. 이러한 기후−환경 변화의 영향은 기존 복지정책의 대상이었던 저소득계층에게 더욱 부담을 줄 것으로 보인다.

현재 우리 사회는 매우 급격한 속도로 고령화와 양극화가 진행되고 있다. 지구온난화에 따른 기후변화와 더불어 고령화·양극화의 진전은 환경 불평등을 보다 심화시킬 가능성이 높다. 고령인구의 증대는 지구온난화에 따른 폭염, 폭서 등의 위험에 노출되는 인구의 증가를 의미한다. 양극화에 따른 저소득계층의 증가도 온난화로 심화될 환경성 질환에 노출될 수 있는 위험집단의 증가를 의미한다. 저소득계층 주거지역의 열악한 환경은 온난화로 등장하는 새로운 전염병의 위협에 직면하게 될 가능성이 높다. 이처럼 현대 산업사회는 심각한 환경 불평등 문제를 안고 있으며 기후변화 등으로 향후 보다 심각한 환경 불평등 문제를 야기할 가능성이 높다.

3. 행복의 역설과 복지재로서의 환경

다른 재화와 구별되는 환경재의 특성은 환경복지에 대한 담론을 정당화하는 측면이 있다. 인간은 다양한 재화를 소비하면서 생명을 유지하며 행복감을 맛본다. 인간의 행복을 결정하는 요인은 매우 다양하다(이정전, 2009). 그러나 무엇보다도 중요한 것은 생존을 위한 기본조건으로서의 의식주 문제 해결일 것이다. 복지국가는 국민 모두가 인간다운 삶을 영위하는 데 필요한 최소한의 의식주를 제공하여 모두가 함께 사는 사회를 지향한다. 여기서의 의식주 문제는 최소한의 물질적인 소비수준을 의미하는 것으로, 보다 풍요로운 물질 소비는 개인의 행복증진에 기여한다. 모든 개인들은 가능한 한 풍요로운 생활을 원하며 소득수준이 올라가면 보다 다양하고 많은 물질을 소비하기 마련이다.

그런데 문제는 물질적인 소비수준의 증가만으로는 국민행복의 지속적인 증진을 담보할 수 없다는 점이다. 일반적으로 사람들이 생각하는 행복의 첫 번째 구성요소는 경제적 안정이고 그 다음이 원만한 가족관계와 사람들과의 어울림, 그리고 건강이라고 한다(이정전, 2008: 39). 그러나 소득

수준이 높은 국가라고 해서 행복감을 느끼는 국민들의 비중이 높은 것은 아니다. 즉 한 나라의 경제성장 그리고 이로 인한 물질적 풍요가 국민 전체의 행복을 보장하는 것은 아니라는 것이다. 이른바 '이스털린의 역설(또는 행복의 역설)'이 일어난다는 것이다. 이스털린의 역설은 일단 생계가 보장된 다음에는 물질적인 소비증진만으로는 사람들을 더 행복하게 만드는 것이 결코 쉽지 않다는 것을 시사한다(이정전, 2008: 75-113). 소득수준의 향상으로 인한 물질적인 소비수준의 증대는 타인과의 소득 차를 끊임없이 비교하도록 함으로써 자신이 부족하다고 느끼게 될 가능성을 높이기 때문이다. 더불어 현 자본주의 시장은 개인의 물적 소비에 대한 욕망을 끊임없이 부풀리는 기제를 가지고 있어 물적인 행복감이 오래 지속되기 어렵다. 그리고 소득증가로 인한 효용을 누린다고 하더라도 적응기가 지나면 행복감을 느낄 수 없게 된다는 것이다.

이러한 점에 비추어 본다면 미래지향적인 복지정책의 수립을 위해서는 돈으로 살 수 있는 행복, 즉 한계효용이 체감되는 재화의 충족에 초점을 두는 것은 바람직하지 않다. 보다 적극적으로 국민들에게 돈으로 살 수 없는 행복, 즉 한계효용을 체증할 수 있게 하는 재화나 서비스의 제공에도 관심을 가져야 한다. 이러한 측면에서 '쾌적한 환경'이야말로 수요의 소득탄력성이 높아 '행복의 역설'이 적용되지 않는 훌륭한 복지재에 해당한다. 또한, 공공재적인 환경은 타인과 비교할 필요 없이 함께 높은 질을 향유할 수 있다. 그리고 높은 다양성으로 권태롭지 않고 지속적인 행복의 원천이 될 수 있다. 뿐만 아니라 국민을 행복하게 하는 3대 요인 중의 하나인 건강유지를 위해 안전하고 쾌적한 환경은 필수적이다. 사회복지대상인 계층이 대부분 건강과 보건부문에서도 매우 취약성이 높다는 점을 상기해야 한다.

이러한 관점에서 환경문제는 새로운 복지국가의 핵심요소로 포함되어야 한다. 환경오염과 자연 파괴로 초래되는 인간 복지의 악화를 방지하고, 기후변화로 인한 미래의 문명발전에 대한 위협을 제거하여 지속적인 국민행복 증진을 위해서 도움이 되도록 해야 한다. 따라서 적극적으로 기후-환경-생태 문제를 고려하는 복지국가 패러다임이 개발되어야 할 필요가 있다.

4. 복지국가 담론에서의 미래세대 배려

1%에 대한 99%의 반대로 상징되는 현대사회의 양극화 문제의 심화와 기후 및 환경 악화에 따른 미래세대에 대한 위협의 증대는 복지국가 담론에 있어 새로운 시각을 요구한다. 미래형 복지국가는 단순히 현세대의 취약계층에 대한 보호를 넘어서 미래세대에 대한 영향까지 아우르는 보다 적극적인 개념화를 요구한다. 우리가 복지국가를 논하는 것은 모두가 함께 잘 사는 세상에 대한 열망 때문일 것이다. 복지국가의 이상은 인류, 좁게는 우리 국민이 모두 인간다운 삶을 영위하면서 행복하게 사는 사회를 만들자는 것이다. 그리고 이렇게 하는 이유는 우리 인류 또는 국가가 장기간 안정적으로 유지될 것을 기대하기 때문이다.

그런데 기후변화 등 환경문제는 인류 문명의 영속성에 대한 심각한 위협으로 다가오고 있다. 그뿐만 아니라 원자력 발전, 유해화학물질 사용, 생물종 다양성 감소 등에 대한 위험 정도 및 피해규모에 현재의 기술로는 명확하게 평가할 수 없다. 이러한 현대 사회의 위험을 잘 관리하지 못할 경우 현세대의 물질적 풍요를 위해 후손들에게 불확실성이 매우 높은 문제들을 과제로 남기게 된다. 이러한 문제는 후세대에서는 돌이킬 수 없는 피해를 야기할 수 있다. 즉 현세대를 위한 복지국가정책이 미래세대에게 돌이킬 수 없는 피해를 주는 결과를 초래한다면 바람직한 정책 방향이라고 하기 어렵다. 더불어 현재의 신자유주의적 풍조 하에서 복지 혹은 평등이라는 가치를 추구하는 정책의 도입 역시 쉽지 않을 수 있다.

복지국가에 대한 논의는 현세대에서의 불평등 해소에 국한된 담론에 한정되기보다는 미래세대에 대한 측면까지 포괄해야 한다. 정부의 다양한 정책들은 특정한 문제를 해결하기 위해 도입되지만 그 정책 때문에 다른 문제가 발생하는 경우가 있다. 복지정책이라고 예외일 수는 없다. 경제학자 중에는 과도한 복지가 경제성장 잠재력을 약화시켜 궁극적으로는 복지정책의 추진도 어렵게 한다는 주장을 하기도 한다. 복지정책은 이러한 논란을 좀 더 적게 야기하도록 설계되어야 한다. 특히 현세대를 위한 복지정책이 미래세대의 복지와 행복을 침해해서는 안 된다. 즉, 향후 복지국가 담론은 현세대와 미래세대를 아우르는 보다 장기적인 시각을 포괄해야 한다. 복지국가를 향한 정책을 논할 때는 미래세대의 복지문제에 대한 부정적인 영향이 없는지를 면밀하게 살펴야 한다. 나아가 적극적으로 후세대의 복지수준 향상을 모색하는 자세를 가져야 한다. 결국 미래지향적인 복지국가 담론은 우리 인류의 문명을 지속가능한 방향으로 이끄는 것이어야 한다. 현재의 복지국가 담론처럼 현세대에 국한된 재분배 정책은 지양되어야 한다. 적극적으로 미래 상황을 예측하고 현재의 정책이 초래할 미래 영향을 평가하며 그 부정적인 측면을 예방할 수 있어야 한다. 그리고 미래세대의 이해를 인식하고 보호하는 자세를 가져야 한다.

미래세대를 배려한 복지국가 담론에 있어 필수적인 요소는 기후 및 환경 문제이다. 기후변화, 생물종 다양성, 오존층 고갈 등 환경파괴와 오염의 피해는 현세대보다 미래세대에 더 심각하게 미치게 될 가능성이 높기 때문이다. 그런데 미래세대는 현재 그들의 의사를 표현할 수 없기 때문에 현세대에서의 환경보호는 과소 공급될 가능성이 높다는 점을 인식해야 한다.

제 2 장 환경복지와 환경복지정책의 개념

. 환경복지국가 담론의 등장

경제성장을 통한 복지 확충만으로 국민의 삶의 질 수준을 꾸준히 높
이는 데에는 한계가 있다. 환경문제와 환경불평등이 심화하면서 사회서비
스, 건강, 주택, 교육, 사회보장 등 기초생활보장과 안전한 생활을 위해서
환경보호가 지속가능한 복지의 핵심요소로 포함되어야 한다는 주장이 거
세지고 있다. 이른바 복지국가의 녹색화 담론이 시작된 것이다. 자본주의
적 모순 극복을 위한 기존의 복지국가 정책은 환경생태적인 원리와 한계
에 대한 고려가 미흡하기 때문에 문제점을 보이고 있다는 것이다. 이러한
주장들은 환경복지국가, 생태복지국가, 녹색국가, 환경복지 자본주의 등
다양한 개념으로 논의되고 있다.

최재천 등(2009)은 최근 급속하게 증가하는 건강한 삶, 삶의 질 향상
등 다양한 차원에서의 선진국형 복지 요구는 주변 생태환경과 기존의 복
지요소를 상호 연계할 때 가능하다고 한다. 그리고 생태복지를 '생태계와
함께하는 환경 친화적 복지'라고 정의한다. 홍성태(2009)는 민주주의, 복지
주의와 함께 생태주의를 추가하여 복지국가의 생태적 전환을 촉구하면서
생태복지국가를 '생태적 한계를 존중하는 복지국가'로 정의한다. 조명래
(2006)는 녹색복지국가를 환경 약자에게 환경재를 복지재의 일환으로 공급
하는 국가라고 하고 있다. 환경복지 자본주의라는 개념을 주창하고 있는
최경구(1997)는 환경문제와 복지문제를 동시에 풀어나갈 수 있어야 지속가
능한 사회를 달성할 수 있다고 한다.

현대사회는 세계적인 경기침체와 사회적 양극화, 그리고 환경파괴와
기후변화로 인한 환경재해를 초래하여 인류문명의 미래를 위협하고 있다.

25

이러한 상황에서 새로운 국가발전의 이념과 전략이 요구되는 것은 너무나도 당연하다. 환경복지에 대한 주장은 이 같은 3중 위기 상황에서 인간의 건강한 삶과 생존을 위한 자원 공급기반이 되는 환경보전을 전제로 경제와 사회문제를 풀어가야 한다는 현실 인식을 배경으로 하고 있다. 인간 삶의 기반이 되는 환경을 보전하는 것을 전제로 사회문제와 경제문제를 해결해야 지속가능한 복지국가를 건설할 수 있다. 인간으로서의 존엄성을 누릴 수 있는 기초수요로서의 환경질을 보장하는 것은 복지국가의 필요조건이다. 더불어 자연환경의 보전은 경제성장의 궁극적인 목적인 지속적 행복 신장을 위한 충분조건이 된다는 것을 전제로 하고 있기 때문이다.

2. 환경복지와 환경복지정책의 개념

현대 산업문명 사회에서 인간을 행복하게 하는 방법 중 하나는 자연과의 조화라고 할 수 있다. 자연은 안전한 삶의 기반을 제공할 뿐만 아니라 정서적인 안정과 풍요로움을 제공하기 때문이다. 이와 같이 자연에서 심신(心身)의 건강과 이를 바탕으로 행복을 추구할 수 있는 사회가 진정으로 지속가능한 복지사회이다. 그리고 이를 지향하는 것이 환경복지의 궁극적인 이념이라고 할 수 있다. 따라서 환경복지는 지속가능한 사회를 위해 현재와 미래 사회의 필수적인 목표가 되어야 한다.

궁극적으로 환경복지는 "현세대와 미래세대의 인간다운 삶을 위한 최소한의 환경질과 서비스의 향유 그리고 환경적 안전성을 보장하는 것"을 의미한다. 환경복지는 현세대 내에서의 배분적 정의와 함께 현세대와 미래세대 간의 조화를 추구한다. 환경복지 관점에서는 현세대에서의 과도한 소비가 미래세대 복지기반의 붕괴를 초래할 수 있다는 점을 고려하기 때문에 미래세대와도 번영과 행복의 기반을 나눌 수 있는 복지를 지향한다.

이러한 측면에서 환경복지는 환경정의, 환경평등, 환경적 형평성, 생태복지 등과 유사한 의미로 사용되기도 한다. 환경복지 이념은 환경정의 논쟁에서 시작하였다고 볼 수 있다. 환경정의 개념은 미국에서 유색인종 다수 거주지역이 환경위해시설에 과다 노출되었다는 환경 인종차별주의(environment racism) 논란과 함께 부각되었다(Bullard, R., 2000). 유해폐기물 매립장 등 유해환경시설이 소득과 교육수준이 낮은 저소득 유색인종 주거지역에 상대적으로 높은 비율로 입지해 있다는 것이다. 환경정의(environmental justice)라는 개념은 다양한 측면에서 파악해 볼 수 있다. 일반적으로 "자연자원은 다른 이용자의 필요는 물론 현세대와 미래세대의 수요를 고려하여 공평한 방식으로 할당하고 사용되어야 한다"는 의미로 파악된다(OECD, 1995). 이처럼 환경정의의 개념은 환경적 위해성과 관련되어 있다고 할 수 있으며, 사회가 처한 환경적 위해성과 관련된 비용 및 편익 분배 상의 불균형 문제와 관련되어 있다. 즉, 환경정의 개념은 환경피해의 역진성은 물론 환경개선비용 부담의 역진성과도 관련되어 있다. 환경피해와 개선비용 부담의 불균형성은 결국 정책결정과정 영향력의 불균형한 분포와도 관련된다. 환경적 공평성(environmental equity or fairness)이라는 용어도 환경정의와 중복되어 사용되는데, 다만 지구자원을 사용하는 원칙과 정의의 본성에 보다 초점을 둔다는 점에서 차이가 있다. 환경평등(environmental equality)은 환경법에 의한 평등한 보호를 의미한다. 모든 국민이 연령, 인종, 지역, 소득 등에 따라 차별받지 않고 균등하게 환경법규의 보호를 받아 쾌적한 환경질을 향유하는 것을 의미한다.

이상의 환경정의, 환경적 공평성, 환경평등 등은 환경질 향유와 관련된 개념으로, 주로 인간중심적 측면에서 논의되고 있다. 이와 달리 생태정의(ecological justice) 개념은 생물종 간의 공평성 측면에 초점을 두고 있다(Gerald M. Pops, 1997). 구체적으로, 생태정의는 의사결정자가 인간이 아닌 동물 및 식물종에게 책임을 져야 할 의무가 있는가에 대한 논의이다. 즉, 생물종의 권리를 얼마만큼 인정할 것이냐 하는 문제가 핵심으로, 인류는 적어도 생태계를 파괴하고 종의 멸실을 초래하는 일은 피해야 한다는 도덕적인 의무를 진다는 것이 핵심 메시지이다. 이처럼 생태복지는 생태계와 함께하는 환경 친화적 복지로서 진정한 복지는 사람과 자연 관계의 질이 높아 사람과 사람 관계 질도 높아지는 것을 추구한다. 생태정의의 맥락에서 제기되는 생태복지(ecowelfare)는 인간사회와 자연생태계를 하나의 통합된 생태계로 접근한다는 점에서 앞서 논의된 환경복지의 관점과 차이기 있다.

　　이러한 논의들을 종합하여 환경복지(environmental welfare) 달성을 위한 환경복지정책은 "삶의 질 유지를 위한 기초수요로서의 환경질을 현세대와 미래세대의 모든 국민이 누릴 수 있도록 하는 집합적 의사결정"으로 파악할 수 있다. 즉 국민 모두에게 일정수준 이상의 환경질을 보장하는 것이 환경복지정책이다. 환경복지 증진을 위한 환경복지정책은 사람과 사람의 공생 그리고 사람과 자연의 공생을 도모한다. 특히 환경피해로 인한 위험이 상대적으로 높은 저소득계층에게 도움을 준다는 데 의의가 크다. 즉 사회복지 대상이 되는 계층일수록 환경피해 노출위험이 높기 때문에 환경복지는 국민경제의 배분적 정의의 실현에도 기여한다고 할 수 있다(정회성・변병설, 2011: 61). 환경복지정책에서 미래세대를 고려한다는 것은 생존 기반이자 생산기반이 되는 환경의 양적 가치와 질적 가치를 동시에 중시한다는 의미이다. 환경복지정책은 사회복지의 사후적 지원을 넘어서서 예방적인 처방을 가능케 한다. 또한 물질적인 복지에서 정신적이고 정서적인 복지를 보완할 수 있는 기제가 된다. 사회복지정책이 물질 소비적인 복지정책이라면 환경복지정책은 정신적 능력을 배양하고 생산요소를 보전하는 생산적 복지의 기틀을 마련하고자 하는 정책이다. 뿐만 아니라 지역과 주거지 간 환경질 차이의 해소를 목표로 하므로 계층과 공간을 함께 고려하는 융합적 복지정책으로서의 성격도 지닌다.

3. 환경복지정책의 특징

(1) 환경정책과 환경복지정책

　　환경정책이나 환경복지정책이나 모두 헌법 제35조 제1항의 '모든 국민은 건강하고 쾌적한 환경에서 생활할 권리'를 보장하고 환경정책기본법 제2조 제2항의 '국가와 지방자치단체는 국민이 환경 관련 재화와 서비스를 이용할 때 지역・계층・집단 간 형평성을 유지하도록 해야 한다'는 규정을 근거로 하고 있다. 안전하고 쾌적한 환경을 향유하는 것은 국민의 기본권이며 이와 관련된 재화나 서비스의 제공은 국가와 지방자치단체의 기본의무이자 책임이다. 그리고 환경정책이나 환경복지정책 모두 특정 공간의 환경상태를 염두에 두고 수립 및 집행한다는 점에서 공간적 특성이 고려된다는 점도 유사하다.

그러나 환경복지정책은 다음 몇 가지 점에서 기존의 환경정책보다 진화한 개념이라고 할 수 있다. 첫째, 지역사회의 특수성을 반영한 인간 본위의 정책이라는 점이다. 환경정책의 대상은 인간이 될 수도 있고 동식물 또는 자연환경 그 자체가 될 수도 있다. 그러나 환경복지는 그 수혜대상으로 환경수용체인 인간에 중심을 둔 개념이다. 열악한 환경질에 노출되었거나 노출될 우려가 있는 지역을 생활의 근거로 삼는 국민이 환경복지의 주요 고려 대상이다. 환경취약집단의 삶의 질 향상을 위한 환경개선이라는 측면에서 환경복지정책의 특색을 찾아볼 수 있다.

둘째, 환경복지정책은 기존의 환경정책보다는 수요자의 입장을 배려하는 정책이다. 기존의 환경정책에서는 정책목표 달성에 있어 효율성이 강조되었다. 즉, 가능한 한 적은 자원의 투입으로 목표를 달성하는 양적 측면에서의 성과가 중시되었다고 할 수 있다. 그러나 환경복지정책은 복지정책의 수요자의 입장과 가치를 고려하여 정책을 수립한다는 점에서 차이가 있다. 환경복지 수혜자의 주관적인 가치와 평가를 배려하는 정책이라는 것이다.

셋째, 환경복지정책은 기존의 환경정책과 달리 통합적이고 예방적이라는 점에서도 차이를 보인다. 정책 대상집단이 속한 환경에 대해 종합적으로 평가하고, 이를 토대로 하여 정책수요를 평가한다는 점에서 기존의 수질, 대기, 폐기물 등 매체 지향적이고 사후 처리 위주인 환경정책과 차별화된다. 물론 최근 들어 환경정책에서도 점차 매체 통합적이고 예방적인 성격이 강조되고 있다. 그러나 환경복지정책은 보다 적극적으로 수용체인 환경취약집단을 대상으로 예방적인 환경 및 보건 정책을 추구한다는 점에서 차이가 있다.

넷째, 환경복지정책은 종합적인 환경이슈를 통해 정책대상자들의 복지수준을 향상시키고자 한다. 특히 환경보전 및 개선 활동을 통한 녹색일자리 창출 및 미래를 위한 생산기반의 보전을 중시한다는 점에서 생산지향적인 측면도 있다. 환경복지정책에서는 환경보건 서비스, 자연생태 보전 및 복원, 자원 재이용 및 재활용, 신재생에너지 보급 등을 통해 저소득계층을 위한 녹색일자리를 적극 창출하고자 한다. 이 점에서 환경오염물질 처리를 위한 공공처리시설 확충 등 기존의 환경정책이 규모의 경제를 이용한 환경질의 보전과 개선이라는 소비지향적인 측면과 차이를 보인다.

(2) 사회복지정책과 환경복지정책

사회복지와 환경복지 모두 모든 국민에게 인간다운 삶을 위한 최소한의 기반을 제공해야 한다는 점에서 공통점이 있다. 즉 사회 정의를 구현하고 국민통합에 기여하는 것을 궁극적인 목표로 한다. 사회복지와 환경복지 모두 직접 또는 간접적인 소득 격차로 초래된 분배의 불공정성과 관련된 문제이다. 사회복지 대상인 사회적 약자는 환경피해에도 취약한 환경적 약자인 경우가 많다. 사회경제적으로 취약한 집단은 환경피해를 회피할 수 있는 능력이 부족하기 때문이다. 이처럼 사회복지의 수혜대상과 환경복지 수혜대상이 중복되는 경우가 많다.

그러나 사회복지와 환경복지는 앞에서 살펴본 지역성의 차이 외에도 다음 몇 가지 측면에서 그 성격을 달리한다. 첫째, 제공되는 재화나 서비스의 성격에서 차이가 있다. 사회복지는 주로 사적재(私的財)를 제공한다. 의식주 관련 재화나 의료보건 서비스 등 시장에서도 구득(求得)할 수 있는 재화나 서비스의 부족을 충족시켜주는 성격을 지닌다. 반면 환경복지는 물, 공기, 토양과 같은 공공재를 제공한다는 것이 그 특징이다. 정도의 차이는 있지만 이러한 재화는 시장에서 자발적으로 거래되지 않는 재화나 서비스이다. 자발적으로 시장이 형성되는 경향이 있는 사회복지재와 달리 환경복지재는 인위적으로 시장을 만들지 않으면 시장이 형성되지 않는 특성이 있다.

둘째, 양적인 차이와 질적인 차이로도 구분해 볼 수 있다. 사회복지는 성장에 따른 물질적인 풍요가 불공정하게 분배되어 특정집단의 기초수요가 충족되지 못할 경우 이러한 부족분을 보완하기 위한 것이다. 즉 소득격차에 따른 재화의 불평등한 분배 상태 해소 및 완화에 중점을 둔다. 반면 환경복지는 경제성장의 질적 측면인 환경질에 대한 향유에서의 차이를 교정하는 효과를 지닌다. 환경복지는 포괄적인 삶의 질을 개선하고 미래의 생산기반 보전을 고려한다.

셋째, 복지정책의 수혜 대상에 차이가 있다고도 할 수 있다. 사회복지는 현세대의 격차 해소에 관심을 기울인다. 현세대 내에서 계층 간 삶의 질 격차를 개선하여 모든 국민이 복지국가의 혜택을 누릴 수 있도록 한다. 반면 환경복지는 미래세대와의 격차 또한 고려한다는 점에 특색이 있다. 환경질을 개선하고 보전하며 기후변화 영향을 사전에 예방한다면 현세대는 물론 미래세대에도 그 혜택이 돌아간다.

넷째, 공간적인 특성에서 차이가 있다. 환경복지정책은 환경문제의 특성과 연관되어 특정 공간을 대상으로 하는 경우가 많다. 즉 정책의 대상(target)이 특정 지역을 중심으로 나타난다. 반면 사회복지정책은 개인이나 가구를 중심으로 나타나기 때문에 특정 지역과 연계되지는 않는다. 물론 복지대상인 저소득층이 특정 지역에 집단으로 거주할 수는 있을 것이다. 그렇다고 그 지역을 정책대상으로 삼아 정책을 추진하지는 않는다.

끝으로 복지정책이 표출되는 방식에도 차이가 있을 수 있다. 사회복지정책은 적극적인 복지증진요소의 제공으로 표출된다. 즉, 특정 복지재를 적극 제공하는 모습을 지닌다. 반면 환경복지정책의 출발점은 복지를 저감하는 요소를 제거하는 모습으로 나타난다. 즉 개인의 복지에 부정적인 영향을 줄 수 있는 공공악(public bads)을 제거하여 수혜자들의 삶의 질을 높인다는 특성을 지닌다.

제3장 소 결

신자유주의적 세계경제 질서의 확산으로 양극화 등 사회문제가 심화되고 있는 상황에서 복지국가 논쟁이 재개되었다. 복지국가 논쟁은 국가발전의 비전과 목표를 재설정하고 사회, 경제, 환경 문제에 대해 현명한 해결책을 모색하는 데 기여할 수 있어야 한다. 인간의 행복은 물질적인 요구를 채우는 것만으로 충족되지 않는다. 진정한 복지국가는 성장의 질적인 가치까지도 복지수요 계층에 고루 분배되어 국민 모두가 행복하게 느끼는 사회라고 할 수 있다. 뿐만 아니라 이러한 가치가 지속적으로 실현될 수 있어야 할 것이다. 현재 기후변화 등 환경문제는 미래세대의 안녕과 복지에 커다란 위협이 되고 있어 현세대의 복지만을 배려하는 정책으로는 이러한 새로운 시대적 요구를 충족시킬 수 없다. 따라서 현재의 복지개념에 환경적 지속가능성도 고려하여 양적인 개선은 물론 질적 향상까지를 포괄하는 환경복지개념이 필요하다.

이러한 시대적 요구에 따라 본 장에서는 환경복지라는 새로운 이념의 도입 가능성과 환경복지정책에 대해 검토하였다. 환경복지와 관련된 다양한 논의와 검토를 바탕으로 본 연구에서는 환경복지를 "모든 국민에게 인간다운 삶을 위한 최소한의 환경질과 서비스에 대한 접근권을 보장하며, 환경적 안전성 및 쾌적한 환경의 제공을 보장하는 것"으로 정의하고자 한다. 따라서 환경복지정책을 "환경복지의 정의 실현을 위한 국가 및 지방자치단체의 의사결정"으로 정의할 수 있다. 이러한 환경복지정책에 대한 근거규정은 앞에서도 언급했듯이 헌법 제35조 제1항에서 보장하고 있는 '모든 국민이 건강하고 쾌적한 환경에서 생활할 권리를 가질 수 있다'는 '환경권'을 기본으로 한다. 그리고 「환경정책기본법」 제2조 제2항에서 규정하고 있는 '국가와 지방자치단체가 지역 간, 계층 간, 집단 간에 환경 관련

재화와 서비스의 이용에 형평성이 유지되도록 해야 한다'는 국가와 지방자치단체의 의무조항을 세부 근거로 볼 수 있다. 물론 이 글에서 제기하고 있는 환경복지에 대한 논의나 정책개발은 시론적 논의에 불과할 수 있다. 그러나 향후 국가의 지속가능한 발전을 위해 새로운 정책이념으로 환경복지 논리와 정책을 적극적으로 개발하고 발전시켜 나갈 것을 기대해본다.

제2부

환경복지정책 사례

제1장 취약지역을 위한 해외 환경복지정책

1. 건강한 주택 프로그램[1])

　　미국의 주택도시개발부(Dept. of Housing & Urban Development: HUD)가 실시한 2007년도 주택 서베이(Housing Survey) 결과에 의하면 미국 내 600만에 가까운 세대가 난방, 배관, 전기부족 등 다양한 주택문제에 처해 있으며, 2,400만 세대는 페인트로 인한 납(lead) 위험에 노출되었다고 한다(U. S. Dept. of Housing & Urban Development, 2008; Jacobs et al., 2002). 즉, 모든 국민이 주택문제로 건강에 위협을 받을 수 있다는 것이다.

　　더불어 매년 수백만 명의 어린이가 거주지역의 환경위험으로 인한 피해에 대한 우려가 심각해지면서 HUD는 어린이와 해당 가족을 주거 관련 문제로 초래되는 건강과 안전위험에서 보호하고자 '건강한 주택 이니셔티브(HHI)'를 마련하였다(HUD Report, 2009: 12). 건강한 주택 프로그램(Healthy Home Program: HHP)은 주거와 관련된 분야에서 위험을 줄이는 것을 목적으로 한다. HHI는 HUD가 1999년부터 시행하였던 '납 위험 규제 프로그램(Lead Hazard Control Program)'에 대한 성공을 기반으로 곰팡이(mold), 알레르기 물질(allergens), 일산화탄소(carbon monoxide), 주거안전(home safety), 라돈(radon) 등 다양한 위해 물질로 야기될 수 있는 환경보건 및 안전문제 해결을 위한 프로그램이라고 할 수 있다.

　　HUD 건강주택프로그램은 가장 취약한 계층의 삶의 질을 우선적으로 개선하기 위해 건강주택의 개념을 마련하고 생활환경 개선을 위한 단계를 설정하였다. 주요 내용으로는 연구지원, 아웃리치(봉사활동) 및 교육, 도구

---

1) HUD(2009). "Leading Our Nation to Healthier Homes: The healthy Homes Strategic Plan."

및 자원 제공이 있으며, 1999년 이후 지금까지 123개 사업에 총 1억 달러가 투입되었다. 특히 봉사활동 및 교육을 통해 '건강한 주택' 개념을 일반 국민에게 환기시켰을 뿐만 아니라, 보다 많은 주택전문가를 양성하게 하였다. 2만 명이 넘는 사람들이 '건강한 주택'에 대한 교육 및 지원금의 수혜를 받았으며, 교육과 봉사활동 참여자는 150만 명에 이른 바 있다. 지역 내부의 역량을 기르고, 주민이 건강한 주택에서 거주하도록 건강·보조금·주택 프로그램 등 다양한 정책수단 및 자원이 사용되었다. 이러한 프로젝트는 주택과 건강에 대한 지역 간 격차를 줄이는 데 기여할 뿐만 아니라 주민의 삶의 질을 향상시켜 환경복지를 증진시키는 데 중요한 의의가 있다고 평가할 수 있다.

2. 토지 및 수자원 관리

(1) 토지 및 수자원 보호기금(Land and Water Conservation Fund)[2]

1965년 미국 의회는 국민건강 증진을 위한 야외휴양지 건립의 실천도구로 '토지 및 수자원 보호기금 협약(Land and Water Conservation Funding Act: LWCF)'을 제정하였다. LWCF의 목적은 지역사회를 통해 공원 및 야외휴양지를 마련하고, 이러한 시설을 기반으로 당뇨, 심장질환, 그리고 비만 등 만성질환을 줄이며, 궁극적으로는 건강한 라이프스타일을 대중화하는 것이다.

LWCF의 재원은 해저에서 생산된 석유판매 수익 중 일부를 자연보호에 재투자하는 방식으로 마련되었다. 예컨대 2006년에는 LWCF 총 기금 중 62%를 연방토지취득에(143억 달러), 28%를 주 지원 프로그램에, 기타 프로그램에 10%를 사용하였다. LWCF는 사냥, 낚시, 캠핑, 등산, 하이킹, 야생동물 관람(viewing) 등 아웃도어 산업육성과 20개 직종 610만 개의 일자리를 제공하여 매년 6,460달러의 수익을 창출하고 있다.

연방정부의 LWCF 투자보고서에 따르면 1998년부터 2009년까지 약

---

2) http://lwcfcoalition.org/

10여 년간 자연재원 및 환경서비스의 경제학적 가치는 1달러 투자 대비 4달러 수익에 달하며, 매년 1억 6백만 인구가 16개 연방을 방문해 51억 1천만 달러를 소비한 것으로 보고하였다(TPL report, 2009). 이 외에 '토지 및 수자원 보호기금'으로 보호된 토지는 천연자원 및 서비스를 제공한다.

기금 규모와 지원범위를 고려할 때 LWCF가 미국 전역의 휴양지 건립 및 복원을 담당하기에는 무리가 있음에도 불구하고 경제적인 것 외에 환경적, 사회적으로도 선순환적인 수익을 창출하고 있다. 그럼에도 지원금의 범위가 제한되어 있어 휴양지 복원 범위가 많이 늘어나지 않는다는 문제점이 제기되어 왔다. 이에 2013년 2월 매년 9억 달러 수준의 권한을 '토지 및 수자원 보호기금'으로 제공하는 법안(Bill S.338)을 제출한 바 있다(The Library of Congress, 2013). 현재는 26명의 상원의원 초당파 그룹이 주요 후원자로 활동하고 있다.

(2) 도시 물관리를 위한 파트너십(Urban Waters Federal Partnership)

도시 물관리를 위한 파트너십이란 경제적으로 어려운 지역을 중심으로 도시의 수자원을 연방정부기관과 지역사회의 공동 노력을 통해 재생함으로써 지역의 경제를 활성화시키고 사회적·환경적 이익을 가져오는 것을 임무로 한다. 그리고 이러한 임무는 다음과 같은 전략 목표를 통해 성취한다. 첫째, 연방정부의 투자를 통합하고 목표를 명확히 함으로써 연방정부 자원을 보다 효율적이고 효과적으로 이용한다. 둘째, 지역 파트너와 연계하고 지원함으로써 지역의 리더십 성장에 기여한다. 셋째, 지역정부의 공무원들과 각종 지역단체와 협력함으로써 지역에 기반을 둔 경제개발과 일자리 창출을 위한 자원을 이용한다. 넷째, 장기적인 실행을 위해 초기의 가시적인 성과를 통해 배운다.

연방정부 차원의 파트너십에 참여하는 기관은 농무부(Department of Agriculture), 육군부(Department of the Army: Civil Works / Army Corps of Engineers), 상무부(Department of Commerce: Economic Development Administration and National Oceanic and Atmospheric Administration), 조달청(Corporation for

National and Community Service), 교육부(Department of Education), 에너지부(Department of Energy), 환경보호청(Environmental Protection Agency), 보건복지부(Department of Health and Human Services: Centers for Disease Control and Prevention and National Institute of Environmental Health Sciences), 주택도시개발부(Department of Housing and Urban Development), 내무부(Department of the Interior), 운수부(Department of Transportation)를 포함한다.

콜롬비아 강 유역(Columbia River Basin)은 오레곤, 아이다호, 워싱턴주에 걸쳐져 있다. 콜롬비아 강 유역은 분수령의 크기나 강의 수량, 환경문화적 의의로 볼 때 세계에서 가장 중요한 유역 중 하나이다. 콜롬비아 강은 연어와 무지개 송어로 유명한데, 현재는 독성 물질로 인한 서식지의 파괴와 수질 악화로 인해 그 개체 수가 크게 줄어들었다. 따라서 EPA와 기타 연방 기구, 주 정부, 시민단체 등은 Columbia River Toxics Reduction Working Group을 설립하여 콜롬비아 강을 살리려는 노력을 하고 있다.

영국의 홍수 보험(Flood Insurance)도 물관리를 위한 정책사례로 볼 수 있다. 이 보험은 홍수로 인한 저소득층 시민의 피해를 줄이기 위해 영국 환경식품농촌부와 보험업계가 체결한 '원칙에 관한 성명(Statement of Principles)'에 의해 판매되는 보험이다. 홍수 발생 시 피해액은 한 가정당 2~3만 유로에 달하는데, 홍수 보험은 340유로에 판매되고 있다. 홍수보험과 함께 영국 정부는 홍수 피해를 최소화하기 위하여 홍수정보서비스를 무료로 제공하고 있다.

3. 어린이 대상 선 와이즈(Sun Wise) 프로그램[3]

미국의 '선 와이즈(Sun Wise)' 프로그램은 어린이들과 보호자를 대상으로 태양 노출로 인한 위해를 저감하기 위해 만들어진 환경보건 교육프로그램이다. 각 학교, 학급, 그리고 지역 사회를 대상으로 지속적인 선 와이즈 프로그램을 개발하여, 현재 31,000개의 학교와 5,700개의 기타 교육

---

3) EPA(2008). "The US EPA's Sunwise Program: Roadmap."

그림 2-1　선 와이즈 프로그램 실시 비율

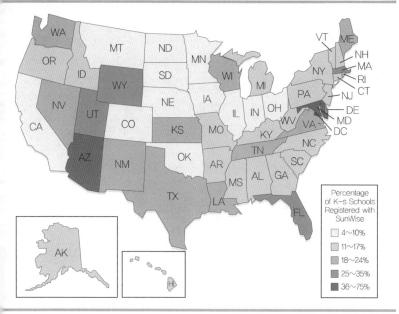

자료출처: LWCF factsheet(2011)

기관에서 실시하고 있다. 프로그램 참가자들은 태양 안전, 자외선, 오존
화학에 대한 교육교재(sun wise tool-kit)를 제공받는다.

　　자외선(UV)에 어린이 등이 장기간 노출될 경우 피부암에 걸릴 확률이
높아지고, 과도한 눈 손상, 면역 체계의 손상은 미래세대의 건강을 해치는
일이 된다. 2008년 한 해 동안 미국에서 8,400명 이상의 인구가 흑색종으
로 사망하였고(Cancer Facts and Figures, 2008), 미국 전역에 발생한 암(癌)의
반 이상은 피부암으로 추정될 만큼 태양광 노출 피해가 사회문제로 대두
되고 있다. 다수의 연구에서도 어린이의 태양에 대한 과도한 노출이 흑색
종 발생과 양의 유의미한 관계를 보이는 것으로 보고하였다.[4] 현재 미국
전역에 선 와이즈 프로그램을 실시하는 학교의 비율은 [그림 2-1]과 같다.

---

4) Oliveria, S.A, et al., 2006. Sun Exposure and Rik of Malanoma. Arc Dis Child.
　 91: 131-138.

Kyle et al.(2008)의 연구에 따르면 선 와이즈 프로그램이 생활비용 및 사회적 비용을 감소시키는 것으로 확인되었다.[5] 즉, 자주 모자를 착용하고, 자외선차단제 크림을 바르는 등 연간 1~2시간 정도 태양으로부터 피부를 보호하는 행위는 단기간 내에 의미 있는 건강혜택을 가져올 것으로 평가된다. 또한 EPA는 이러한 활동으로 50건의 조기사망, 11,000건의 피부암을 예방할 수 있다고 평가하고 있다. 선 와이즈 프로그램에 1달러를 소비할 때, 공공보건 비용은 2~4달러 정도 절약하게 된다.

4. 환경유해인자 관리 및 기후변화 대응 프로그램

(1) 새로운 환경을 위한 커뮤니티 액션[6]

'새로운 환경을 위한 커뮤니티 액션(Community Action for a Renewe Environment: CARE)'은 독성 오염물질을 줄이기 위한 지역사회의 조직화를 위한 운동이다. 미국 환경청(EPA)은 유독한 오염물질의 배출 및 노출을 최소화하기 위한 재정과 기술을 지원하고, 지역사회 환경 개선을 위해 자속 가능한 발전과 지역기반 파트너십을 제공한다.

CARE는 두 단계의 다른 협력체계로 운영되며 1단계에서는 9만 달러 2단계는 27만 5천 달러를 지원한다. 1단계는 지역사회와 파트너십을 구축하고 문제에 대한 해결방법을 제시하는 기초적인 지원체계이고, 2단계는 성공적인 파트너십을 토대로 환경평가가 완료된 지역사회를 위한 심층적 지원체계로서, 1단계를 성공적으로 집행해야 2단계를 지원할 수 있다. 1단계에서는 독성물질로 인한 환경위험을 감소하기 위해 비영리단체, 지역사회단체, 기업, 학교, 지방정부, EPA 등이 광범위한 파트너십을 구축하는 것 자체를 목적으로 한다. 이해관계자 그룹을 통해 독성물질문제를 평가하고 환경위험을 줄이기 위한 옵션을 개발하며, EPA 기술지원 프로그램을

---

5) Kyle, J. W., et al. (2008). "Economic Evaluation of the U.S. Environment Protection Agency's SunWise Program: Sun Protection Education for Your Children," *Pediatrics* 121(5): e1074-e1084.

6) www.epa.gov/care

실시한다. 1단계 과정이 충족되면 2단계에서는 지역사회에 가장 적합한 프로그램의 조합을 모색하고 적용한다. 이 과정에서 사회환경 개선을 위한 EPA 자금이 투입된다. 장기적인 위험감소대책을 마련하면 CARE 펀드가 투입되어 결과적으로 지역사회는 지역기반의 자생가능한 파트너십을 구축하게 되고, 이는 인간건강과 지역환경의 개선을 가져온다.

EPA에서 제공하는 기타 프로그램과 CARE의 가장 큰 차이점은 '자발성'에서 찾을 수 있다. 특히 도구와 기술적 지원, 자금을 제공함으로써 해당 지역사회에 가장 합리적인 자발적 프로그램이 정착하고 실행하도록 돕는다는 데 의의가 있다. 뿐만 아니라 공기, 물, 토양 등 환경 전 분야의 '노출위험 감소'에 초점을 맞추고 있다. 또한 CARE 프로그램 합의에 지역사회를 중심으로 커뮤니티 파트너십이 구축된다는 점에서 다양한 이해관계자그룹의 민주적 참여를 유도할 수 있다.

(2) 일본: 후쿠시마 원전사고 보상

후쿠시마 원전사고 보상에 대한 배상금 지불기관은 후쿠시마 현이다. 예산은 국가 원자력 피해응급대책 기금 404억 엔 일부와 도쿄전력 기부금 30억 등 총 300억 엔에 이른다. 배상 대상은 정부에서 정한 배상 대상지역에 택지와 건물 등을 보유한 주민으로 배상 대상 주민은 약 16만 명, 가구 수는 6만 가구 정도이다. 배상 수준은 택지와 건물, 가재도구에 대한 피해 보상과 정신적 피해, 취업 가능 주민의 취로 불능 등에 대한 배상을 모두 합한 금액을 3단계로 구분하여 보상한다. 첫째, 귀환곤란구역은 방사성 물질 오염으로 향후 최소 5년 정도 귀환이 불가능한 구역으로 3인 가구(어른 2명, 자녀 1명)에 5천 713만 엔, 5인 가구(어른 3명, 자녀 2명)에 6,021만 엔 정도를 지급한다. 둘째, 주거제한구역은 방사성 물질 오염으로 귀환까지 수년이 걸리는 구역을 포함하며, 가구당 평균 3,118만 엔을 보상한다. 셋째, 피난지시해제준비구역은 방사성 물질 오염 제거 후 귀환할 수 있는 구역으로 가구당 평균 2,306만 엔을 보상한다.

기타 지원방식으로 무료 가설주택을 제공하고, 제3자로 구성된 심사회를 운영하며, 이 심사회를 통해 피난민들이 다시 생활할 수 있도록 1인당 5년분 보상금에 해당하는 600만 엔(약 8,700만 원)을 일괄 지불하라는 중간지침이 마련되었다. 또한, 복지관 등을 통해 '원전에 대한 보상 절차' '원전 바로 알기' 등 강의를 제공하고 있다.

(3) 기후 및 보건 프로그램(Climate and Health Program)

미국 보건복지부 질병통제센터(Centers for Disease Control: CDC)는 2009년 기후변화가 주민 또는 세계인구의 건강에 미치는 영향을 연구하기 위해 '기후 및 보건 프로그램(Climate and Health Program)'을 마련하였다. 이 프로그램은 기후변화 취약지역 및 집단을 식별하고, 현재 및 가까운 미래

표 2-1 기후 및 보건 프로그램(climate and health program)의 주요 기능 및 사업

주요기능	역할	사업 및 활동
기후변화과학 정보제공	• 기후변화와 건강 간 관계의 더 나은 이해를 위한 과학적 기반 제공 • 혹한/혹서 등 특정 건강 위협의 위험이 큰 지역과 인구집단을 식별 • 국가와 지역보건부서 민간 등 기타영역에 기후변화와 건강에 대한 기술적 조언과 지원 제공	• 기후문제를 보건정책으로 전환할 수 있도록 주정부 및 지방정부와의 연계 • 기후변화 연구기반 확대 • NASA/ROSES heat watch warming system 관련 프로젝트 • 지역 기후변화와 보건지표 프로젝트 • 기후 관련 환경 위험에 대한 취약성 평가
기후변화 대응능력 구축을 위한 의사지원도구 제작	• 환경상태 질병위험 기후변화 관련 데이터 축적 • 보건 관련 기후변화 문제를 저감하기 위한 방법에 대한 공공·의사결정자·의료공급자 간의 소통 제공 • 혹한/혹서 전염성 질환 등 건강위협에 대한 대비 및 대응계획 개발 및 실행 • 기후변화 관련 건강영향을 예측하고 모델링하는 역량 확충 • 기후변화로 인한 건강위협 대응능력을 가진 숙련된 보건인력의 육성	• FOA(Funding Opportunity Award) 수여 • 환경보건정책추적(EPHT)의 기후변화모듈 자금 조달 • 기후변화적응 관련 가이드북 제작 • 코드 및 적색경보 훈련 • EPHLI 프로젝트 • NCAR/CDC 박사후과정 제공 • 장학금 수여
기후변화가 공공보건에 미치는 영향에 대한 향후계획 구축	• 국내·외 중앙정부 및 지방정부, 지역사회지도자, 의료전문가, 비정부조직에 기후변화 영향에 대한 의사결정 리더십을 제공하는 것 • 기후변화로 인한 건강영향에 대한 정보 제공 • 타 정부기관, 개인섹터, 비정부조직 국제기구 등이 기후변화에 따른 보건정책을 효과적으로 논의할 수 있는 파트너십 제공	• 극단적인 기후변화 관련 사건 및 영향에 대한 IPCC(기후변화에 관한 정부 간 패널) 특별보고서 발행 • 부처 내부 사업 집단 구성으로 미국 기후변화 연구프로그램 참가 • 기후변화 건강보고서 발행

자료출처: CDC Climate and Health Program Brochure(2012)

의 건강영향에 대한 보호 및 적응을 목표로 한다.

'기후 및 보건 프로그램'을 통해 달성하고자 하는 세 가지 목표는 첫째, 주(state), 지역 보건부처 및 지역사회에 기후변화와 관련한 정보를 제공하고, 둘째, 기후변화에 대한 대응능력을 향상하기 위한 의사결정 지원체계를 마련하며, 셋째, 기후변화가 공공보건에 미치는 영향에 대한 대응방안을 구축하는 것을 포함한다. 이상의 내용은 [표 2−1]에서 보다 구체적으로 확인해 볼 수 있다.

5. 취약지역 대상 해외 환경복지정책 시사점 및 함의

이상에서 살펴본 경제·사회적 취약계층 및 지역에 대한 환경복지정책의 주요 시사점은 정부가 프로그램 및 재정지원뿐 아니라, 지역 주민의 교육을 통한 예방과 현재 상태의 개선에 초점을 맞추고 있다는 것이다. 특히 취약계층의 경우 대체로 교육수준이 낮아 주거환경 및 건강상태를 개선하는 데 필요한 정보의 사각지대에 놓여 있는 경우가 많다. 예를 들어, 과다한 자외선 노출이 건강에 미치는 악영향을 줄이기 위해 자외선 노출을 감소시키는 방법에 대한 교육은 간단하지만, 취약계층 및 지역에 가져오는 이익은 생각보다 높다. 즉, 조기교육과 예방적인 차원에 정책초점을 맞추면 사후 문제해결 비용보다 훨씬 적은 투자로 문제를 해결할 수 있기 때문에 복지비용의 절감 효과도 기대할 수 있다.

또한, 취약계층 및 지역 대상의 환경복지정책은 지역재건운동과 병행되어 진행할 수 있다. 위에서 제시한 각종 프로그램들은 환경복지정책 집행과정에 지방정부, 지역주민 등을 참여시키고, 거버넌스를 형성해 지역의 리더십 강화 및 지역의 정체성(community identity)을 고양하는 등 복지정책 집행과정이 지역에 무형의 부가가치를 창출하는 구조로 되어 있다. 특히, 경제적 사회적으로 취약한 계층 및 지역을 위한 환경복지정책이 지역주민을 위한 건강한 일자리 창출과 맞물릴 때 그 효과는 배가 될 수 있다. 예를 들어 토지 및 수자원 보호기금은 정부의 지원금을 수혜자들에게 개별적으로 직접 전달하기보다는 기금조성 및 선순환적 산업투자를 통해 지역

의 산업을 키우고, 일자리를 창출함으로써 환경복지와 함께 지역의 경제적
경쟁력 향상에도 도움이 되고 있다.

제 2 장   슈퍼펀드와 브라운필드 사례 심층분석

. 미국의 슈퍼펀드(Superfund)와 환경정의

(1) 환경정의와 환경정책국(Environmental Policy Agency)

앞장에서 언급된 바와 같이 환경복지 개념은 미국의 환경정의 논쟁과 깊은 관련이 있다. 인종적 소수자들과 저소득층 주민들이 백인이나 중산층보다 훨씬 더 심각한 유해 환경에 노출되어 있는 '부정의'를 시정하려는 정책적 의지를 담고 있다는 측면에서 환경복지와 유사하다고 볼 수 있다. 환경정의는 환경복지의 개념적 근거일 뿐 아니라, 1980년대 미국 연방정부의 환경정책이 중산층 위주에서 저소득층과 유색인종이 밀집한 지역에 중점을 두는 정책으로 전환하게 된 계기이기도 하다. 소수인종과 빈민지역에 폐기물 처리장이 편중적으로 많이 입지되는 경향이 있음을 지적하고, 환경인종주의 환경정의라는 용어를 쓰기 시작하였다. [그림 2-2]는 1987년 발간된 "미국의 폐기물과 인종: 유해폐기물 부지의 인종 및 사회경제적 특징에 관한 국가보고서(Toxic Waste and Race in the United States: A National Report on the Racial and Socio-Economic Characteristics of Communities with Hazardous Waste Sites)"에 수록된 자료로 환경적으로 유해한 시설이 밀집된 지역과 그 주변 주민의 소수인종(흑인, 히스패닉, 아시안-태평양계) 비율 간 높은 상관관계가 있음을 여실히 보여준다. 특히 5대 독성 폐기물 매립지 등이 있는 주변지역의 소수인종 비율은 37%가 넘고 있어서, 유해 폐기물 매립지, 처리장 등의 위치선정이 정치적 저항능력이 약한 소수인종이 밀집한 지역을 중심으로 의도적으로 이루어졌다는 환경정의 운동가 그룹의 주장을 뒷받침한다.

이렇게 환경정의의 주요 주장인 저소득층과 소수인종들이 집중적으

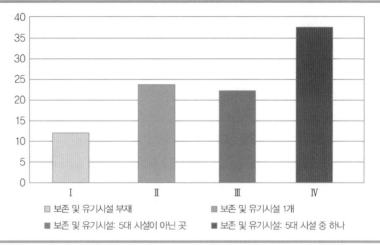

| 그림 2-2 | 지역 내 유해폐기물 처리시설 주변의 소수인종 비율 |

□ 보존 및 유기시설 부재　■ 보존 및 유기시설 1개
■ 보존 및 유기시설: 5대 시설이 아닌 곳　■ 보존 및 유기시설: 5대 시설 중 하나

Ⅰ. 현재 가동 중인 상업용 유해폐기물 처리, 보존 및 유기 시설이 없는 곳
Ⅱ. 현재 가동 중인 상업용 유해폐기물 처리, 보존 및 유기 시설이 1군데 있는 곳
Ⅲ. 현재 가동 중인 상업용 유해폐기물 처리, 보존 및 유기 시설이 5대 시설이 아닌 곳
Ⅳ. 현재 가동 중인 상업용 유해폐기물 처리, 보존 및 유기 시설이 5대 시설 중 하나인 곳
자료출처: Toxic Waste and Race in the United States: A National Report on the Racial and Socio-Econom
　　　　　Characteristics of Communities with Hazardous Waste Sites, 1987, Commission for Racial Justic
　　　　　United Church of Christ

로 거주하는 지역과 환경오염 간의 상관관계를 입증하는 과학적인 증거들
이 축적됨에 따라, 1992년 EPA는 비로소 환경정의 개념을 연방환경정책
수립에 반영하기 시작하였다. EPA의 정책적 변화는 산하기관으로 환경정
의실(Office of Environmental Justice: OEJ)을 설립하면서 시작되었다. OEJ는
환경정의에 관련된 정책, 프로그램 및 그에 수반하는 기타 활동을 수행하
는 역할을 한다. OEJ의 중요한 초기 작업으로 내부 연구 프로젝트를 수행
해 환경정의 운동 단체들이 주장하는 바와 마찬가지로 유해폐기물 매립지
와 사회경제적 인종적 소수자들이 밀집한 지역 간 상관관계가 있음을 확
인하고「환경평등: 전 지역을 위한 위험 감소」(Environmental Equity: Reducir
Risks for All Communities) 보고서를 발간하였다. OEJ는 이 보고서에서 "인
종에 따라 질병 혹은 사망률에 명백한 차이가 있으며, 소수민족과 저소득

계층은 직장에서 평균 집단에 비해 대기 오염, 유해시설, 오염된 생선, 농약 등에 더 많이 노출되어 있고, EPA 및 기타 정부 기관은 이와 같은 사회적 약자들과 환경 문제에 대하여 더 많이 의사소통해야 한다"고 밝히고 있다.

1992년은 특히 클린턴이 대통령령 12898을 발포함으로써 미국 연방 정부의 법과 제도 속으로 환경정의의 개념이 심도 있게 반영될 수 있는 기틀을 만든 원년으로 기록된다. 이 대통령령은 "환경정의를 확보하기 위한 보건연구의 필요성(Health Research Needs to Ensure Environmental Justice)" 심포지엄 둘째 날에 발효된 것으로 소수자들과 저소득계층의 환경 정의를 위해 연방정부가 정책을 수립·집행해야 함을 명시하고 있다.

대통령령 12898의 원문 일부

"각 연방기관은 환경 정의를 달성하는 것을 미션의 일부로 삼아야 하며, 이를 위해서 각각의 정책이나 활동 등이 소수인과 저소득층에게 불평등하게 높은 건강 또는 환경의 영향을 가져오지 않는지 찾아내고 문제를 제기해야 한다.

"… each Federal agency shall make achieving environmental justice part of its mission by identifying and addressing, as appropriate, disproportionately high and adverse human health or environmental effects of its programs, policies, and activities on minority populations, and low-income populations …."

EPA는 이듬해인 1993년 9월, 주·지방정부, 지역사회, 학계, 산업계, 환경계, 토착민 등 각계 대표를 모두 아우르는 국가 환경정의 자문위원회(National Environmental Justice Advisory Council: NEJAC)를 설립하여 다양한 사회구성원 간 환경정의 문제의 해결책에 대한 대화의 장으로서 역할을 하게 하였다.

미국에서는 이렇게 1990년대부터 EPA를 중심으로 환경정의를 위한 정책을 펼쳐오는 동안에도, 유색인종들이 유해 시설 근처에 집중적으로 거주하는 현상은 여전히 미국 전역에 걸쳐 나타나고 있다. UCC에서 1987년 독성 폐기물 및 인종 20주년을 기념해 2007년 발간한 보고서(Toxic Waste and Race at Twenty; 1987–2007)에 의하면, 미국 내 900만 명 이상의 사람들 (9,222,000명)이 413개의 유해시설의 3km 내에 거주하고 있으며, 그 중 5백 10만 명 이상이 유색인종이다. 이 중 250만여 명이 히스패닉/라틴, 190만여 명이 흑인, 616,000여 명이 아시아/태평양인, 62,000여 명이 아메리카 원주민으로 나타났다. 위험 시설 인근 지역에서 흑인, 히스패닉/라틴, 아

표 2-2 미국 413개 유해 방치설비 인근지역 및 그 외 지역의 인종·사회경제적 차이(1990, 2000 센서스 조사)

	2000				1990			
	인근 지역	그외 지역	차이	비율	인근 지역	그외 지역	차이	비율
인구								
총인구(1,000명)	9,222	272,200	-262,979	0.03	8,673	240,037	-231,364	0.04
인구 밀도	870	29.7	840	29	820	25.1	790	27.3
인종/민족별								
총 유색 인종	55.90%	30.00%	25.90%	1.86	46.20%	23.40%	22.80%	1.97
흑인	20.00%	11.90%	8.00%	1.67	20.40%	11.70%	8.70%	1.74
히스패닉/라틴	27.00%	12.00%	15.00%	2.25	20.70%	8.40%	12.30%	2.47
아시아/태평양	6.70%	3.60%	3.00%	1.83	5.30%	2.80%	2.50%	1.88
아메리카 원주민	0.70%	0.90%	-0.20%	0.77	0.60%	0.80%	-0.30%	0.68
사회경제별								
빈곤 비율	18.30%	12.20%	6.10%	1.5	18.50%	12.90%	5.60%	1.43
평균 가구소득	$48,234	$56,912	-$8,678	0.85	$33,115	$38,639	-$5,524	0.86
평균 주택 가치	$135,510	$159,536	-$24,025	0.85	$101,774	$111,954	-$10,180	0.91
4년제 대학 학위 비율	18.50%	24.60%	0.061	0.75	15.40%	20.50%	5.10%	0.75
화이트 칼라 비율	28.00%	33.80%	5.80%	0.83	21.80%	26.60%	4.80%	0.82
블루 칼라 비율	27.70%	24.00%	3.70%	1.15	30.00%	26.10%	3.90%	1.15

* 참조: 데이터 분석은 지역 할당법(areal apportionment method)에 의해 이루어졌다. 차이와 비율은 인근 지역과 그 외 지역 간의 차이 및 비율이다. 반올림으로 인해 차이는 정확히 일치하지 않을 수 있다. 인구 밀도는 명/제곱미터이다(반올림). 평균 주거가치는 자가 주거 기준이다. 센서스 조사 기준의 변화로 인해 "화이트 칼라"와 "블루 칼라" 직종 비율은 1990년과 2000년이 완전히 일치하지 않는다.

시아/태평양인은 각각 1.7배, 2.3배, 1.8배로 그렇지 않은 지역보다 더 높은 분포를 보인다. 빈곤율은 위험시설 근처에서 1.5배 더 높다.

[표 2-2]에서 보는 바와 같이 유해시설 주변 유색인종의 비율은 근소한 차이로 낮아졌으나, 빈곤비율은 오히려 조금 높아졌다. 평균가구 소득은 조금 낮아졌으며 평균 주택가치도 유해시설 주변에서 더 낮아져 전반적으로 유해시설 주변의 경제적인 여건은 더욱 악화된 것으로 나타났다. 이는 시간이 지나면서 경제적인 조건이 나아진 유색인종은 유해시설 주변을 선택적으로 떠나는 반면, 경제적으로 궁핍한 백인들이 상대적으로 지가가 낮은 유해시설 주변으로 옮겨가는 현상으로 설명될 수 있을 것이다.

이 자료는 EPA의 슈퍼펀드(Superfund) 프로그램을 통해 오염제거가 완료된 이후 인종별 사회·경제적 차이에 대해 분석한 것이 아니므로, EPA 환경정의 정책의 성공 여부에 대한 기준이 될 수는 없다. 이 표의 데이터가 의미하는 바는 시장의 작동원리에 의해 유해시설 주변의 지가는 그렇지 않은 지역의 지가보다 낮게 책정되고, 그 때문에 교육수준이 낮고 평균가수 소득이 낮은 인구들이 집중되는 현상을 보여주는 것이다.

따라서 EPA가 슈퍼펀드 프로그램을 통해 오염지역을 정화할 경우, 그 정책의 최대 수혜자는 궁극적으로 유해시설 주변의 유색인종, 저소득층이 될 것이며, 따라서 슈퍼펀드 프로그램이 의도적이든 의도하지 않든 환경정의에 일정 정도 기여하는 부분이 있다는 점을 의미한다고 볼 수 있을 것이다.

(2) 슈퍼펀드의 개요

슈퍼펀드사업은 지역사회 환경의 질을 개선하고 낙후된 경제발전에 기여하는 EPA의 대표적인 사업으로, 현재 사용이 중지되거나 저사용되고 있는 산업용지를 정화 처리하는 것을 골자로 한다.[7] 슈퍼펀드는 1970년대 러브캐널 사건(Love Canal, New York State), Valley of the Drums(Kentucky),

---

7) 슈퍼펀드는 Comprehensive Environmental Response, Compsensation, and Liability Act(CERCLA)의 다른 이름이기도 하다(Superfund와 CERCLA는 동의어로 쓰임).

그림 2-3 EPA 10개 지역

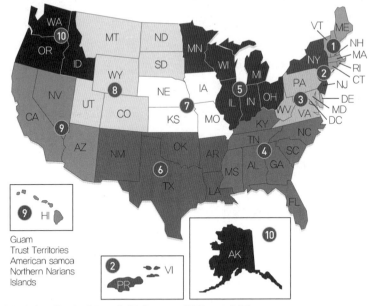

1지역: 메인, 뉴햄프셔, 버몬트, 매사추세츠, 로드아일랜드, 코네티컷
2지역: 뉴욕, 뉴저지, 푸에르토리코, 버진아일랜드
3지역: 펜실베니어, 델라웨어, 워싱턴DC, 메릴랜드, 버지니아, 웨스트버지니아
4지역: 켄터키, 테네시, 노스캐롤라이나, 사우스캐롤라이나, 미시시피, 앨라배마, 조지아, 플로리다
5지역: 미네소타, 위스콘신, 일리노이, 미시간, 인디애나, 오하이오
6지역: 뉴멕시코, 텍사스, 오클라호마, 알칸소, 루이지애나
7지역: 네브래스카, 캔자스, 아이오와, 미조리
8지역: 몬태나, 노스다코타, 와이오밍, 사우스다코타, 유타, 콜로라도
9지역: 캘리포니아, 네바다, 애리조나, 하와이
10지역: 워싱턴, 오레곤, 아이다호, 알래스카

자료출처: U.S. Environmental Protection Agency(http://www.epa.gov/superfund/sites/)

Stringfellow Acid Pits(California) 등 일련의 유독 폐기물 불법 투기와 관련된 사건들이 불거지면서 1980년 설립되었다. 이 프로그램은 오염된 부지(사이트) 오염 제거 및 환경오염유발자에게 책임을 묻고 비용을 부과할 수 있도록 EPA에 권한을 부여한다.

슈퍼펀드의 궁극적인 목적은 인간의 건강과 복지, 그리고 환경의 보호이다. 슈퍼펀드 프로그램에는 다음과 같은 세 가지 주요 구성요소

(elements)가 있다: (1) 현존하는 유해 폐기물 사이트 처리(오염제거 및 치유를 통한); (2) 비상사태에 대한 대응(오염제거 활동을 통한 비상사태 대비 포함); 그리고 (3) 앞으로 일어날 위험 물질 방출 억제이다. 슈퍼펀드 프로그램을 실행하기 위해 EPA는 오염이 심한 지역을 대상으로 국가 우선순위 리스트(National Priorities List: NPL)를 만들고, 이 리스트에 등록된 지역의 경우 환경오염유발자로부터 유해물질 제거 비용을 회수하지 못할 경우, 연방정부의 기금으로 오염제거 사업을 할 수 있다. EPA의 슈퍼펀드 프로그램은 미국 전역을 관장하는 10개 지역 사무소를 중심으로 실행된다([그림 2-3] 참조). 프로그램이 개시된 1980년 이래 EPA는 47,000개의 유해 쓰레기 매립지를 지정했고, 2007년 1,500개 이상의 지역을 NPL에 등록했다. 현재 1/3 이상의 NPL에 등록된 사이트에 대한 작업이 아직 진행 중이며, 새로운 사이트들이 계속 추가되고 있다.

그림 2-4 드럼 계곡(Valley of Drums) 부지 및 미국 전역 슈퍼펀드 부지

자료출처: U.S. Government Accountability Office

(3) 프로그램의 운영

EPA의 슈퍼펀드 프로그램은 크게 ① 오염제거 위주로 단기적 혹은 위험을 줄이기 위한 비상사태 오염제거, ② 치유(대체적으로 장기적인 오염제거 활동) 등의 두 가지 활동으로 나뉜다. 슈퍼펀드의 전반적인 오염제거와 치유

표 2-3　미 환경보호처(EPA) 슈퍼펀드 프로그램 정화작업 단계

단계	정화작업
예비평가 및 지역조사	예비 평가 및 지역 조사(PA/SI) 오염 지역의 상태를 조사하는 단계이다. 유해물질의 방출로 인해 즉각적이거나 단기적인 대응조치가 필요하다면, 슈퍼펀드의 긴급대응 프로그램(Emergency Response Program)에 등록된다.
우선순위 리스트 등록	우선순위 리스트(National Priorities List: NPL) 등록 특히 오염이 심각한 지역은 장기적이고 지속적인 관리를 위하여 우선순위 리스트에 등록된다.
오염조사 및 타당성 연구	오염 조사 및 타당성 연구(RI/FS) 오염의 유형과 범위를 조사한다. 오염 지역의 처리 가능성을 평가하고 재생 사업 시행 시 예상될 효용과 비용을 검토한다.
결정사항 문서화	결정사항 문서화(Record of Decision: ROD) 오염 지역에 사용될 재생 수단을 정한다. 예산이 2,500만 달러를 초과할 경우, 재생 심사 위원회(National Remedy Review Board)에서 심사된다.
토지 재생계획 수립 및 시행	토지 재생 계획의 수립 및 시행(RD/RA) 대상 토지에 대한 회복 계획 및 세부사항을 수립한다. 재생 사업의 대부분이 이 단계에서 시행된다. 모든 재정 투입은 우선순위 배심원단(National Priorities Panel)에서 검토된다.
사업완료	사업 완료(Construction Completion) 물리적 사업이 완료된 단계. 토지가 완전히 회복되었음을 의미하지는 않는다.
재생완료	재생 완료(Post Construction Completion) 토지재생 사업으로 인해 대상 토지가 인간의 건강과 자연환경에 더 이상 유해하지 않다고 슈퍼펀드 프로그램이 보증하는 단계이다. 장기 대응조치(Long-Term Response Actions: LTRA), 5년 후 리뷰, 최적화 등이 완료된 단계이다.
우선순위 리스트 제거작업	우선순위 리스트에서 제거(NPL Delete) 모든 대응조치가 완료되고 토지 재생 목표가 달성된 지역을 NPL에서 제거하는 단계이다.
부지 재사용 및 재개발	부지 재사용/재개발(Reuse) 슈퍼펀드 프로그램이 어떤 방식을 통해 위험 지역을 부작용 없이 안전하고 생산적인 곳으로 바꾸어 지역 사회에 공헌했는지 홍보한다.

활동은 고형폐기물 응급대응 사무국(Office of Solid Waste and Emergency Response: OSWER)의 감독을 받으며, 단기적인 환경오염 제거 대응은 OSWER 산하 응급관리국(Office of Emergency Management)이 맡고, 장기적인 슈퍼펀드 대응 프로그램은 슈퍼펀드 재활 및 기술혁신국(the Office of Superfund Remediation and Technology Innovation) 그리고 연방시설복구 및 재이용국(Office of Federal Facilities Restoration and Reuse; 역시 OSWER 산하)이 책임을 지고 있다. OSWER은 또한 연방정부의 브라운필드(Brownfield) 프로그램을 운영한다.[8]

---

8) 브라운필드는 오염된 토지라는 측면에서 Superfund site와 공통점이 있다. 그러나,

슈퍼펀드의 유해물 처리과정은 복잡하고 장기적인 과정을 필요로 하는데, 우선 대상 지역의 오염정도를 평가하고 그 오염정도가 심하면, 국가 우선순위 리스트에 등록한다. 그리고 사이트의 상황, 예를 들어 주요 오염물질과 오염정도 등에 따라 적합하고 체계적인 오염제거 계획을 수립한다([표 2-3] 참조). EPA는 오염처리에 관해 아래와 같은 권한이 있다.

- 우선적으로 시급한 조치가 필요한 지역에 대한 오염제거
- 잠재적 오염유발자에게 비용을 부담할 권한
- 지역주민과 주정부의 개입을 보장할 권한
- 장기간 보호를 보장할 권한

(4) 슈퍼펀드 재원

슈퍼펀드는 신탁 기금의 형태로 운영된다. 그리고 신탁 기금은 원유, 특정 화학물질 등에 부과된 세금, 기업에 부과된 환경세, 일반예산의 일부, 벌금, 그리고 오염유발자의 부담금, 기금 이자 등의 다양한 재원으로 조성된다. 각 재원의 비중은 해마다 바뀐다. 1981년에서 1995년 동안 세금이 약 68%, 일반예산 17%, 이자 9%, 벌금 등 6%로 구성되었다. 이와는 대조적으로 1996년부터 2007년까지 기금의 세금비중은 6%에 그쳤고, 일반 예산이 59%, 이자가 약 16%, 벌금과 오염자 부담금 등이 19%를 차지하였다. 해마다 EPA가 슈퍼펀드의 신탁 기금에서 차감해 쓸 수 있는 금액은 기금지출에 관한 법에서 결정된다. 미국 국회는 1981년부터 2007년까지 매해 평균 1.2조 달러의 기금 지출을 승인했다. 한편 기금의 규모도 계속해서 축소되고 있는 중이다. 예를 들어 1997년 4.7조였던 기금의 규모가 2007년에는 1억 7천 3만 달러로 줄어들었다.

브라운필드는 ① 상업용지 또는 산업용지로 이미 개발되었으나 토지의 개발 및 사용이 환경적 오염의 원인으로 개발에 제한이 가해지거나 ② 개발과정이 복잡하기 때문에 투자가치가 낮아져서 토지이용가능성의 100%만큼 활용되지 못하고 있는 토지를 지칭한다는 측면에서 단순 유해물질 매립지를 지칭하는 Superfund site와는 차별된다 (http://www.ehso.com/brownsfields.htm, http://www.epa.gov/superfund/)

(5) 슈퍼펀드의 효과

슈퍼펀드 프로그램의 효과에 대해서는 의견이 다양하게 나타나고 있다. 그 이유는 첫째, 심각하게 오염된 지역의 오염물질을 제거하는 데는 천문학적인 예산이 들어가는 반면, 오염제거의 효과가 항상 분명하게 나타나지는 않기 때문이다. 예를 들어 현재 미국에는 전국적으로 NPL에 등록된 1,500여 개 사이트 중 오염물질이 제거된 500여 개의 사이트만이 이미 재사용되고 있고, 또 다른 409개의 사이트가 재사용 가능한 상태이다. 오염제거가 끝난 지역에 새로운 직업이 늘어나는 등의 경제적인 효과가 나타나기도 한다. 그러나 좁은 시각에서 특정 지역의 경제적 성장이 거시적인 측면의 경제성장으로 연결되는가에 대해서는 회의적이다. 왜냐하면 미국 전체 노동시장의 변화 없이 단순히 한 지역이 오염제거를 끝내고, 기업이나 상업활동 등을 유치하려는 지방정부의 세금감면 등의 인센티브에 반응해 사업체와 근로자가 그 특정 지역으로 옮겨가는 수준에 머물 수도 있기 때문이다(EPA, 2011). 또한 슈퍼펀드의 오염제거 프로그램의 효과 중에는 직접 측정하는 것이 힘들거나 스필오버(spillover)효과로 나타나는 경우도 많다. 예를 들어, 특정 지역의 오염 제거 후 지역의 이미지 상승이 가져오는 후광효과 등이다. 따라서 EPA는 슈퍼펀드 프로그램의 효과를 일반론적으로 정량화해서 주장하기보다는 오염 제거를 통해 얻어지는 다양한 효과의 구체적인 사례들을 홍보하는 것에 주안점을 두고 있다.

슈퍼펀드 프로그램의 효과에 대한 의문과 프로그램의 지속성에 대한 의문이 제기되자 EPA는 자체적으로 [표 2-4]와 같이 슈퍼펀드의 효과를 추정하고 있다.

처음 4개의 카테고리가 보다 직접적인 효과로 분류되는 이유는 지역 생태자원의 개선, 슈퍼펀드 사이트 지역주민의 건강 및 복지의 증진 등 중요한 사회적 가치들에 기여하기 때문이다. 이 중 어떤 카테고리는 그 측정이 쉽지 않은 점도 있다. 예를 들어 정부가 환경오염 비상사태에 대한 대비가 잘 되어 있다는 공공의 인식이 지역주민의 심리적인 복지(안심)에 기

표 2-4	슈퍼펀드의 긍정적인 효과들
직접적인 영향	
1. 슈퍼펀드 사이트 근방의 주민, 노동자 등의 건강 개선	
2. 자연자원의 복원 또는 파괴 감소	
3. 심각한 오염 등 비상사태에 따른 위험 감소	
4. 지역 경제 및 삶의 질 개선	
간접적인 영향	
5. 기타 다른 오염제거 프로그램에 대한 기여	
6. 개선된 환경을 염두에 둔 산업활동	
7. 과학 기술의 발달	
8. 미래 환경위협의 감소	

려할 수 있지만 실제 객관적인 측정이 쉽지 않기 때문이다.

후자의 4개 카테고리들이 간접적 영향으로 분류된 이유는, 궁극적으로 직접적인 영향으로 전환이 되겠지만, 그 인과관계를 추정하기가 용이하지 않기 때문이다. 예를 들어 오염 제거의 과학 및 기술의 발달은 작업 효율성의 개선도 포함한다. 이러한 개선은 결과적으로 환경의 질 등 직접적인 효과에도 영향을 미친다.

① **슈퍼펀드 사이트 인근 주민, 노동자들의 건강 개선**

슈퍼펀드 사이트의 오염제거가 인근 주민과 노동자들의 건강개선에 미치는 효과를 종합적으로 평가하기는 어렵다. 슈퍼펀드 사이트들의 특성이 광범위할 뿐 아니라 각 사이트마다 오염 물질, 오염의 정도와 상황 등이 각각 다르기 때문이다. 뿐만 아니라 토양, 지표수 등에 따라 오염물질이 어떻게 이동하는지, 사람들에게 미치게 될 영향 등에 대해 알려진 정보가 사이트마다 다르기 때문이기도 하다.

EPA는 2004년 12월 31일 기준으로 우선순위 리스트에 등록된 1,504개 사이트에서 4마일 이내에 총 6천 7백만 명, 2.5마일 이내에는 3천 8백만 명이 거주하고 있다고 추산했다.[9] 게다가 2009년 5월 현재 약 9,100개

---

9) 2009 회계연도 말에, 리스트에 오른 사이트의 숫자는 1,607개로 늘어났다. 하지만, 유사한 전망에 의하면 추가적인 103개의 사이트가 사용 불가능한 것으로 나타났다 (EPA, 2007).

의 장·단기 오염 제거 사업이 연방 슈퍼펀드 프로그램에 의해 운영되고 있다. 데이터에는 나타나지 않지만, 상당한 수의 사람들이 잠재적으로 오염 물질에 노출되어 있을 것으로 보인다.[10] 또한 [표 2-2]에서 본 바와 같이 1980년대 후반에 밝혀진 오염 지역과 유색인종 및 저소득층 간의 높은 상관관계가 2000년대까지 여전히 계속되는 점을 고려해 볼 때, NPL 부지의 오염제거는 유색인종이나 저소득층 등 소외된 계층의 복지를 증진하는 데 일조할 것으로 보인다. 그리고 다음과 같은 사례들이 주목할 만하다.

몬태나, Libby

몬태나 주의 Libby라는 지역은 인구 3,000명의 소도시로, 지역주민의 건강에 심각한 영향을 미치는 석면 노출에 대해 조사하고자 1999년부터 응급대응팀 (Emergency Response Team)을 파견하였고, 이후 석면의 주요 오염원들은 거의 모두 제거되었다.

텍사스 주 댈러스 시 RSR Smelter NPL 사이트

텍사스 주 댈러스 시의 RSR Smelter NPL 사이트는 납 중독이 지역주민의 건강에 심각한 영향을 미친 사례로, 주변 2.5마일 이내에 50,000명의 인구가 거주하며 전체의 14%(7,000명)가 어린이로 구성된 지역이다. 1980년대 납에 의한 오염이 알려지자마자 EPA는 텍사스 천연자원 보존위원회(Texas Natural Resource Conservation Commission)와 함께 오염제거 작업을 개시했다. 이어 6,800여 개의 잠재적 오염지를 조사하고, 420개 지점의 사유지나 공원, 놀이터, 학교 등 어린이들의 활동이 활발한 지역에 대해 오염제거 작업을 해왔다. 1993년에 실시한 분석결과에 의하면, 90%의 어린이들이 위험수준을 웃도는 혈중 납 농도 수치를 기록한 오염제거 전과 비교했을 때 그 수치는 8%로 떨어졌다. 또한 임의 추출된 305명의 어린이에 대한 혈중 납 농도 분석 결과는 정상적인 수준의 혈중 납 농도 수준을 보였다.

② 건강한 에코시스템으로 회복

슈퍼펀드 프로그램이 어떻게 에코시스템 회복에 영향을 미치는지를 정량화할 수 있는 데이터 또한 부족하지만(EPA, 2011), 많은 오염제거 작업

---

10) NPL 사이트에서 검출되는 오염물질과 그 영향에 대한 보다 자세한 내용은 [표 2-2] 참조

표 2-5		NPL 사이트에서 검출되는 오염 물질들이 인체에 미치는 효과*

유해물질	오염된 사이트 비율**	인체에 미치는 효과
비소	68%	▶ 백혈구/적혈구 수 감소 ▶ 불임 및 유산 ▶ 피부 자극 및 폐 자극 ▶ 소화기 장애, 메스꺼움, 구토 ▶ 발암물질(피부암, 폐암, 간암, 임파선암) ▶ 혈관 손상 ▶ DNA 파괴 ▶ 부정맥
벤젠	59%	▶ 빈혈 ▶ 백혈병 ▶ 생식 기관 및 골수 손상 ▶ 구토, 소화기 장애, 현기증, 졸림, 경련 ▶ 심박수 상승, 혼수상태, 사망
카드뮴	53%	▶ 폐 손상 ▶ 뼈 약화 ▶ 소화 장애, 구토, 설사 ▶ 신장 질환 ▶ 발암 물질 ▶ 사망
클로로포름	50%	▶ 현기증, 피로, 두통 ▶ 발암 물질 ▶ 간 손상 ▶ 피부 부어오름 ▶ 신장 손상 ▶ 쥐 실험 결과 생식 및 출산 장애 (인간에 미치는 효과는 명확하지 않음)
납	75%	▶ 혈압 상승 및 고혈압 ▶ 발암물질 ▶ 신장 손상 ▶ 어린이 학습능력 감소 ▶ 불임 및 유산 유발 ▶ 뇌 손상 ▶ 정자 감소 ▶ 신경계 손상 및 태아 두뇌 손상 ▶ 신생아 체중 감소로 인한 사망률 증가 ▶ 공격성, 과다활동 등 어린이 행동장애
수은	49%	▶ 영구적 신장 손상 ▶ 폐 손상 ▶ 메스꺼움, 구토, 설사 ▶ 혈압 및 심박수 상승 ▶ 영구적인 태아 성장 장애 ▶ 피부 발진 및 안구 자극 ▶ 발암물질(염화수은 및 메틸수은) ▶ 뇌기능 손상으로 인한 과민성, 수줍음, 떨림, 시청각 장애, 기억력 감퇴
PAHs (다핵방향족 탄화수소)	42%	▶ 눈, 코, 입 자극 ▶ 발암 물질 ▶ 신장 및 간 손상 ▶ 구토, 설사, 위경련, 메스꺼움, 사망
테트라클로 로에틸렌	54%	▶ 눈, 코, 목, 피부 자극 ▶ 발암 물질 ▶ 현기증, 두통, 졸음, 혼란, 메스꺼움, 말하기 및 걷기 장애, 의식불명, 사망
트리클로로 에틸렌	60%	▶ 신경계 교란 ▶ 부정맥 ▶ 간, 폐 손상 ▶ 혼수상태 및 사망

* 몇몇 사이트는 둘 이상의 오염물질에 오염되어 있음
** 오염물질이 검출된 사이트들이 전체 사이트에서 차지하는 비율
자료출처: 오염된 사이트 비율 및 인체에 미치는 효과: ATSDR(Agency for Toxic Substances and Disease Registry), www.atsdr.cdc.gov/toxfaqs/index.asp, 2008

들이 에코시스템을 창조하거나, 복원, 보호하는 역할을 한다는 데에는 의
심의 여지가 없다. 다음과 같은 예들이 존재한다.

북동부 메인주 로링 공군기지(Loring Air Force Base in northeastern Maine):
습지의 오염제거 후 습지의 지형, 시냇물, 식생 등을 복구하였다.
벙커 힐 광산 및 금속 부지, 켈로그, 아이다호(Bunker Hill Mining and
Metallurgical Site, Kellogg, Idaho): 미국에서 두 번째로 큰 슈퍼펀드 사이
트로 200에이커, 1.5마일 길이의 홍수방지용 채널(홍수 발생 시 주변으로 바
람을 막기 위해 만들어진 유휴지)은 개구리, 사슴, 다양한 종류의 조류들의
보금자리가 되었다.

③ **지역사회의 재건**
i) 오염된 사이트의 재이용
2009년 1월 현재 500여 개의 슈퍼펀드 사이트에서 오염제거가 끝나
고 재사용되고 있으며 수천 개의 새로운 직장의 터전이 되고 있다(EPA
2011). 오염된 사이트는 여러 가지 측면에서 지역경제에 부정적인 영향을
미친다. 부지의 이용이 중단되기 때문에 발생하는 손실 외에, 그 부지를
활용하고 있던 사업 활동의 중단 때문인 세금 손실, 사업의 중단으로 인한
실업 증가, 지역주민의 건강에 대한 위협, 지역 생태계 파괴에 대한 위협
등 다양한 직·간접적 영향들이 그것이다. 따라서 오염원을 제거하고, 오염
된 토양을 복구하고 재사용하는 것은 지역경제 활성화와 지역사회의 재건
에 중요한 기반이 된다.

ii) 지역 내 부동산 가격의 상승
위에서 언급한 슈퍼펀드의 부정적인 영향은 특히 슈퍼펀드 사이트로
지정된 지역 주변 부동산의 지가에 민감한 영향을 미친다. 슈퍼펀드 사이
트의 지정은 토지가 심각하게 오염되어 그 주변지역에서 경제활동이 불가
능한 것은 물론, 주민들의 건강에 영향을 미친다는 것을 의미하기 때문에
슈퍼펀드 사이트는 주변지역 지가에 부정적인 영향을 미친다. 오염원의 제
거 및 오염된 토양의 복구 등 일련의 오염제거 작업을 마친 후 주변 지가
가 어떻게 변하는지에 대해서는 명확한 답이 없다. 이는 각 사이트마다 오

염의 정도가 다르고, 오염제거 작업이 끝났어도 남아있는 잠재적 건강상 문제에 대한 인지도, 주변 지역의 사회경제적 특성, 지역의 경제적 상황 등에 따라 토지가격의 변화가 다양하기 때문이다.

그러나 점점 많은 연구가 정량적인 분석을 통해 슈퍼펀드 사이트의 오염이 제거된 후 재개발되었을 경우, 지가가 반동하여 원래의 가격을 회복한다는 것을 보여 주고 있다(EPA, 2009).

(6) 미 환경청 슈퍼펀드 프로그램의 시사점 논의

① 취약계층에 대한 환경개선 우선순위

EPA의 슈퍼펀드 프로그램은 단순히 토양의 오염을 경감하기 위한 오염제거 활동 정도로만 생각되기 쉽다. 그러나 앞의 [표 2 - 2]에서 보듯이, 미국 내에서 심하게 토양이나 환경이 오염된 지역, 또는 환경적으로 위해한 시설의 입지와 사회경제적 취약계층의 밀집 간에는 아직도 긴밀한 관계가 있다. 따라서 EPA가 스스로 오염을 제거할 수 있는 경제력이 부족한 지역을 위해 공공기금을 마련하고, 이를 통해 환경오염을 정화할 수 있도록 법적 근거를 만들었다는 점, 환경오염 유발자인 기업에 환경부담금을 부과할 수 있는 법적 권리를 부여받았다는 점, 그리고 이러한 정책의 최대 수혜자는 유해시설 주변의 유색인종, 저소득층이라는 측면에서 이 프로그램은 1980년대 발생한 환경정의의 개념을 오늘날까지 이어가는 연방정부의 대표적인 정책이라고 할 수 있다. 이는 앞 절에서 논의된 '현세대 내에서의 배분적 정의'를 추구하는 환경복지의 개념과 맥락을 같이 한다.

② 환경일반에서 환경보건까지 통합한 정책

슈퍼펀드 프로그램은 대기오염, 수질오염 등으로 표현되는 매체별 환경문제를 다루는 데 그치지 않고, 각종 매체가 어린이, 노약자, 여성 등 취약계층 및 주변인구의 건강에 미치는 영향까지 인지하고 있다. 따라서 '환경' 또는 환경 문제의 기술적 해결 그 자체보다, 이러한 문제가 인간정주환경과 보건에 영향을 미치는지 등 보다 '사람'에게 초점을 맞춘 접근방식을 취하고 있다.

③ 분명한 오염정화 대상과 구체적인 대응방안의 연동

슈퍼펀드 프로그램은 환경오염의 주요매체 및 심각도, 오염이 지역사회에 미치는 영향 등에 따라 맞춤형 오염제거 작업과 주변 주민보호를 위한 방법 등이 분명하고 구체적으로 개발되어 있다. 가령, 어떤 지역은 석면이 주민의 건강을 위협하는 가장 큰 요인이라는 분석결과에 따라, 집중적으로 석면의 주요 원인을 제거하는 작업을 펼쳐 몇 년 내에 석면노출에 의한 각종 질병의 위험도를 낮추는 등, 각종 화학물질에 대한 구체적인 오염제거 기술과 제거의 과정, 제거 후 효과를 측정하는 방법 등이 정립되어 있다.

환경오염 제거와 지역의 복구과정에서 지역적인 특수성을 고려한다는 것은 환경오염을 지역의 사회, 경제, 인구학적인 측면 등 다양한 요인이 복합적으로 작용하여 나타나는 결과로 인지하며, 그 해법 또한 기술에 대한 고려와 함께 환경적인 고려가 포함되어야 한다는 것을 시사한다.

④ 지역사회 현장 중심

슈퍼펀드는 연방정부의 기금을 주재원으로 하지만, 이 프로그램의 운영은 미국 내 10개 지역 사무소, 주정부, 지역 주민 등 '지역' 중심의 거버넌스를 통해 진행된다. 슈퍼펀드 프로그램은 지역사회(community)라는 현장을 가지고 있기 때문에 지역사회 특유의 환경(부)정의가 생성되는 특수한 조건(저소득층, 계층문제, 유색인종, 도농 간 격차, 산업구조, 주민의 참여도 등)에 구체적으로 직결되는 방식으로 오염제거 및 주민의 건강을 보호하는 활동을 펼치는 것이 가능하다. 지역사회 현장 중심의 접근은 복지공급의 효율성을 강조하여, 적은 자원의 투입으로 많은 지역에 일률적인 서비스를 전달하는 것을 목표로 하던 정책공급자의 관점에서 벗어나 복지 수혜자의 관점, 수혜자가 필요로 하는 맞춤형 서비스를 제공하는 데 있어서 중요한 출발점이라 할 수 있다.

⑤ 오염제거의 전문성(과학 및 기술 발달과의 접목)

미국의 환경오염 제거 정책이 '문서 상의 정책'에서 끝나지 않고, 과학 기술의 발달과 맞물려 오염제거기술 및 오염제거 과정의 '혁신'으로 이

거질 수 있었던 것은 정화작업에 참여하는 주체들의 전문성과 책임감이 분
명하기 때문이다. 미국 EPA의 '심도 있는 전문성'은 한국의 공공조직이 가
지고 있는 '폭넓은 일반적 지식'과는 극명한 대조를 이룬다고 할 수 있다.

. 브라운필드(Brownfield)와 토지활성화 프로그램(Land Revitalization Program)

(1) 브라운필드의 개념

일반 대명사로서 브라운필드는 산업활동 등으로 오염되어 사용이 불
가능하거나 제한되어 있는 토지라는 점에서 슈퍼펀드 사이트와 차별 없이
사용되어 왔으나, 2002년 부시 정부에서 "Small Business Liability Relief
and Brownfields Revitalization Act"를 제정하면서 그 법적인 정의가 슈
퍼펀드 사이트와는 차별화되었다. 브라운필드의 법적 개념은 위험한 물질,
오염원 등의 존재 또는 잠재적 존재로 인해 그 확장, 개발, 또는 재사용이
제한된 토지이다.[11]

EPA의 브라운필드 프로그램은 1994년부터 존재해 왔으나, 2002년
제정된 새 브라운필드 법은 오염평가, 오염제거, 직업훈련 지원금 등을 추
가함으로써 브라운필드 재활성화를 위한 연방정부의 재정적 지원을 강화
하고 있다. 또한 브라운필드로 쓰레기나 오염물질을 보낸 중소기업들을 슈
퍼펀드 오염제거에 대한 책임을 면제해줌으로써 경제적으로 중소기업들을
지원해 주고 있다.

브라운필드는 주로 슈퍼펀드 사이트에 비해 오염의 정도가 낮아서 일
련의 오염제거작업 후 토지의 재사용이 빠른 시일 내에 가능하며, 이미 개
발이 일어난 도시지역에 위치한다. 현재 미국 내 450,000개소 이상의 브라
운필드가 있는 것으로 추산되고 있다(EPA website).[12] 브라운필드의 오염제
거 및 재개발은 지방 정부의 재원 확충, 일자리 창출, 기존 인프라의 재사

---

11) Public Law 107−118(H.R. 2869) − "Small Business Liability Relief and Brownfields
Revitalization Act" signed into law January 11, 2002.
12) http://www.epa.gov/brownfields/basic_info.htm

용, 저개발지에 대한 개발압력 완화, 환경의 보호 등에 기여한다(EPA 브라운필드 Website).[13]

(2) 브라운필드 지원금

EPA는 원래 수백 개의 2년짜리 파일럿 프로젝트를 시작하도록 지방정부에 씨앗 자금을 제공하는 프로그램을 운영하고, 이러한 재정지원 기능은 중소기업 책임경감 및 브라운필드 활성화법(Small Business Liability Relief and Brownfields Revitalization Act)을 통해 연방정부 차원에서 다양한 지원금 제도를 조성함으로써 강화되었다. 브라운필드 법 아래에서 공공과 민간 양자에게 제공되는 다양한 지원금 제도는 다음과 같다.

① 시범 진단 및 보조금 제도(Assessment Pilots/Grants)

진단보조금(Assessment grants)은 브라운필드 사이트에 대한 인벤토리 작성, 특성분석, 평가, 계획 및 지역주민의 참여 등 다양한 분야를 지원한다. 자격이 되는 지원자는 오염된 토지에 대한 평가를 위해 미화 20,000달러까지 신청가능하고, 석유에 의해 오염된 토지의 문제 해결을 위해 20,000달러의 지원금을 신청할 수 있다. 브라운필드의 오염 정도가 심각할 경우 지원금 신청 상한선 20,000달러를 넘어, 350,000달러의 지원금을 신청할 수도 있다. 3개 이상의 지원금 신청자들이 연합하여 1,000,000달러의 지원금을 신청할 수도 있다. 각 지원금의 기한은 3년이다.

② 자동연장 대출자금 보조금(Revolving Loan Fund Grants: RLF)

대출자금 보조금은 수혜자가 대출을 통해 오염제거 작업을 수행하도록 지원해 주는 프로그램이다. 이는 시장기능을 통해 오염제거에 필요한 재정을 확충하도록 하는 제도이다.

③ 환경인력개발 및 직업 트레이닝 기금(Environmental Workforce Development and Job Training Grant)

이 지원금은 브라운필드의 존재로 인해 영향을 받은 지역 주민에게 환경에 대한 교육 및 일자리를 창출하기 위해 조성된 것이다. 많은 브라운

---

13) http://www.epa.gov/brownfields/basic_info.htm

필드 사이트들은 그 특성상 저소득층, 소수자들이 사는 지역에 인접해 있기 때문에, 이 지역 주민을 위한 직업교육을 통해 자존감을 되찾고 경력을 쌓을 기회를 주는 것은 무척 중요한 일이다.

④ 정화기금(Clean up grants)

정화기금은 수혜자가 브라운필드의 오염물질 제거 작업을 돕기 위한 지원금이다. 자격이 있는 지원자는 한 사이트당 200,000달러까지 지원금 신청이 가능하지만, 한 지원자가 3개 이상의 사이트에 대한 지원금 신청은 불가능하다. 또한 이 지원금은 수혜자가 돈, 다양한 물질, 노동력, 서비스 등의 형태로 20%의 비용부담을 하도록 규정하고 있다(행정비용은 포함되지 않음). 20% 매칭펀드(matching fund) 규정은 경제적인 어려움에 처한 지원자에 한해 면제될 수 있다. 지원금 수혜자는 지원금 신청 당시 토지소유주여야 한다. 이 지원금의 기간은 3년이다.

(3) 브라운필드 성공사례

① 사례 1: Wyandanch, New York

Wyandanch(인구 11,000여 명)는 뉴욕시로부터 30마일 떨어진 Town of Babylon(인구 210,000여 명)에 속해 있으며 Suffolk County의 일부로, 뉴욕 주에서 경제적으로 가장 낙후되었을 뿐만 아니라 Suffolk County에서도 가장 가난한 지역이다. 이 지역에는 거의 사용되지 않고 있던 주차장, 창고, 공장 등의 부지가 있는데, 이를 2003년 EPA 브라운필드 석유 진단 기금(Petroleum Assessment Grant)을 통해 하나의 커다란 부지로 병합하고, 부지의 오염 정도에 대한 진단 후 2층짜리 건물을 헐고 새로운 지역 보건 센터(Community Health Center) 부지로 탈바꿈시켰다. 폐부지의 오염을 제거한 후 새로운 용도로 사용함으로써 지역 경제의 부흥에 도움이 되었을 뿐만 아니라, 지역주민의 건강 및 보건향상에 기여한 사례이다.

② 사례 2: Blodgett, Oregon

Blodgett에 위치한 0.54에이커의 토지는 이전에 우유, 아이스크림 등 낙농 관련 제품, 벌목과 관련된 전기톱 등의 장비를 판매하던 가게와 우체

국으로 사용되던 부지로 1970년 압류된 이후 이 부지에 대한 사용이 중지
되고 버려진 상태였다. 2004년 Coastal Range Food Bank, Inc.가
$100,000의 EPA 브라운필드 정화보조금을 받아 2개의 지하 탱크와 100톤
가량의 석유로 오염된 토양을 제거하고, 지역의 가난한 산간 마을을 위한
중고품 가게를 위한 부지로 탈바꿈시켰다.

③ EPA 브라운필드 직업 교육 기금 성공사례

오하이오 주의 North Canton은 $422,000의 EPA Recovery Act를 지
원받아 Stark State의 11명 학생에게 1일 12시간, 1주일에 7일간 멕시코

그림 2-5 직업 트레이닝 기금 성공사례: North Canton

Stark주 브라운필드 지역 학생들이 걸프 해안에 유출된 석유를 제거하기 위한 방제작업을 펼치고 있다.

그림 2-6 직업 트레이닝 기금 성공사례: Richmond

Students in Richmond, California's Job Training Program

녹색기술, 녹색건설 등 환경 관련 잡 트레이닝 프로그램을 수강하는 리치몬드(Richmond)의 학생들

만의 기름 오염을 제거하는 일자리를 제공한다.

캘리포니아에 위치한 Richmond시는 EPA에 의해 American Reinvest-ment and Recovery Act(ARRA) 직업 훈련 지원금 대상지역으로 선정된 후, Richmond BUILD Green Careers Academy를 통해 학생들에게 250시간의 다양한 환경, 녹색 기술, 건설 관련 기능 등에 대한 훈련을 시행하고 있다. 현재 시는 128명의 학생을 훈련 중이고, 102명의 졸업생을 환경과 관련된 직업에 취업시킨 바가 있다.

(4) 브라운필드 프로그램의 시사점

슈퍼펀드 프로그램은 환경오염이 심각하고 경제적으로 낙후된 지역의 오염제거를 정부가 직접 나서서 실시하는 반면, 브라운필드 지원금 프로그램은 지역의 자발적이고 아래로부터 진행되는 환경평가, 정화 및 직업훈련 등 브라운필드 재활성화 노력을 재정적으로 지원해 준다. 즉 지역의 토지 소유주, 비영리 기관, 시 정부 등 자격요건을 갖춘 지원자들이 EPA의 다양한 브라운필드 보조금에 지원하면 심사를 거쳐 프로그램별로 지정된 보조금을 교부하고, 2년 동안 사업을 추진할 수 있도록 한다. 또한 자격 요건을 갖춘 지원자들이 컨소시엄을 형성해 보다 큰 액수에 지원할 수 있도록 해서, 주정부, 지방정부, 주민, 그리고 다양한 이해 당사자들이 브라운필드 재생을 위해 협력할 수 있도록 한다.

특히 도시지역에 위치한 브라운필드는 오염제거와 토지 합병 등의 과정을 거쳐 주택용지로 재생되는 경우가 많다. 이는 도시지역 주택수요가 꾸준히 증가하고 있기 때문에 주택용지로의 재생은 안정적인 시장을 확보한다는 의미이기도 하다. 브라운필드를 주택용지로 개발하는 데에는, 일반 부동산 개발사업에 비해 환경오염 제거 작업 때문에 기간이 길고, 민간 금융업계를 통해 대출을 받기 어렵거나, 토지오염 등과 관련해서 장래에 문제가 발생하지 않도록 조치를 취해야 하는 등 다양한 걸림돌들이 존재한다. 그럼에도 불구하고, 브라운필드는 특히 공업도시의 역사를 지닌 지역들에서 주택용지 공급을 위한 대안으로 각광을 받고 있는데, 이는 부동산

개발자들이 브라운필드 재개발을 통해 비교적 싼 가격에 주택용지를 확보할 수 있고(특히 지방정부의 조세 인센티브까지 제공할 경우), 브라운필드의 위치가 대부분 도심에 가까운 등 다양한 장점이 있기 때문이다. 그러나 무엇보다도, 브라운필드를 재생하고 주택용지로 재개발할 경우, 그 토지가격이 주변의 토지가격보다 더 높아지는 등 지가상승의 효과를 톡톡히 볼 수 있기 때문이다.

그러나 브라운필드를 주택용지로 재개발하면 경제적 이익 못지않게 부작용도 따른다. 브라운필드가 이전에는 공업용지였고 토양오염 등의 문제 때문에 주로 경제적으로 낙후된 도시지역에 위치하게 되는데, 토양재생과 재개발 이후 지가상승은 지역의 저소득층 주민에게는 경제적인 부담으로 다가오게 되며, 소득 수준이 낮은 세입자들의 이주를 강요하게 된다. 이러한 부작용 때문에, 최근 브라운필드의 지역경제개발 효과에 대한 연구들은 브라운필드 재개발의 방향이 주택용지 쪽으로 지나치게 기울어져, 브라운필드 재생의 효과가 더 넓은 공공으로 재분배되지 않는 것을 문제점으로 지적하고 있다.

3. 해외사례 시사점 및 함의

앞서 살펴본 해외사례들이 한국의 환경복지 관련 정책에 가지는 함의는 다음과 같다.

첫째, EPA 슈퍼펀드 프로그램은 공급자 위주의 복지서비스 배분의 효율성보다는 지역의 환경오염의 심각성 정도, 지역 환경오염인자의 특성, 그리고 환경오염이 발생하게 된 지역적 맥락에 초점을 맞추는 수혜자 위주의 차등화된 서비스를 제공하는 정책이다. 슈퍼펀드는 환경오염의 피해가 집중된 사회취약계층 지역을 우선 대상으로 하며, 지역의 오염물질의 특성에 따른 오염제거 방법을 동원한다. 이러한 환경서비스 제공의 정책적인 결정과정은 지역의 오염정도, 오염원의 특성, 지역의 사회경제산업적 배경 등에 대한 과학적인 조사, 그러한 조사를 뒷받침하는 과학기술의 발달, 그리고 조사를 통해 수집된 자료를 분석할 수 있는 시스템이 구축되어 있기에 가능한 일이다.

둘째, EPA 슈퍼펀드 프로그램의 오염 제거 작업은 일회적이고 단기적인 대응에 그치지 않고, 오염제거가 지역주민의 생활환경 및 보건에 영향을 미치지 않는 수준까지 이루어졌다는 것이 과학적으로 검증될 때까지 장기적으로 지속한다. 취약계층을 중심으로 발생하는 심각한 지역 환경오염은 이렇듯 정부의 장기적이고 과학적인 노력을 통해 개선되어야 함을 시사한다.

셋째, EPA의 슈퍼펀드 프로그램의 지역중심적인 접근은 중앙정부와 지방정부의 긴밀한 협조를 통해, 지역의 '환경적인 조건에 맞는 서비스'를 제공하기 위한 최적의 방법을 찾는 것을 의미한다. 이는 단순히 중앙정부가 권한이나 책임을 지방정부로 이양하고, 지방정부에 환경문제에 대한 행정 권한과 재정적인 지원을 하는 것으로 중앙정부의 역할이 끝나는 것과는 차이가 있다. 중앙정부 기관인 EPA가 환경질에 대한 평가 및 오염제거 활동을 담당하고, 그 과정에 드는 비용도 기금을 통해 부담하지만, 지역마다 특성이 다른 환경오염에 대한 이해는 지방정부가 지닌 '지역의 정보와 지식'을 이용하는 것이 더 효율적이기 때문에 중앙과 지방의 협력이 필요하다는 것이다.

넷째, 지역 중심적 접근에는 지역 간 환경질의 격차를 파악할 수 있는 지표의 개발도 중요한 만큼, 정량적 지표를 보완할 수 있는 정성적인 자료도 중요하다. 이는 지역 간 환경질의 격차에는 정량지표들로는 측정되지 않는 요인들, 예를 들어 지역 성장의 역사적 과정과 및 사회적 특성 등도 강하게 작용하고 있기 때문이다. 같은 맥락에서 동일한 시간과 자금을 투입해도 특정 지역에서 환경오염이 완화되는 속도는 다른 지역과 다르게 나타날 것이며, 오염된 환경복구의 속도가 느리다고 해서 그 결과가 지역의 사회경제적인 복구에 미치는 영향이 미약하다고 성급하게 판단할 수 없다. 또한 환경복구 이후 장기적으로 발현되는 간접적인 효과도 지역의 역사적 배경이나 사회경제적인 조건과 맞물려 매우 복합적인 형태와 속도로 나타난다.

때문에 EPA는 슈퍼펀드의 효과를 정량화된 지표로 측정하기보다는, 특정 지역의 주요 현안을 중심으로, 그 현안과 관련된 사항들이 시간이 지나면서 얼마나 개선되었는지, 그 직간접적인 효과들이 무엇인지를 사례와 비교적 단순한 계량지표로 쉽게 설명한다. 이러한 단순화는 지역환경문제의 종합적인 이해에는 불리한 반면, 특정 지역의 핵심적인 환경문제를 부각시키고, 그 문제가 어떻게 해결되었으며 그 효과는 무엇인지에 대해 보다 명확히 평가할 수 있는 방법이자 지역주민과의 공감대를 형성할 수 있는 길이기도 하다. 또한 너무 복잡한 지표는 전문가들과 행정가들을 만족시킬 수는 있지만, 지역주민과의 의사소통에는 실패할 확률이 높으므로 자칫 행정 편의 중심으로 흐를 가능성에 대해 주의해야 할 것이다.

다섯째, 브라운필드 프로그램은 오염의 정도가 높지 않은 사이트들을 중심으로 지역의 이해당사자들이 협력하여 오염을 제거하고 오염된 토지의 적극적인 재활용을 장려하는 정책이다. 이 프로그램은 지역 중심적일 뿐 아니라, 아래로부터의 제안 활동을 장려하는 방법으로 슈퍼펀드를 통한 중앙정부 주도 환경서비스 제공이 위급하거나 심각한 환경문제에 즉각적으로 또는 장기적으로 대응하기 위한 방법이라면, 브라운필드는 지역의 활력과 자생력을 강화하는 방법으로 병행되어 활용될 수 있다.

여섯째, EPA의 슈퍼펀드 프로그램과 브라운필드 프로그램, 영국의 홍수보험 등은 모두 정부의 정책적 의지(특히 클린턴 대통령의 의지)에 의해 견고한 법적 토대를 가지고 있다는 점에 주목해야 할 것이다. 정책 프로그램의 장기적인 지속성, 특히 정책 프로그램들을 통해 원하는 결과들이 나타날 때까지 장기적이고 안정적인 재원을 확보하는 일은 견고한 법적 토대 없이 어려울 것이다. 따라서 우리나라에서 장래 환경복지 개념을 일반화하고 정책을 펼치기 위해서는 그에 부합하는 법제화 과정이 반드시 수반되어야 한다.

일곱째, 정부의 정책적 개입은, 대부분의 경우 어떤 형태로든 의도하지 않는 결과(Unintended consequences)를 수반하게 된다. 예를 들어, 브라운필드의 오염원을 제거하고 택지로 개발할 경우, 지역경제 전반에는 활력소가 되지만, 브라운필드 주변의 저소득층 주민(특히 세입자들)은 가파르게 상승하는 지가 때문에 피해를 보게 된다. 즉, 환경이 개선되었지만 그 이익을 누리지 못하고, 지가가 비교적 낮은 또 다른 환경이 열악한 지역으로 밀려나는 젠트리피케이션(gentrification and eviction)현상[14]이 나타나게 된다. 이러한 부작용을 줄이기 위한 방안에 대한 강구도 동시에 주의 깊게 병행되어야 할 것이다.

---

14) 젠트리피케이션(Gentrification)은 도시에서 비교적 빈곤 계층이 많이 사는 정체 지역 (도심 부근의 주거 지역)에 비교적 풍부한 사람들이 유입되는 인구 이동 현상이다. 따라서 빈곤 지역의 임대료 시세가 올라 지금까지 살고 있던 사람들이 살 수 없게 되거나, 지금까지의 지역 특성이 손실되는 경우가 있다(wikipedia, US).

제 3 장   국내 환경복지 유관정책 사례

지금까지 환경부가 추진하고 있는 다양한 정책 중에서 환경복지와 유
관한 정책 사례를 살펴보고자 한다. 본 절에서는 1) 환경재화 및 서비스,
2) 환경보건서비스, 3) 쾌적한 환경, 4) 환경위해요인, 5) 환경취약계층을
중심으로 환경복지 사례를 검토해 보고자 한다.

환경재화 및 서비스

(1) 농어촌 지역의 환경재화 및 서비스 제공

깨끗하고 안전한 먹는 물을 제공받는 것은 인간의 기본적인 욕구와
관련이 있다. 이를 위해서 환경부는 농어촌 상수도 보급을 늘리기 위한 정
책을 추진 중이다. 앞으로도 상수도 미보급지역에 대한 지하수 수질검사
서비스를 강화하는 것은 물론 농어촌의 상수도 보급 확대 정책을 강화하
여야 할 것이다.

(2) 도시지역의 맑은 대기질 확보

환경부는 폐질환에 직접 영향을 미치는 초미세먼지($PM_{2.5}$)를 관리해
오고 있다. 이를 위하여 먼지 발생량이 많은 대규모 사업장에 대한 관리는
물론 자동차에 대한 배출허용을 규제하고 있다. 향후 대규모 사업장을 대
상으로 미세먼지에 대한 관리를 보다 선진화하고, 미세먼지에 취약한 계층
에 대한 방안이 마련될 필요가 있으며, 자동차에 대한 배출기준 역시 강화
될 필요가 있다.

(3) 기후변화에 대응한 도시침수 대비

환경부는 2012년 「도시침수 예방을 위한 하수도정비 종합대책 공청

회」를 개최하고, 2011년 정부가 관계부처 합동으로 마련한 「기후변화 다
응 재난관리 종합대책」 중 도시 빗물 관리 능력 제고에 대한 후속 대책을
마련하였다. 이에 대한 구체적인 방안은 하수도 제도개선 분야로서 하수도
사업의 침수예방 목적 명문화, 하수도정비 중점관리지역 지정제도 도입
공공하수도의 유지 관리 및 보호 강화 방안이다. 시범사업은 종합대책에서
도출된 하수도정비 분야의 다양한 선진 기법을 먼저 도입하여 투자 대비
사업의 성과를 극대화하는 방안을 마련하고자 하였다.

2. 환경보건서비스

(1) 환경성 질환 예방·관리 체계

지금까지 환경부는 신규 화학물질 중심으로 환경성 질환에 대한 예방
및 관리체계를 구축하고 있다. 향후 환경복지 강화를 위한 환경보건서비스
개선을 위해서는 신규 화학물질 중심에서 기존 화학물질에 대한 유·위해
성 관리체계로 확대하고, 최근 논란이 되고 있는 생활화학제품 내 유해화
학물질의 함량기준·표시기준을 마련하고, 기준 위반 제품의 판매중지 등
화학제품 관리에 대한 법적 근거 마련이 필요하다.

(2) 아토피 등 환경성 질환 예방관리

환경부는 환경보건센터와 연계하여 아토피 상담서비스 및 환경성 질
환 예방교육을 실시하고 있다. 특히, 2009년부터 저소득 가정을 대상으로
미세먼지와 집먼지진드기 등 환경성 질환요인을 진단하고 주거환경을 개
선해주는 '친환경 건강도우미' 사업을 실시해 오고 있다. 이와 함께 환경성
질환을 예방하고 완화하기 위해 사회경제적 취약계층을 대상으로 국립공
원의 생태관광 프로그램을 무료로 이용하는 생태관광 바우처 제도를 운영
하고 있다(환경부, 2011).

3. 쾌적한 환경

(1) 도시지역 생태휴식공간

환경부는 도시생태계 건전성 확보를 위해 2012년부터 생물서식 중심의 생태공간 브랜드인 '자연마당' 조성사업을 추진하고 있다. 사업의 목적은 도시지역의 기후변화에 적응하고, 도시생태계 건전성을 확보하고자 하는 것이다. 이를 위해서 도시의 생물다양성 증진을 위한 습지, 초지, 숲 등 다양한 서식처를 조성하고 유네스코맵 프로그램에 의한 공간의 구분과 동선계획을 마련한다. 특히 도심 내 또는 주거지와 근접한 곳에 조성하여 도시민의 체감성을 높이고 설계부터 시공 및 운영관리에 지역의 주민이 참여하는 참여형 공간으로 활용한다는 계획이다. 이를 위하여 2012년부터 먼저 특별시 및 광역시를 대상으로 사업대상지에 대한 수요조사 및 평가를 실시하여 서울, 부산, 대구지역 3개소를 선정하였으며 기본설계 공모를 통해 사업계획 및 사업자를 선정하였다([그림 2-7] 참고).

그림 2-7 '자연마당' 조성사업대상지역

| 서울 노원구 중계동 | 부산 남구 용호동 | 대구 동구 불로동·도동 |
| (67,761m²) | (77,536m²) | (88,058m²) |

자료출처: 환경부 홈페이지[5]

---

5) http://www.me.go.kr

4. 환경위해요인

(1) 농어촌 지역 폐기물 수거강화

환경부에서는 농촌지역에서 배출되는 폐기물에 대한 관리를 시행하고 있으며, 건강에 위해가 되는 석면 슬레이트에 대한 처리를 지원하고 있다. 이는 농어촌 지역의 서민층이 자비부담을 통해 석면 슬레이트를 철거하지 못하기 때문인데, 특히 저소득층에게는 개량비를 국고로 지원하는 서비스를 제공하고 있다. 이를 바탕으로 농어촌 지역에 대한 환경서비스 격차를 해소하고자 노력하고 있다. 향상된 서비스 제공을 위하여 현재의 지원 금액의 적정성을 검토해 볼 필요가 있다.

(2) 도시지역 층간소음 문제

현재 도시지역의 공동주거 형태로 인하여 발생하고 있는 층간소음 문제 역시 환경복지서비스와 관련하여 중요한 논의 사항이다. 이러한 층간소음문제에 대하여 환경부는 다양한 정책을 추진 중이다. 그러나 현재 이에 대한 구체적인 내용이 법제화되어 있지 못한 상황이므로, 층간소음 예방 및 분쟁의 구체적인 사항을 법제화하는 노력이 필요할 것이다. 또한 현재 층간소음 갈등을 중재·조정하는 '이웃사이서비스(층간소음 민원의 상담 및 현장 소음 측정서비스 제공, 당사자 간 해결 유도)'를 수도권으로 한정하고 있는데 이를 전국으로 확대하는 노력이 필요할 것이다.

5. 환경취약계층

놀이터 및 보육시설 등 어린이가 활동하는 공간의 환경유해물질에 대한 관리대상을 확대하고 어린이 활동공간에 대한 환경안전진단을 실시하여 환경적으로 안전한 시설과 공간을 조성하는 사업을 실시하고 있다(환경부, 2011). 또한 노인·어린이 등 환경약자와 사회적 취약계층의 삶의 질을 높이기 위해 어린이 활동 공간 및 취약계층 가정환경에 대한 안전진단·개선사업을 지속해서 추진하고 있다. 이러한 취약계층에 대한 사업을 확대 강화하는 노력이 지속되어야 할 것으로 보인다.

제3부

우리나라 환경질 수준과 국민인식

제1장 우리나라 환경질 수준

　환경복지정책 도입의 필요성을 파악하기 위해 우선 우리나라의 환경
질 수준을 수질, 대기질, 폐기물, 토양 등 매체별로 16개 광역자치단체를
대상으로 살펴보고자 한다.

. 수　질

　수질 오염을 측정하는 지표로는 대표적으로 BOD(생화학적 산소요구량),

표 3-1　수질오염 환경기준

등급		수소이온농도 (pH)	생물화학적 산소요구량 (BOD) (mg/L)	화학적 산소요구량 (COD) (mg/L)	총유기탄소량 (TOC) (mg/L)	부유물질량 (SS) (mg/L)	용존산소량 (DO) (mg/L)	총인 (T-P) (mg/L)	대장균군 (군수/100mL)	
									총대장균군	분원성대장균군
매우좋음	Ia	6.5~8.5	1 이하	2 이하	2 이하	25 이하	7.5 이상	0.02 이하	50 이하	10 이하
좋음	Ib	6.5~8.5	2 이하	4 이하	3 이하	25 이하	5.0 이상	0.04 이하	500 이하	100 이하
약간좋음	II	6.5~8.5	3 이하	5 이하	4 이하	25 이하	5.0 이상	0.1 이하	1,000 이하	200 이하
보통	III	6.5~8.5	5 이하	7 이하	5 이하	25 이하	5.0 이상	0.2 이하	5,000 이하	1,000 이하
약간나쁨	IV	6.0~8.5	8 이하	9 이하	6 이하	100 이하	2.0 이상	0.3 이하		
나쁨	V	6.0~8.5	10 이하	11 이하	8 이하	쓰레기 등이 떠 있지 않을 것	2.0 이상	0.5 이하		
매우나쁨	VI		10 초과	11 초과	8 초과		2.0 미만	0.5 초과		

자료출처: 법제처 – 국가법령정보센터, 환경정책기본법 제2조 환경기준

COD(화학적 산소요구량), DO(용존산소량), SS(부유물질량), T-P(총인), 대장균
군이 있다. BOD는 물 속에 있는 유기물질을 박테리아·곰팡이 등의 작용
에 의해 생화학적으로 산화시켜 분해시키는 데 필요한 산소의 양을 의미
하며 BOD 수치가 클수록 오염도가 높고, BOD가 5mg/L를 초과할 경우
수질은 4등급의 약간 나쁜 단계를 의미한다.

다음으로 COD는 공기중에서 태우는 방법과 같이 유기물질을 화학적
으로 산화시켜 분해하는 데 필요한 산소의 양을 의미하며 COD가 클수록
오염정도가 높고, 7mg/L를 초과할 경우 BOD와 마찬가지로 나쁜 상태를
의미한다. DO는 물에 실제로 녹아 있는 산소의 양으로서 그 물이 얼마나
깨끗한가를 나타내는 척도가 된다. DO수치가 클수록 물이 깨끗함을 의미
하며, 5mg/L 이상일 경우 수질이 좋은 상태를 나타낸다. 또한 SS(부유물
량)은 100mg/L, T-P(총인) 0.3mg/L 이하부터 수질의 상태가 좋지 않음을
의미한다(환경부, 2008).

(1) 4대강 수질

[그림 3-1]은 1995년부터 연도별 4대강 수질변화 추이를 강 유역별

그림 3-1 연도별 5대강 수질변화 추이

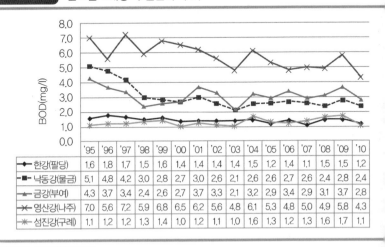

	'95	'96	'97	'98	'99	'00	'01	'02	'03	'04	'05	'06	'07	'08	'09	'10
한강(팔당)	1.6	1.8	1.7	1.5	1.6	1.4	1.4	1.4	1.4	1.5	1.2	1.4	1.1	1.5	1.5	1.2
낙동강(물금)	5.1	4.8	4.2	3.0	2.8	2.7	3.0	2.6	2.1	2.6	2.6	2.7	2.6	2.4	2.8	2.4
금강(부여)	4.3	3.7	3.4	2.4	2.6	2.7	3.7	3.3	2.1	3.2	2.9	3.4	2.9	3.1	3.7	2.8
영산강(나주)	7.0	5.6	7.2	5.9	6.8	6.5	6.2	5.6	4.8	6.1	5.3	4.8	5.0	4.9	5.8	4.3
섬진강(구례)	1.1	1.2	1.2	1.3	1.4	1.0	1.2	1.1	1.0	1.6	1.3	1.2	1.3	1.6	1.7	1.1

자료출처: 국토해양부(2011)

로 보여주고 있다. 4대강 주요 지점 기준으로 보았을 때, 한강은 1990년대 후반에 비해 서서히 개선되었으며, 낙동강 역시 1990년대 중반 이후 많이 개선되었으나 최근 들어 정체된 상태이다. 금강은 연도별로 변화가 반복되었으며, 영산강은 여전히 개선이 필요한 상황이다(국토해양부, 2011; 박순애 외, 2012 재인용).

(2) 마을상수도 보급현황 및 수질

상수도는 취수시설을 설치한 지역의 하천, 호수, 지하수 등으로 용도에 따라 일반수도, 공업용수도 및 전용수도로 분류된다. 일반수도에는 광역상수도, 지방상수도 및 마을상수도가 있으며, "마을상수도"란 지방자치단체가 대통령령으로 정하는 수도시설에 따라 100명 이상 2천 500명 이내의 급수인구에게 정수를 공급하는 일반 수도를 의미한다(수도법 제3조 제9항).[1]

[그림 3-2]는 지방자치단체별 상수도 급수 인구 및 미급수 인구를

그림 3-2 16개 시·도별 상수도 급수 인구 및 미급수 인구(2010)

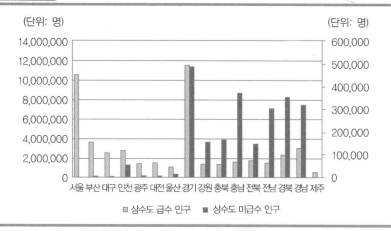

자료출처: 국가통계포털, 환경–상하수도–상수도 통계–상수도보급현황

---

1) "광역상수도"란 국가·지방자치단체·한국수자원공사 또는 국토해양부 장관이 인정하는 자가 둘 이상의 지방자치단체에 원수나 정수를 공급하는 일반수도를(수도법 제3조 제7항), "지방상수도"란 지방자치단체가 관할 지역주민, 인근 지방자치단체 또는 그 주민에게 원수나 정수를 공급하는 일반수도로서 광역상수도 및 마을상수도 외의 수도를 말한다(수도법 제3조 제8항).

나타낸 것으로 둘을 합산하면 지방자치단체 전체 인구가 된다. 서울과 제주지역은 당해 수도사업자가 공급하는 상수도가 전 지역을 통과하므로 미급수 인구가 존재하지 않는다. 미급수 지역은 마을상수도나 소규모 전용시설, 전용상수도를 사용하는 곳으로 사업관리자를 통한 체계적 관리가 이루어지지 않기 때문에 수질 관리가 소홀할 수 있다.

상수도 미급수 비율이 높은 지역은 대도심을 제외한 8개 시도로 충남의 경우 20%에 가까운 인구가 마을상수도 등에 의존한다. 전남, 경북, 강원, 충북의 급수 비율은 90%를 넘지 못하며, 이는 2010년 말 현재 우리나라 상수도보급률 97.7%와 비교 시 격차가 크다고 볼 수 있다([표 3-2] 참조).

한편, 2010년 마을상수도는 총 8,811개이며, 1천 개를 초과하는 곳은 충남, 전남, 경북, 경남으로 전체의 19.6%를 차지한다. 청원군 상하수도사업소의 수돗물 품질보고서(2006)에 의하면 마을상수도의 수질이 탁도, 질산성질소, 불소 등 먹는 물 수질기준을 초과하는 유해물질로 인해 인체에

표 3-2 행정구역별 상수도 급수 인구 및 미급수 인구(2010)　　　(단위: 명)

지역	급수 인구	미급수 인구	합계	급수 비율(%)	미급수 비율(%)
서울	10,575,447	0	10,575,447	100	0
부산	3,595,780	4,601	3,600,381	99.87	0.13
대구	2,527,320	2,773	2,530,093	99.89	0.11
인천	2,753,012	55,276	2,808,288	98.03	1.97
광주	1,459,041	8,955	1,467,996	99.39	0.61
대전	1,511,936	6,604	1,518,540	99.57	0.43
울산	1,103,670	14,307	1,117,977	98.72	1.28
경기	11,549,000	486,317	12,035,317	95.96	4.04
강원	1,335,367	156,014	1,491,381	89.54	10.46
충북	1,353,205	165,034	1,518,239	89.13	10.87
충남	1,568,675	373,730	1,942,405	80.76	19.24
전북	1,719,510	149,697	1,869,207	91.99	8.01
전남	1,477,423	304,088	1,781,511	82.93	17.07
경북	2,314,675	352,914	2,667,589	86.77	13.23
경남	2,973,604	318,432	3,292,036	90.33	9.67
제주	577,187	0	577,187	100	0

자료출처: e-나라지표, 상수도 급수 현황(보급 및 급수량)

그림 3-3　16개 시·도별 마을상수도 적합 및 부적합 비율(2010)

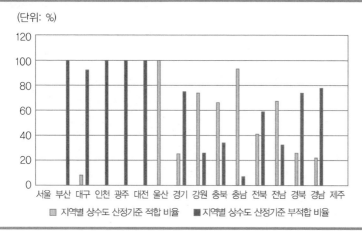

(단위: %)

■ 지역별 상수도 산정기준 적합 비율　　■ 지역별 상수도 산정기준 부적합 비율

자료출처: 국가통계포털, 환경–상하수도–상수도 통계–상수도보급현황

표 3-3　행정구역별 마을상수도 보급 현황

지역	적합개수	부적합개수	계	적합률(%)	부적합률(%)
서울	0	0	0	0	0
부산	0	16	16	0	100
대구	3	36	39	7.69	92.3
인천	0	171	171	0	100
광주	0	16	16	0	100
대전	0	7	7	0	100
울산	226	0	226	100	0
경기	223	675	898	24.8	75.2
강원	341	121	462	73.8	26.2
충북	434	221	655	66.3	33.7
충남	1,119	83	1,202	93.1	6.9
전북	241	347	588	41	59
전남	953	456	1,409	67.6	32.4
경북	381	1,086	1,467	26	74
경남	366	1,289	1,655	22.1	77.9
제주	0	0	0	0	0
계	4,287	4,524	8,811	48.7	51.3

자료출처: 국가통계포털, 환경–상하수도–상수도 통계–상수도보급현황

피해를 일으킬 수 있으므로 대체 식수를 마련하거나 수돗물을 가열할 필요가 있음을 지적하였다. 즉, 마을상수도의 보급현황과 수질은 지역별 환경질의 수준을 반영하는 지표로 볼 수 있다. 16개 광역시·도의 마을상수도의 적합 및 부적합 비율은 지역별 편차가 큰 것으로 나타났으나 전체적으로는 부적합 비율이 약간 높은 것으로 볼 수 있다. 상수도보급률 100%인 서울과 제주를 제외하고, 전체 8,811개 중 적합한 것은 4,287개로 전체의 48.66%, 부적합은 4,524개로 51.34%를 차지하고 있다. 기준에 적합한 마을상수도가 가장 많은 지역은 충남(1,119개), 부적합 상수도가 가장 많은 지역은 경남(1,289개)으로 조사되었다. 마을상수도 전체가 적합판정을 받은 지역은 울산이고, 모두 부적합판정을 받은 지역은 부산, 인천, 광주, 대전이다.

(3) 폐수발생량 및 방류량

2010년도 16개 시·도별 폐수발생량은 경기 지역이 1,049,815(㎥/일)로 가장 많은 양의 폐수를 발생시키고 있으며 가장 적은 양의 폐수를 발생시키는 지역은 8,407(㎥/일)로 제주도이다. 지역의 인구를 고려하여 1인당

그림 3-4 16개 시·도별 1인당 폐수발생량 및 방류량

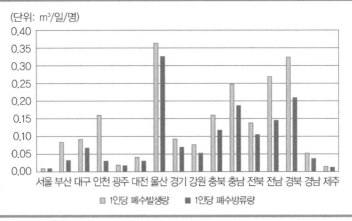

자료출처: e-나라지표, 지역별 인구 및 인구밀도

표 3-4	행정구역별 1인당 폐수발생량 및 방류량(2010)				
지역	1인당 발생량	1인당 방류량	지역	1인당 발생량	1인당 방류량
서울	0.00895	0.00872	강원	0.07619	0.05204
부산	0.08325	0.03111	충북	0.15982	0.11665
대구	0.09086	0.06723	충남	0.24720	0.18674
인천	0.16040	0.03037	전북	0.13974	0.10492
광주	0.01845	0.01728	전남	0.26906	0.14447
대전	0.04127	0.02991	경북	0.32353	0.20790
울산	0.36386	0.32696	경남	0.05203	0.03591
경기	0.09069	0.06834	제주	0.01537	0.01372

자료출처: e-나라지표, 지역별 인구 및 인구밀도

폐수발생량 및 방류량을 살펴보면, 울산이 가장 높은 지역으로 나타났고 (0.364m³/일/명, 0.327m³/일/명), 가장 낮은 지역인 서울(0.009m³/일/명, 0.0087m³/일/명)보다 발생량은 40.4배, 방류량은 37.59배 차이가 난다. 16개 광역시·도의 1인당 폐수발생량의 평균값은 0.1338m³인데, 이를 초과하는 지역은 인천, 울산, 충북, 충남, 전북, 전남, 경북이다. 또한 폐수방류량의 평균값인 0.0901을 초과하는 지역은 울산, 충북, 충남, 전북, 전남, 경북 지역이다.

한편, 폐수발생량은 높지만 방류량은 적게 나타나는 지역도 발견된다. 1인당 폐수발생량과 방류량의 차이가 가장 큰 지역은 인천으로 약 81%가 적은 것으로 나타났다. 부산, 전남, 경북 등도 발생량과 방류량의 격차가 큰 지역으로 나타났다.

16개 시·도의 면적당 폐수발생량 및 방류량은 [그림 3-5]에서 확인할 수 있다. 부산은 면적당 폐수발생량이 가장 많은 지역(376.206m³/일/km²)으로 가장 적은 양을 발생시키는 제주(4.547m³/일/km²)보다 82.7배 높게 나타났다. 면적당 폐수방류량이 가장 많은 지역은 울산(337.76m³/일/km²)인데 제주도(4.058m³/일/km²)에 비해 83.23배 높은 수치이다. 16개 시·도의 폐수발생량 평균값은 130.34(m³/일/km²)로 서울, 부산, 대구, 인천, 울산은 평균값을 상회하며 면적당 폐수발생량이 많은 지역으로 나타났으며, 폐수방류량 역시 서울, 부산, 대구, 인천, 대전, 울산, 경기도가 평균값인 79.098 m³/일/km²)보다 높은 것으로 나타났다.

이상을 종합하면 폐수발생 총량은 면적을 고려하면 대도시권이 그 외 지역에 비해 높은 편이나 인구 대비 발생량을 산정할 경우는 반대의 경향을 볼 수 있다. 그러나 울산의 경우는 면적과 인구를 동시에 고려해도 폐수발생량과 방류량이 높은 지역으로 나타났다.

그림 3-5 16개 시·도별 면적당 폐수발생량 및 방류량

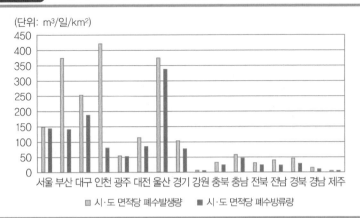

(단위: m³/일/km²)

■ 시·도 면적당 폐수발생량   ■ 시·도 면적당 폐수방류량

자료출차: e-나라지표, 지역별 인구 및 인구밀도

표 3-5 행정구역별 면적당 폐수발생량 및 방류량 (m³/일/km²)

지역	발생량	방류량	지역	발생량	방류량
서울	148.6752257	144.8447306	강원	6.786611094	4.635878033
부산	376.2057961	140.5637914	충북	32.72502964	23.88473614
대구	254.0743382	188.0116144	충남	59.4653343	44.92063314
인천	422.891025	80.07171331	전북	31.07707908	23.33338441
광주	54.82504864	51.3527501	전남	39.03976356	20.96174386
대전	115.4738572	83.69368091	경북	44.68352078	28.71387529
울산	375.8838019	337.7624108	경남	15.84674657	10.93573464
경기	103.2570966	77.81535738	제주	4.546729746	4.058237966

자료출차: e-나라지표, 지역별 인구 및 인구밀도

(4) 하수구역 처리내·외 인구

2010년 16개 시·도별 하수처리 구역 내 인구를 분석해보면([그림

그림 3-6 16개 시·도별 하수처리 구역 내·외 인구(2010)

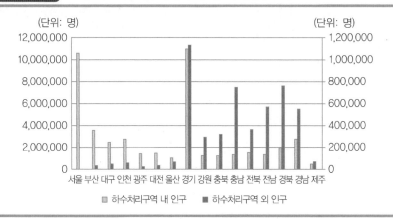

자료출처: 국가통계포털, 환경-상하수도-하수도통계-하수처리장현황

그림 3-7 16개 시·도별 하수처리 구역 내·외 인구 비율(2010)

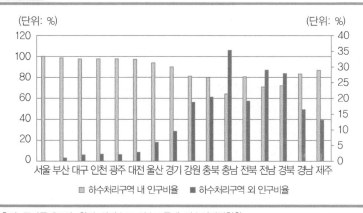

자료출처: 국가통계포털, 환경-상하수도-하수도통계-하수처리장현황

3-6] 참조) 경기 지역이 10,941,496명으로 최댓값을 나타내며, 최솟값은 502,481명으로 제주 지역이다. 평균값은 2,897,344명으로 이에 미달하는 지역은 서울, 부산, 경기 지역을 제외한 총 13개 지역이다.

반면, 하수처리 구역 외 미처리 비율에 해당되는 인구수를 살펴보면 1,130,388명으로 경기 지역이 다른 지역 중에서 하수처리 구역 외 미처리

표 3-6 행정구역별 하수도 보급 현황

시·도	총인구	하수처리구역 내 인구	하수처리구역 외 인구	보급률 (%)	하수처리구역 내 인구비율(%)	하수처리구역 외 인구비율(%)
서울	10,575,447	10,575,447	–	100.0	100.000	0.000
부산	3,600,381	3,568,649	31,732	99.1	99.119	0.881
대구	2,532,077	2,482,492	49,585	98.0	98.042	1.958
인천	2,808,288	2,745,752	62,536	97.8	97.773	2.227
광주	1,467,996	1,439,486	28,510	98.1	98.058	1.942
대전	1,518,540	1,478,111	40,429	97.3	97.338	2.662
울산	1,142,341	1,073,909	68,432	94.0	94.009	5.991
경기	12,071,884	10,941,496	1,130,388	90.6	90.636	9.364
강원	1,543,555	1,254,548	289,007	81.3	81.277	18.723
충북	1,573,981	1,253,348	320,633	79.6	79.629	20.371
충남	2,118,267	1,370,229	748,038	64.7	64.686	35.314
전북	1,889,115	1,526,563	362,552	80.8	80.808	19.192
전남	1,940,455	1,376,066	564,389	70.9	70.915	29.085
경북	2,726,815	1,970,721	756,094	72.3	72.272	27.728
경남	3,348,254	2,798,206	550,048	83.6	83.572	16.428
제주	577,187	502,481	74,706	87.1	87.057	12.943

자료출처: 국가통계포털, 하수도 통계

비율에 속해 있는 가장 많은 수의 인구를 포함하고 있으며 서울은 하수가 처리되지 않는 하수처리 구역 외 인구가 없는 지역이다. 또한, 하수 미처리 인구의 평균값은 317,317명으로 이를 초과하는 지역은 경기, 충북, 충남, 전북, 전남, 경북, 경남으로 총 7개 지역이다.

2. 대   기

대기오염도란 전국적인 대기오염 및 기후, 생태계 변화 유발물질의 생태를 파악하기 위하여 환경부령으로 정하는 바에 따라 설치된 대기오염 자동측정망을 통해 상시 측정된 자료를 말한다(환경통계포털). 또한, 세계보건기구(WHO)에서는 대기오염을 "대기 중에 인위적으로 배출된 오염물질이 존재하여 오염 물량의 농도 및 지속 시간이 지역 주민인 불특정 다수인에게 불쾌감을 일으키거나 해당 지역에 공중 보건 상해를 끼치고 인간이

표 3-7	대기오염 환경기준	
항목	기준	측정방법
아황산가스 (SO₂)	연간 평균치, 0.02ppm 이하 24시간 평균치, 0.05ppm 이하 1시간 평균치, 0.15ppm 이하	자외선 형광법 (Pulse U.V. Fluorescence Method)
일산화탄소 (CO)	8시간 평균치 9ppm 이하 1시간 평균치 25ppm 이하	비분산적외선 분석법 (Non-Dispersive Infrared Method)
이산화질소 (NO₂)	연간 평균치 0.03ppm 이하 24시간 평균치 0.06ppm 이하 1시간 평균치 0.10ppm 이하	화학 발광법 (Chemiluminescence Method)
미세먼지 (PM₁₀)	연간 평균치, 50μg/m³ 이하 24시간 평균치, 100μg/m³ 이하	베타선 흡수법 (β-Ray Absorption Method)
미세먼지 (PM₂.₅)	연간 평균치 25μg/m³ 이하 24시간 평균치 50μg/m³ 이하	중량농도법 또는 이에 준하는 자동측정법
오존 (O₃)	8시간 평균치 0.06ppm 이하 1시간 평균치 0.1ppm 이하	자외선 광도법 (U.V Photometric Method)
납(Pb)	연간 평균치, 0.5μg/m³ 이하	원자흡광 광도법 (Atomic Absorption Spectrophotometry)
벤젠	연간 평균치, 5μg/m³ 이하	가스 크로마토그래피 (Gas Chromatography)

자료출처: 법제처-국가법령정보센터, 환경정책기본법 제2조 환경기준

는 식물·동물의 생활에 해를 주어 도시민의 생활과 재산을 수용할 정당한
권리를 방해받는 상태"로 규정하고 있다. 우리나라는 일산화탄소, 암모니
아, 질소산화물, 황산화물 등 52종을 대기오염물질로 지정하고 있다(환경백
서, 2002: 298).

대기오염물질은 크게 물질의 연소, 합성, 분해 등에 의하여 발생하는
가스상 물질과 물질의 파쇄, 선별, 이송, 기타 기계적인 처리 또는 연소,
합성, 분쇄 시에 발생하는 입자상 물질로 구분한다.[2][3] 대표적인 오염물질
로 황산화물, 질소산화물, 일산화탄소, 분진과 2차 오염물질인 오존과 과

---

2) 대기오염도 분석평가, 측정망 개발업무는 국립환경과학원에서, 실시간 공개시스템 운
   영은 한국환경공단에서 수행하고 있으며, 대기오염도 측정데이터와 분석결과는 대기
   환경연보로 발간되고 있다(환경통계포털).
3) 이산화황의 경우 자외선 형광법(Pulse U.V. Fluorescence Method), 일산화탄소는
   비분산적외선법(Non-Dispersive Infrared Method), 이산화질소는 화학발광법(Chemilu-
   minescent Method)으로 측정한다(환경정책기본법시행령(2011.03. 별표 1)).

산화물을 들 수 있다. 먼지는 대기나 연도(煙道)가스 중에 장시간 부유하
는 미세한 고체나 액체의 입자상(粒子狀) 물질을 말하며 오존(Ozone, O_3)은
정상적 공기중에 소량(약 0.02ppm) 포함되어 있다(환경연구종합포털, http://
www.nier.go.kr/eric/portal/erip).

(1) 광역시·도의 대기 오염도 추세

2011년 광역자치단체별 이산화황, 일산화탄소, 이산화질소의 오염농
도를 살펴보면 지역 간 격차를 확인할 수 있다. 강원, 경기, 인천, 서울 등
은 일산화탄소, 울산, 전남, 인천은 이산화황의 농도가 높고, 서울, 인천,
경기는 이산화질소의 농도가 높은 것으로 나타났다. 반면 제주도는 16개
광역자치단체 중 대기질이 가장 깨끗한 곳으로 나타났다.

전국 대기오염물질 연평균 농도의 공간 분포를 살펴보면([그림 3-9])
SO_2의 경우 남동부의 공단지역과 충북 및 경북의 일부 지역이 다른 지역
보다 비교적 높은 농도 수준을 보이며, PM_{10}은 수도권과 충청북도 지역이
높은 농도를 나타내고 있다. 한편, NO_2는 수도권과 남동부 공단 일부 지
역에 나타나고 있으나 전반적으로 SO_2나 PM_{10}에 비해 낮은 수준의 농도를

그림 3-8 16개 시도별 SO_2, CO, NO_2 오염농도(2011)

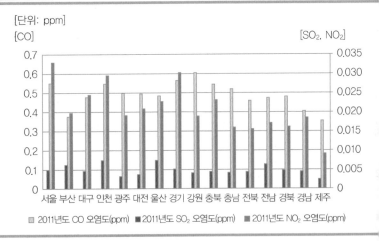

자료출처: 환경통계연감

그림 3-9 16개 지방자치단체 대기오염도 분포특성

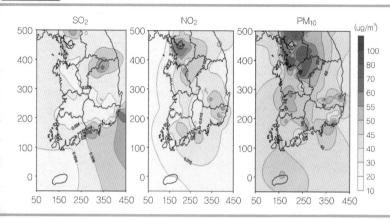

자료출처: 국립환경과학원(2011)

그림 3-10 16개 시·도별 미세먼지 및 오존 오염도(2011)

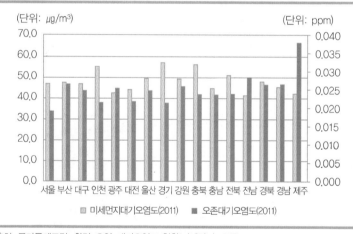

자료출처: 국가통계포털, 환경-오염-대기오염도 현황(미세먼지, 오존)

보여주고 있다.

2011년도 미세먼지의 지역별 오염도를 살펴보면 경기가 57$\mu g/m^3$로
가장 높고 전남이 41$\mu g/m^3$로 가장 낮으며, 평균오염농도는 47.95$\mu g/m^3$로
이를 초과하는 지역은 부산, 인천, 울산, 경기, 강원, 충북, 전북 총 7개 지

역이다. 반면 오존오염도(ppm)를 살펴보면 제주가 최대로 0.038ppm을 보여주고 있고, 서울이 가장 낮은 지역으로 0.019ppm을 나타내고 있다.

(2) 광역시·도의 대기 배출량 추세

대기오염물질 배출량은 어떤 종류의 대기오염물질이 어느 지역의 어떤 배출원에서 얼마만큼 배출되는지를 측정한 것으로, 대기정책지원시스템(Clean Air Support System: CAPSS)을 이용하여 매년 국립환경과학원에서 산정·관리하고 있다(국립환경과학원, 2010).[4]

황산화물(SOx)은 연료 중의 황성분이 연소 중 산소와 결합하여 생성된 후 배출되는 물질이며, 질소산화물(NOx)은 대부분 고온연소과정에서 대기 중으로 배출되어 물에 녹으면 질산이 되므로 산성비의 원인이 된다(박순애 외, 2012: 78-79). 2010년을 기준으로 살펴보면, 황산화물의 경우 전

그림 3-11 광역시별 SOx, NOx 배출량(2010)

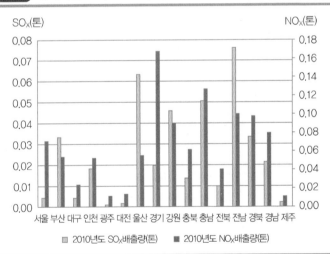

자료출처: 환경통계연감

___
4) 앞서 살펴본 대기질과 대기배출량은 그 방향성이 완전히 일치하지 않고 있는데 이는 대기질이 배출업소 이외에도 연료에 대한 규제, 자동차 제작 기준의 강화, TMS 등의 요인에 영향을 받기 때문이다. 즉, 대기질은 배출업체 이외에도 여러 정책적인 요인에 영향을 받는다고 할 수 있다.

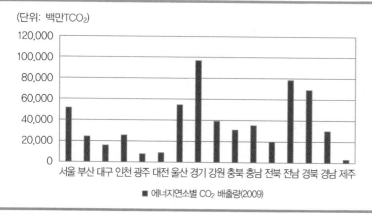

그림 3-12 16개 시·도별 에너지연소별 CO_2 배출량(2009)

(단위: 백만TCO_2)

■ 에너지연소별 CO_2 배출량(2009)

자료출처: 한국교통연구원 교통부문 온실가스·지속가능성 통계 - 국내 지역별 이산화탄소 배출량

표 3-8 에너지원에 따른 CO_2 배출량   (단위: 백만TCO_2)

지역	CO_2 배출량	지역	CO_2 배출량
서울	51,623	강원	39,260
부산	24,637	충북	30,900
대구	16,357	충남	35,358
인천	26,006	전북	19,861
광주	8,117	전남	78,627
대전	8,920	경북	68,962
울산	54,669	경남	30,407
경기	96,943	제주	3,082

남과 울산의 배출량이 많고, 광주, 대전은 적은 지역으로 나타났다. 한편, 질소산화물은 경기와 충남이 높게 나타난 반면, 광주와 제주가 배출량이 적은 지역으로 확인되었다.

에너지연소로 인한 16개 시·도별 CO_2 배출량을 보면 경기가 96,943 백만TCO_2(이산화탄소환산톤)로 가장 많은 양의 CO_2를 배출하고 있으며, 제주가 3,082백만TCO_2으로 가장 적은 양의 CO_2를 배출하고 있다. 평균 CO_2 배출량은 37,108백만TCO_2이며 평균값보다 많은 양의 CO_2를 배출하고 있는 지역은 서울, 울산, 경기, 강원, 전남, 경북 지역이다.

전국에서 이산화탄소 배출량이 가장 많은 지역은 경기지만, 인구를 고려한 1인당 이산화탄소 배출량은 [그림 3-13]에서 볼 수 있듯이 울산이 가장 높으며 전남이 두 번째로 높게 나타나고 있다. 상대적으로 서울, 광주, 제주 지역은 1인당 배출량이 적은 지역으로 조사되었다. 16개 시·

그림 3-13 16개 시·도별 1인당 및 면적당 CO_2 배출량(2009)

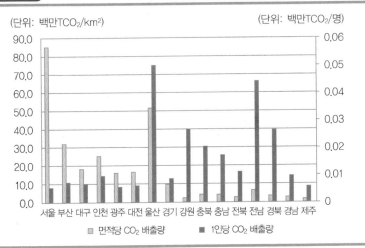

자료출처: 국가통계포털, 광공업·에너지-에너지-에너지 사용 및 온실가스 배출 실태조사

표 3-9 지역별 1인당 및 면적당 CO_2 배출량 (단위: 백만TCO_2/명)

지역	1인당 CO_2 배출량 (천TCO_2/명)	면적당 CO_2 배출량 (천TCO_2/km^2)	지역	1인당 CO_2 배출량 (천TCO_2/명)	면적당 CO_2 배출량 (천TCO_2/km^2)
서울	0.005136	85.32727	강원	0.026402	2.351884
부산	0.007108	32.12125	충북	0.020302	4.157137
대구	0.006617	18.50339	충남	0.017032	4.097103
인천	0.009586	25.27308	전북	0.011071	2.462006
광주	0.005451	16.2016	전남	0.044247	6.420103
대전	0.005903	16.51852	경북	0.026241	3.624238
울산	0.049972	51.62323	경남	0.009478	2.886832
경기	0.008374	9.535064	제주	0.005634	1.666847

면적당 이산화탄소 배출량은 서울이 압도적으로 높은 수치를 보이며
가장 적은 지역인 제주와는 무려 50여 배 차이가 난다([표 3-9] 참조).

. 폐기물

폐기물 처분에는 매립처분과 해양투입처분, 소각 등이 있다. 매립처
분은 육상이나 수면에 설치된 매립지에 투기하는 것으로 폐기물 처리법에
그 기준이 정해져 있다. 폐기물을 최종적으로 투기·투입 처리하는 것을 '처
분'이라고 하며, 태울 수 있는 쓰레기의 소각, 대형쓰레기의 분쇄, 플라스틱
의 융해, 고체화, 분별 등을 '처리'로 구분하고 있다(환경부, 환경용어사전).

[그림 3-14]는 16개 지역 폐기물 처리시설 현황을 보여주고 있다.
전국적으로 총 220개소에 달하는 매립지가 분포되어 있으며 전남의 경우

그림 3-14 지역별 폐기물 처리시설 현황 (단위: m^3)

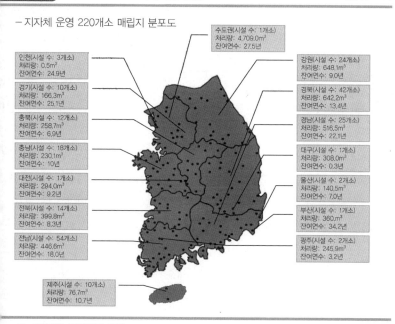

- 지자체 운영 220개소 매립지 분포도

수도권(시설 수: 1개소)
처리량: 4,709.0m^3
잔여연수: 27.5년

인천(시설 수: 3개소)
처리량: 0.5m^3
잔여연수: 24.9년

강원(시설 수: 24개소)
처리량: 648.1m^3
잔여연수: 9.0년

경기(시설 수: 10개소)
처리량: 166.3m^3
잔여연수: 25.1년

경북(시설 수: 42개소)
처리량: 642.2m^3
잔여연수: 13.4년

충북(시설 수: 12개소)
처리량: 258.7m^3
잔여연수: 6.9년

경남(시설 수: 25개소)
처리량: 516.5m^3
잔여연수: 22.1년

충남(시설 수: 18개소)
처리량: 230.1m^3
잔여연수: 10년

대구(시설 수: 1개소)
처리량: 308.0m^3
잔여연수: 0.3년

대전(시설 수: 1개소)
처리량: 294.0m^3
잔여연수: 9.2년

울산(시설 수: 2개소)
처리량: 140.5m^3
잔여연수: 7.0년

전북(시설 수: 14개소)
처리량: 399.8m^3
잔여연수: 8.3년

부산(시설 수: 1개소)
처리량: 360.m^3
잔여연수: 34.2년

전남(시설 수: 54개소)
처리량: 446.6m^3
잔여연수: 18.0년

광주(시설 수: 2개소)
처리량: 245.9m^3
잔여연수: 3.2년

제주(시설 수: 10개소)
처리량: 76.7m^3
잔여연수: 10.7년

주: 처리량은 2008년도 기준
자료출처: 이원형(2009), 폐기물 매립세 적용의 타당성 분석

그림 3-15 지방자치단체 폐기물 소각 및 매립량 현황

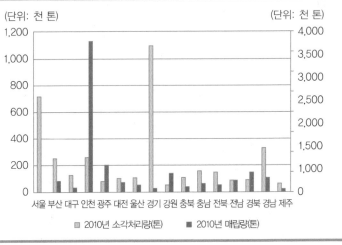

자료출처: 환경부–주요정책, 폐기물 소각 및 매립시설 현황(2010년 말 기준)

54개소로 가장 많은 수의 폐기물 매립지가 소재하고 있고, 다음으로는 경북에 42개소가 설치되어 있다. 반면, 대전, 대구, 부산의 경우 각각 1개소만이 운영되고 있다. 2008년을 기준으로 처리량은 수도권이 4,709㎥, 강원 648.1㎥, 전남 446.6㎥ 순이며, 인천은 0.5㎥로 가장 적은 처리량을 나타내고 있다. 폐기물 처리의 잔여연수는 부산이 34.2년으로 가장 길며 광주 3.2년, 대구 0.3년이다.

[그림 3-15]는 16개 지방자치단체별 폐기물소각처리량과 매립량의 현황을 2010년 말 기준으로 보여주고 있다. 2010년 총 폐기물소각처리량은 3,795,613톤이며 총 매립량은 7,579,155톤이다. 지방자치단체별로 보면 소각처리량은 경기가 1,096,629톤으로 가장 많고, 강원이 51,655톤으로 가장 적은 것으로 나타났다. 반면, 2010년 매립량 기준으로 보면 인천이 3,762,46톤으로 가장 많고(수도권 매립지 포함), 제주가 81,377톤으로 가장 적다.

4. 토　양

　토양환경보전법에서는 토양오염을 '인간의 행위를 통해 토양이 오염

표 3-10	토양오염물질 분류, 우려 및 대책 기준				(단위: mg/kg)	
토양오염물질	토양우려 기준(1지역)	토양우려 기준(2지역)	토양우려 기준(3지역)	토양대책 기준(1지역)[5]	토양대책 기준(2지역)[6]	토양대책 기준(3지역)[7]
카드뮴	4	10	60	12	30	180
구리	150	500	2,000	450	1,500	6,000
비소	25	50	200	75	150	600
수은	4	10	20	12	30	60
납	200	400	700	600	1,200	2,100
가크롬	5	15	40	15	45	120
아연	300	600	2,000	900	1,800	5,000
니켈	100	200	500	300	600	1,500
불소	400	400	800	800	800	2,000
유기인화합물	10	10	30	–	–	–
폴리클로리 네이티드비페닐	1	4	12	3	12	36
시안	2	2	120	5	5	300
페놀	4	4	20	10	10	50
벤젠	1	1	3	3	3	9
톨루엔	20	20	60	60	60	180
에틸벤젠	50	50	340	150	150	1,020
크실렌	15	15	45	45	45	135
석유계총 탄화수소(TPH)	500	800	2,000	2,000	2,400	6,000
트리클로로 에틸렌(TCE)	8	8	40	24	24	120
테트라클로로 에틸렌(PCE)	4	4	25	12	12	75
벤조(a)피렌	0.7	2	7	2	6	21

자료출처: 법제처-국가법령정보센터, 토양환경보전법 시행규칙 별표 2

5) 「측량·수로조사 및 지적에 관한 법률」에 따른 지목이 전·답·과수원·목장용지·광천
   지·대(「측량·수로조사 및 지적에 관한 법률 시행령」 제58조 제8호 가목 중 주거의
   용도로 사용되는 부지만 해당한다)·학교용지·구거(溝渠)·양어장·공원·사적지·묘
   지인 지역과 「어린이놀이시설 안전관리법」 제2조 제2호에 따른 어린이 놀이시설(실외
   에 설치된 경우에만 적용한다) 부지
6) 임야·염전·대(1지역에 해당하는 부지 외의 모든 대를 말한다)·창고용지·하천·유지·
   수도용지·체육용지·유원지·종교용지 및 잡종지(「측량·수로조사 및 지적에 관한 법
   률 시행령」 제58조 제28호 가목 또는 다목에 해당하는 부지만 해당한다)인 지역
7) 「공장용지·주차장·주유소용지·도로·철도용지·제방·잡종지(2지역에 해당하는 부
   지 외의 모든 잡종지를 말한다)인 지역과 「국방·군사시설 사업에 관한 법률」 제2조

되는 것으로서 사람의 건강이나 환경에 피해를 주는 상태'로 제시하고 있다. 자연과학적으로는 토양의 자정 능력을 초과하는 각종 오염물질이 유입되어 토양이 생명력을 상실하고 황폐해져서 생물학적 잠재력이 감소되거나 파괴되는 현상을 토양오염이라고 한다.[8]

[그림 3 – 16]은 국립환경과학원이 [표 3 – 10]의 기준을 적용하여 전국 16개 시·도 2,591지점의 토양실태를 조사한 결과로 토양오염 우려기준을 초과한 지점 현황을 보여주고 있다.

분석결과에 따르면 부산의 초과지점은 총 303개 지점 중 78개의 지점이 토양오염 우려기준을 초과한 지점으로 나타나고 있으며, 그 다음은 제주로 51개 지점 중 13개 지점이 초과지점으로 나타나고 있다. 이에 반

그림 3-16 행정구역별 초과지점 수, 초과지점 비율(2009)

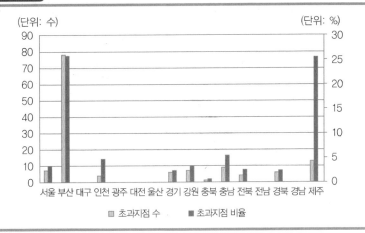

자료출처: 국립환경과학원-토양지하수정보시스템(2009)

제1항 제1호부터 제5호까지에서 규정한 국방·군사시설 부지. 단 벤조(a)피렌 항목은 유독물의 제조 및 저장시설과 폐침목을 사용한 지역(예: 철도용지, 공원, 공장용지 및 하천 등)에만 적용한다.

8) 환경부령의 토양환경보전법 시행규칙 별표 3은 카드뮴 및 화합물, 구리 및 그 화합물, 비소 및 그 화합물, 수은 및 그 화합물, 납 및 그 화합물, 6가크롬 화합물, 유기인화합물, 폴리클로리네이티드비페닐, 시안화합물, 페놀류, 유류(동·식물성 제외), 기타 환경부장관이 정하는 물질로 토양오염물질을 규정하고 있다(오영서·김번웅, 2004).

표 3-11 행정구역별 초과지점 수, 초과지점 비율(2009)

지역	총 지점 수	초과 지점 수	초과지점 비율(%)	지역	총 지점 수	초과 지점 수	초과지점 비율(%)
서울	219	7	3.1963	강원	206	7	3.3981
부산	303	78	25.7426	충북	172	1	0.5814
대구	120	0	0.0000	충남	163	9	5.5215
인천	84	4	4.7619	전북	162	4	2.4691
광주	74	0	0.0000	전남	159	0	0.0000
대전	83	0	0.0000	경북	259	6	2.3166
울산	92	0	0.0000	경남	170	0	0.0000
경기	274	6	2.1898	제주	51	13	25.4902

자료출처: 토양지하수정보시스템(www.sgis.go.kr)

해 대구, 광주, 대전, 울산, 전남, 경남 등은 토양오염 우려기준을 초과한 지점의 수가 나타나지 않고 있다. 행정구역별 초과지점비율이 높게 나타난 지역은 부산(25.7%)과 제주(25.5%)이다. 그 외 지역은 10% 미만을 나타내며, 초과지점이 없는 지역은 대구, 광주, 대전, 울산, 전남, 경남 지역이다.

[그림 3-17]은 16개 광역시·도의 주유시설, 산업시설, 기타시설 등

그림 3-17 석유류 토양오염물질기준 초과시설 수 현황(2011)

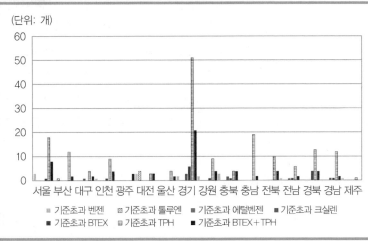

자료출처: 환경부–주요정책–토양, 2011년도 특정토양오염관리대상시설 현황 및 토양오염조사결과(2011)

표 3-12	석유류 토양오염물질기준 초과시설 수 현황(2011)					(단위: 개)	
지역	총계	벤젠	톨루엔	에틸벤젠	크실렌	BTEX	TPH	BTEX+TPH
서울	30	3	0	0	0	1	18	8
부산	15	0	1	0	0	0	12	2
대구	7	0	0	0	1	0	4	2
인천	15	1	0	0	0	1	9	4
광주	3	0	0	0	0	0	0	3
대전	13	3	4	0	0	0	3	3
울산	6	0	0	0	0	0	4	2
경기	83	2	0	0	3	6	51	21
강원	16	2	0	0	0	1	9	4
충북	14	3	0	0	2	1	4	4
충남	21	0	0	0	0	0	19	2
전북	14	0	0	0	0	0	10	4
전남	11	1	0	0	1	1	6	2
경북	21	0	0	0	0	4	13	4
경남	16	0	0	0	1	1	12	2
제주	2	1	0	0	0	0	1	0

자료출처: 환경부-주요정책-토양, 2011년도 특정토양오염관리대상시설 현황 및 토양오염조사결과(2011)

총 8,326개 시설을 대상으로 석유류 토양오염물질 우려기준을 초과한 곳을 조사한 결과이다. 석유류 토양오염물질 7종 중 토양오염 우려기준을 초과한 시설의 수가 가장 많은 지역은 경기도로 83개의 시설이 우려기준을 초과하였고, 그 중에서도 TPH(석유계총탄화수소)가 가장 많은 51개소로 나타났다. 또한 BTEX와 TPH를 결합한 토양오염물질이 검출된 시설도 21개소로 조사되었다. 반면, 광주는 토양오염 우려기준을 초과한 시설이 발견되지 않았고, 제주도의 경우 단 2개의 시설만이 토양오염 우려기준을 초과하였다.

5. 16개 광역자치단체 재정 현황

지역내총생산(Gross Regional Domestic Product: GRDP[9])은 시·도 단위별

---

9) 지역내총생산＝피용자보수＋영업잉여＋순생산 및 수입세＋고정자본 소모

그림 3-18 16개 시·도별 1인당 GRDP 현황(2010)

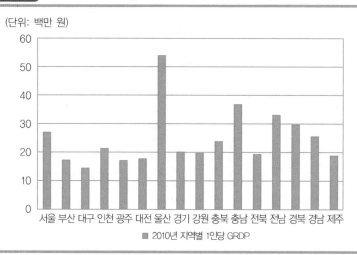

(단위: 백만 원)

■ 2010년 지역별 1인당 GRDP

자료출처: e-나라지표, 지역내총생산

생산, 소비, 물가 등 기초통계를 바탕으로 추계한 시·도 단위의 종합경제
지표로서 각 시·도 내에서 경제활동별로 얼마만큼의 부가가치가 발생하였
는가를 나타내는 지표를 의미한다. 또 다른 경제지표인 재정자립도[10]는
재정수입의 자체 충당 능력을 나타내는 세입분석지표로, 일반회계의 세입
중 지방세와 세외수입의 비율로 측정하며 일반적으로 비율이 높을수록 세
입징수기반이 좋은 것을 의미한다(국가통계포털).

　2010년도 16개 시·도의 1인당 지역내총생산(GRDP)은 [그림 3-18]
에서 보여주는 바와 같이 울산이 5,408만 원으로 가장 높고 대구가 1,441
만 원으로 가장 낮다. 16개시·도별 GRDP의 평균값은 2,469만 원이며 중
간값은 2,052만 원으로 인천과 경기도가 중간값에 가장 근접하고 있다.

　[그림 3-19]는 2010년도 16개 지방자치단체별 재정자립도 현황을
보여주고 있다. 재정자립도가 가장 높은 지역은 서울로 약 86% 수준이며,

---

10) 재정자립도=(지방세＋세외수입)×100/일반회계 예산규모, 전국 및 시·도별 평균을
　　산출하는 경우: 순계예산규모로 산출, 단체별로 산출하는 경우: 총계예산규모로 산출

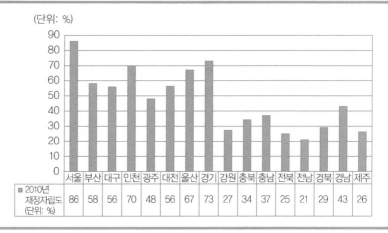

그림 3-19 16개 시·도별 재정자립도 현황(2010)

(단위: %)

	서울	부산	대구	인천	광주	대전	울산	경기	강원	충북	충남	전북	전남	경북	경남	제주
■ 2010년 재정자립도 (단위: %)	86	58	56	70	48	56	67	73	27	34	37	25	21	29	43	26

자료출처: 국가통계포털-e지방지표, 전국지표현황(2011)

가장 낮은 곳은 21%로 전남지역이다. 16개 광역자치단체 재정자립도의 평균
은 47.13%이고 중간값은 45.50%이다. 재정자립도가 평균에 미달하는 지역은

그림 3-20 16개 시·도별 국민기초생활수급자11)

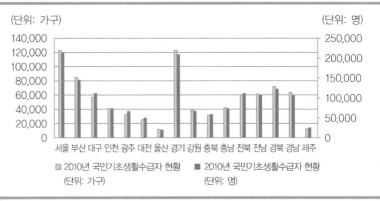

(단위: 가구)   (단위: 명)

서울 부산 대구 인천 광주 대전 울산 경기 강원 충북 충남 전북 전남 경북 경남 제주

■ 2010년 국민기초생활수급자 현황   ■ 2010년 국민기초생활수급자 현황
(단위: 가구)   (단위: 명)

자료출처: 보건복지부, 정책·정보-현황·통계

---

11) 부양의무자가 없거나 부양의무자가 있어도 부양능력이 없거나 또는 부양을 받을 수
    없는 자로서 소득인정액이 최저생계비 이하인 자(국민기초생활보장법 제5조), 수급자
    로 선정되기 위해서는 소득인정액 기준, 부양의무자 기준을 동시에 충족시켜야 한다

강원, 충북, 충남, 전북, 전남, 경북, 경남, 제주도를 포함하여 총 7개 지역이다.

보건복지부 2010년 통계에 의하면, 경기 지역이 122,783가구로 국민기초생활수급대상 가구가 가장 많이 등록되어 있는 반면, 울산이 11,340가구로 가장 적은 수의 가구가 등재되어 있다. 국민기초생활수급대상 인구수의 경우도 전국적으로 유사한 분포를 보이고 있으나 서울이 214,256명으로 가장 많고, 울산이 18,851명으로 가장 적은 수의 수급대상자를 포함하고 있는 지역이다.

인구 대비 16개 광역시·도의 국민기초생활수급자의 비중을 살펴보면, 전북이 6.18%으로 제일 높고 울산이 1.72%로 가장 낮게 나타났다. 서울, 인천, 울산, 경기 지역이 인구대비 기초생활수급자 비중이 낮은 지역인 데 반해 전북과 전남은 약 6%로 기초생활수급자 비중이 가장 높은 지역으로 조사되었다.

그림 3-21 16개 시·도별 국민기초생활수급자 비중(2010)

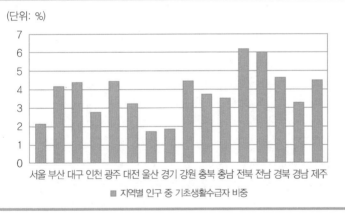

자료출처: 국가통계포털, 인구

최저생계비: 1인 가구 401,446원, 2인 가구 668,504원, 3인 가구 907,929원.

그림 3-22 16개 시·도별 의료급여수급권자 현황(2011)

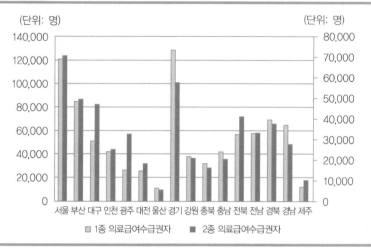

자료출처: 국민건강보험공단, 통계자료실-NHIS 통계

그림 3-23 16개 시·도별 인구대비 의료급여수급권자 비중(2011)

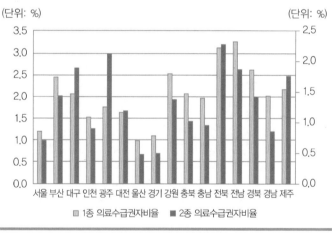

자료출처: 국민건강보험공단, 통계자료실-NHIS 통계

국가는 생활유지 능력이 없거나 생활이 어려운 저소득 국민의 의료문제를 보장하기 위하여 의료급여제도를 시행하고 있는데, 지원 대상 중에서

종 수급권자는 국민기초생활보장법에서 정하는 소득인정액이 최저생계비
하이며, 부양의무자가 없거나 부양을 받을 수 없는 가구를 의미하고, 여
에 의료급여법에 의한 수급권자(행려환자), 타법에 의한 수급권자, 「재해
호법」에 의한 이재민도 포함된다. 그리고 2종 수급권자는 국민기초생활
장대상자 중 1종 수급대상이 아닌 가구를 의미한다.[12]

　　2011년 의료급여수급권자의 지역별 현황을 살펴보면, 먼저 의료급여
급권자 중 1종은 경기도가 128,465명으로 가장 많으며, 울산이 10,934
으로 가장 적다. 2종 의료급여수급권자는 서울이 70,487명으로 가장 많
며, 울산이 5,268명으로 가장 적다. 또한, 인구대비 의료수급권자의 비
을 살펴보면 1종 의료급여수급권자는 전남이 3.26%로 비중이 가장 높은
면 울산이 0.9%로 가장 낮다. 2종 의료급여수급권자의 경우는 전북이
28%로 가장 높고, 울산이 0.4%로 가장 낮은 비율을 차지한다. 즉, 울산은
·2종 의료급여수급권자의 절대적인 수가 적은 것은 물론 인구에 대한 상
적인 비율도 가장 낮아 비교적 경제적으로 양호한 지역임을 알 수 있다.

소　결

　　16개 지방자치단체별 환경질과 재정현황을 비교하면 각 지방자치단
의 환경질 수준부터 재정상태까지 매우 다양하게 나타나고 있음을 알
 있다. 상수도 수질의 경우 미급수 인구수를 기준으로 보면 경기, 충남,
북 지역이 취약하고, 마을상수도 적합도를 기준으로 보면, 경남과 인천
 부적합 개소 및 비중이 높은 지역으로 나타났다. 대기오염농도는 물질
로 상이한데 서울은 이산화질소, 경기, 충남, 충북은 일산화탄소, 대기오
물질 배출량의 경우 황산화물은 경기, 이산화황은 전남, 울산 지역이,
평균 PM_{10}은 수도권과 충북 지역이 높은 것으로 나타났다. 폐기물은 소

) 「국민기초생활보장법」에 따른 수급자는 의료급여수급권자에 해당하며, 수급권자에
　대해 의료급여의 내용 및 기준을 구분하여 달리할 수 있다(「의료급여법」 제3조 제1항,
　제2항). 의료급여수급권자란 의료급여법에 의한 의료급여를 받을 수 있는 자격을 가진
　사람을 말한다. 국민기초생활보장 수급권자 중 근로무능력세대는 의료급여 1종, 근로
　능력세대는 의료급여 2종 수급권자로 구분된다.

각의 경우 경기, 매립의 경우 인천이 높은 지역으로 조사되었다. 토양오염
의 경우는 오염 우려기준 초과지점으로 부산과 제주, 석유류의 경우 경기
가 토양오염물질 기준 초과시설수가 높은 지역으로 나타났다. 반면, 재정
현황을 분석해보면 먼저, 1인당 GRDP는 울산과 충남이 높고, 재정자립도
는 서울과 경기, 울산, 인천 등이 양호한 것으로 나타났다. 즉, 각 지역이
산업시설별로 오염유형이 다르게 나타나고 있으며 이는 당해 지역의 재정
수준과는 큰 상관관계가 없는 것으로 볼 수 있다. 제주 지역은 토양오염
우려기준 초과지점 비율을 제외하고는 환경질 측면에서는 대체로 양호한
지역으로 평가할 수 있다.

제 2 장 환경복지에 대한 국민인식[13]

환경복지에 대한 일반 국민의 인식을 조사하기 위해 전국 16개 광역
자치단체에 거주하는 성인 1,200명을 대상으로 설문조사를 실시하였다.
설문문항은 크게 환경복지에 대한 필요성, 환경복지서비스에 대한 정부의
역할, 환경복지서비스 전달체계와 전담 부처에 대한 선호도 등 크게 4개
분야, 22개의 문항으로 구성되어 있다. 그 외에 소득, 성별 등 인구사회학
적 변수와 주거형태를 묻는 질문이 포함되어 있다. 응답은 5점 리커트 척
도를 사용하였다.

. 설문문항의 구성과 결과도출

(1) 설문문항 구성

① 환경복지서비스의 필요성과 정부역할에 대한 인식

환경문제에 대한 정부의 역할에 대한 인식을 파악하기 위해 "국민의
쾌적한 환경을 위해 정부는 관련된 서비스를 제공해야 한다"를 포함하여
사회적 약자에 대한 환경서비스 제공, 안전하고 깨끗한 환경은 국민복지의
기본 요건이라는 정부역할에 대해 동의 정도를 물어보았다. 또한, 다른 지
역과의 환경적 형평성, 사회적 약자 등에 대한 공정한 환경서비스 제공 등
환경정의 수준에 대한 국민의 인식을 파악하기 위해 "잘사는 지역일수록
수질, 대기질, 녹지공간 등 환경여건이 좋다"를 포함하여 세 가지 항목을
포함하였다.

---

3) 본 설문은 서울대학교 정책지식센터의 지원으로 「시민인식도 조사」에 환경복지 관련
문항을 포함하여 2012년 12월부터 2013년 1월까지 갤럽에서 조사를 대행하였다.

② 응답자 거주지 주변의 환경상태

거주지의 환경 상태를 확인하기 위해 "내가 사는 지역의 식수는 안심하고 마실 수 있다"를 포함하여 폐기물처리, 소음, 악취, 대기오염, 자연재해, 환경유해시설 입지, 녹지공간과의 근접성 등 거주지역의 환경여건에 관한 8개 사항에 대해 현재 상태를 물어보았다.

③ 저소득계층 대상 환경행정 서비스 전달 체계

저소득계층 대상 환경행정 서비스를 담당하기에 적합한 기관에 대한 선호도를 파악하기 위해 중앙정부, 지방정부, 기업, 시민단체 중에서 선택하도록 하였다. 환경행정 서비스에는 친환경적 거주환경 개선사업 지원

표 3-13　환경복지에 대한 국민인식조사 항목(2012)

차원	지표	문항
환경 복지 필요성	환경 형평성에 대한 인식	잘사는 지역일수록 수질, 대기질, 녹지공간 등 환경여건이 좋다.
		노인, 아동, 임산부 등 사회적 약자일수록 환경문제로 인한 피해에 취약하다.
		내가 사는 지역의 저소득계층은 다른 사람과 동등한 수준의 환경질을 누린다.
	정부의 역할	국민의 쾌적한 환경을 위해 정부는 관련된 서비스를 제공해야 한다.
		사회적 약자에게는 환경피해를 줄일 수 있는 정부차원의 서비스가 제공
		안전하고 깨끗한 환경은 국민복지의 기본 요건이다.
환경질 수준	거주지역 환경현황	내가 사는 지역의 식수는 안심하고 마실 수 있다.
		내가 사는 지역은 쓰레기가 원활하게 처리된다.
		내가 사는 지역은 공장, 기계 등 소음이 심한 편이다.
		내가 사는 지역은 악취가 심한 편이다.
		내가 사는 지역은 자동차 배기가스, 공장매연 등 대기오염이 심한 편이다.
		내가 사는 지역은 폭우 등 자연재해에 피해가 큰 편이다.
		내가 사는 지역은 소각장 등 환경위해 시설이 가까운 곳에 있다.
		내가 사는 지역은 공원 등 녹지공간이 가까운 곳에 있다.
환경 복지 서비스 전달 체계	저소득계층 서비스유형	저소득계층 친환경적 거주환경 개선사업 지원
		저소득계층 거주지역 내 상수도 공급
		저소득계층 환경성 질환 의료지원
		저소득계층 환경개선보조금 지원
		저소득계층 환경정보제공 및 네트워크 구축
		공장주변 및 주택밀집지역 매연, 악취 관리
	전달방식	현금지급, 바우처(무료 쿠폰), 세금감면, 직접서비스 지원, 기타
	전담부처	환경부, 보건복지부, 여성가족부, 고용노동부, 안전행정부, 기타

거주지역 내 상수도 공급, 환경성 질환 의료지원, 환경개선 보조금 지원, 환경정보 제공 및 네트워크 구축, 매연, 악취 관리 등을 포함하였다. 또한, 이러한 환경복지서비스를 어떠한 형태로 지원하는 것이 바람직한지에 대해 현금, 무료쿠폰, 세금감면, 직접 서비스 지원 등의 선택지를 제공하여 선호도를 물어보았다. 마지막으로 중앙부처 중에서는 어떤 부처가 주관부처로 바람직한지 환경부, 보건복지부, 여성가족부, 고용노동부, 안전행정부 등을 보기로 제시하였다.

(2) 국민인식조사결과분석

조사 대상의 대표성을 확보하기 위해 지역, 성별, 연령 등을 고려하여 표본을 추출하였으며, 응답자의 인구통계학적 특성은 [표 3 - 14]와 같다.

설문분석 결과, 환경을 국민복지의 기본으로 생각한다는 응답이 4.12점으로 나타났는데, 이는 대부분의 국민이 환경서비스를 복지의 기본으로 생각하고 있다는 것을 의미한다. 그럼에도 불구하고 지역 간 편차가 발견되는 것으로 나타났는데, 울산시에서는 환경을 복지의 기본으로 생각한다는 인식이 매우 강하게 나타났으며(4.48점), 충청북도에서는 그 정도가 가장 낮은 것으로 나타났다(3.77점). '쾌적한 환경을 위해 정부는 관련된 서비

표 3-14 국민설문조사 응답자의 인구통계학적 특성

구분		빈도(명)	비율(%)	구분		빈도(명)	비율(%)
성별	남자	599	49.9	학력	중졸 이하	185	15.5
	여자	601	50.1		고졸	556	46.3
소속	숙련/기능직	86	10.5		대재 이상	459	38.2
	기술직/준전문가	69	8.5	가구 소득	99만 원 이하	71	6.0
	사무직	223	27.4		100~299만 원	418	34.9
	단순노무직	40	4.9		300~499만 원	584	48.7
	농업/어업/임업	39	4.8		500만 원 이상	126	10.5
	경영/관리직	27	3.4	연령	19~29세	217	18.1
	판매/서비스직	298	36.6		30대	245	20.4
	교사/전문가	22	2.7		40대	265	22.1
	공무원/공공기관	9	1.1		50대	227	18.9
	모름/무응답	1	0.1		60세 이상	246	20.5

스를 제공해야 한다'는 문항에 대해서도 대부분이 동의(평균 3.95점)하는 것으로 나타났는데, 울산은 4.42점인 반면, 서울은 3.76점으로 나타났다.

표 3-15 국민설문조사 결과

구분	설문내용	평균(점)
Q5-1	잘사는 지역일수록 환경여건이 좋음	3.64
Q5-2	쾌적한 환경에 대한 서비스 제공은 정부의무	3.95
Q5-3	사회적 약자일수록 환경문제 피해에 취약	3.72
Q5-4	사회적 약자에 대한 서비스는 정부의 의무	3.90
Q5-5	깨끗한 환경은 국민복지 기본	4.12
Q5-6	식수 안심하고 마실 수 있음	3.34
Q5-7	쓰레기처리 원활	3.57
Q5-8	소음 심함	2.53
Q5-9	악취 심함	2.36
Q5-10	대기오염 심함	2.60
Q5-11	자연재해 피해 큼	2.36
Q5-12	위해시설이 인접해 있음	2.45
Q5-13	녹지공간이 인접해 있음	3.20
Q5-14	저소득층도 동등한 수준의 환경질 누림	3.12

그림 3-24 지역 간 격차가 큰 응답항목

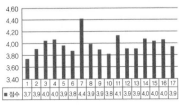

[문항 5-2] 쾌적한 환경 정부 서비스제공

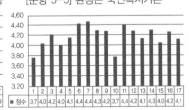

[문항 5-5] 환경은 국민복지기본

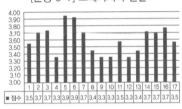

[문항 5-7] 쓰레기처리 원활

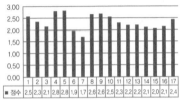

[문항 5-12] 위해시설 인접

그림 3-25 지역별 소음, 악취, 대기환경 및 자연재해

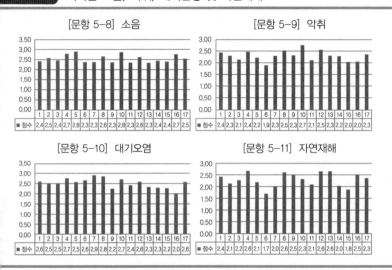

주: 1=서울, 2=부산, 3=대구, 4=인천, 5=광주, 6=대전, 7=울산, 8=경기, 9=강원, 10=충북, 11=충남, 12=전북,
13=전남, 14=경북, 15=경남, 16=제주, 17=총평균

환경수준에 대한 설문에서도 몇몇 문항은 지역별로 차이가 있는 것으로 나타났다([그림 3-24] 참조). 쓰레기 처리가 원활한지에 대한 문항은 인천(3.35점), 강원(3.36점), 충북(3.36점), 전북(3.36점)이 낮게 나타났고 광주와 대전은 높은 지역으로 조사되었다. 또한 위해시설이 인접해 있다는 문항에 동의의 수준이 낮은 지역은 대전과 울산으로 나타났다. 한편, 현재의 환경수준에 대한 질문에서 소음(2.53점), 악취(2.36점), 대기오염(2.60점), 자연재해(2.36점), 위해시설 인접(2.45점) 등 현재의 환경수준이 열악한지에 대해서는 동의수준이 보통 이하로 낮게 나타났다([그림 3-25] 참조). 즉 국민들은 현재의 환경수준을 보통 이상은 되는 것으로 인식함을 알 수 있다.

환경취약계층인 저소득계층을 위한 환경서비스 제공 주체에 대한 질문에서는 저소득계층 환경성 질환 의료지원 및 저소득계층 환경보조금 지원은 중앙정부가 적절하다는 응답이 각각 43.6%, 44.1%로 나타났다([표 3-16]). 이는 전문가 설문결과와 마찬가지로 환경보건관련 서비스와 환경

복지 예산 지원서비스는 중앙정부에서 제공하는 것이 타당하다고 인식ᄒ
고 있다는 것으로 해석할 수 있다. 그러나 지역 주민의 체감 환경과 직ᄌ
되면서 지역의 특성을 반영해야 하는 저소득계층 친환경적 거주환경 개ᄉ
사업 지원, 저소득계층 거주 지역 내 상수도 공급, 공장주변 및 주택밀ᄌ
지역 매연, 악취 관리에 대한 서비스는 지방정부가 제공하는 것이 적절ᄒ
다고 응답한 비율이 높은 것으로 나타났다. 또한 환경복지서비스에 대ᄒ
지원방법은 현금지급을 가장 선호하고 있으며(36.3%), 다음으로 직접서ᄇ

표 3-16 저소득계층을 위한 환경행정 업무 서비스 담당(응답자 1,200명)

	중앙정부	지방정부	기업 (영리기관)	시민단ᄎ (비영리 기관)
	(%)	(%)	(%)	(%)
저소득계층 친환경적 거주환경 개선사업 지원	36.9	53.1	8.6	1.4
저소득계층 거주 지역 내 상수도 공급	36.4	57.3	4.9	1.4
저소득계층 환경성 질환 의료지원	43.6	41.1	12.8	2.6
저소득계층 환경보조금 지원	44.1	43.7	10.2	2.0
저소득계층 환경정보제공 및 네트워크 구축	40.4	42.5	12.8	4.2
공장주변 및 주택밀집지역 매연, 악취 관리	26.1	54.3	15.5	4.1

그림 3-26 환경복지서비스 지원방법

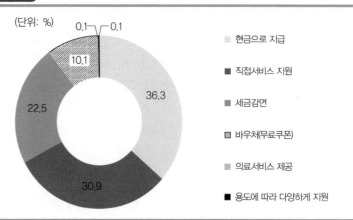

(단위: %)

0.1 ― 0.1
10.1
22.5
36.3
30.9

▨ 현금으로 지급
■ 직접서비스 지원
▨ 세금감면
▨ 바우처(무료쿠폰)
▨ 의료서비스 제공
■ 용도에 따라 다양하게 지원

스 지원(30.9%), 세금감면(22.5%), 바우처(10.1%) 순으로 선호하고 있는 것으로 조사되었다([그림 3-26] 참조).

2. 소결: 환경복지에 대한 중앙정부와 지방정부의 과제

지난 대선에서 박근혜 당선인은 "물과 공기 등 환경서비스의 품질을 개선해 선진국 수준의 환경복지를 실현하겠다"는 공약을 제시한 바 있다. 따라서 '환경복지'는 현정부의 중요한 화두로, 이 공약을 성공적으로 이행하기 위한 구체적인 계획, 서비스의 전달체계 및 재원조달방안 등에 대한 보다 활발한 논의가 필요하다. 환경복지정책은 환경재화 및 서비스에 대한 접근성, 환경안전 및 환경보건 등에서 모든 국민이 공평하게 향유할 수 있는 이른바 '환경복지최저기준'을 확보하여 궁극적으로 전 국민의 삶의 질을 개선하는 데 그 목적이 있다. 이에 본 연구는 16개 광역자치단체의 환경질 수준과 선진 환경복지국가에 도달하기 위한 최저 기준을 확보하기 위해 중앙정부와 지방정부의 과제가 무엇인지를 파악하고자 하였다.

전반적으로 국민인식조사 분석 결과는 주민들이 인식하고 있는 환경수준이 앞서 살펴본 환경에 대한 실질적인 수준과 반드시 일치하지 않는 것으로 나타났다. 이처럼 실질적인 환경질과 환경수준에 대한 인식 차이는 기대불일치이론(expectancy disconfirmation theory)에서 그 이유를 찾을 수 있다. 즉, 기대에 따라 성과를 다르게 평가할 수 있다는 것으로(Park and Hwang, 2010), 환경에 대한 관심이 크고, 환경을 중요하게 생각하는 지역일수록 현재의 수준에 대한 불만족 정도가 클 것이다. 따라서 환경복지는 이러한 지역별 기대수준과 격차를 고려하되, 실제 측정 자료를 바탕으로 정책을 수립하고 집행할 필요가 있다. 현재와 같이 중앙정부가 사업별로 정한 사업 내용과 예산에 따라 지방정부가 집행하는 체계는 지역의 다양성과 요구수준, 인구특성, 환경여건 등을 적절히 반영하지 못할 수 있기 때문이다. 예를 들어 한국의 대기질 오염수준은 선진국 평균 대비 최대 4배 이상 높아 지속적인 관리가 필요함에도 국민평가는 보통 수준 이상인데, 이는 그간의 개선 노력으로 평가가 상대적으로 관대해진 것으로 해석할 수 있다.[14] 실제 측정 자료에 의하면 지역별로 오염농도의 증감 추세가 상이하게 나타났는데, 7대 도시 중 서울, 부산, 대구, 광주의 미세먼지 농도는 전년에 비해 $2\sim4\mu g/m^3$ 감소한 $43\sim47\mu g/m^3$의 분포를 보였지만, 울산은 전년에 비해 증가($48\mu g/m^3 \rightarrow 49\mu g/m^3$)했고, 인천은 연평균 농도 $55\mu g/m^3$로 대도시 중 가장 높았다(환경일보, 2012/11/29).[15] 따라서 환경복지체감도와 실질적인 환경질 수준을 높이기 위해서는 지역특성에 맞는 정책이 수립될 수 있어야 할 것이다.

환경복지모형의 구성요소에 대한 전문가조사 결과는 대부분의 지표가 중앙정부의 관리와 보편적 서비스로 분류되어 향후 선택적 서비스와 취약지역에 대한 세부지표가 추가적으로 개발되어야 할 것으로 보인다. 지방정부가 관리하기에 적합한 지표로서는 쾌적한 환경의 도시공원조성, 근린공원, 어린이 놀이터 면적, 자전거도로 등이 제시되었는데 이러한 지표들은 주민들과 밀접한 관련이 있고, 지역별 인프라 수준의 차이가 있어 지방정부가 주체가 되어 지역에 적합한 서비스 제공방안을 마련하는 것이 필요하다. 또한 정부대응과 관련한 세부지표인 수질 및 대기질 관련 민원처리, 폐기물의 수거, 소음 관련 처리, 환경 관련 조례 제정 등도 지방에서 제공 및 관리되어야 하는 서비스로 분류되었다.

중앙정부의 경우에는 전국적으로 표준화된 서비스가 제공될 필요성이 있는 경우와 공기질 및 수질과 같이 광역성을 띠는 사업이나 예산이 많이 필요한 사업에 있어 컨트롤 타워 역할을 수행하는 서비스 제공의 주체가 되어야 할 필요성이 있다. 최근 국립환경과학원에서 조사한 '전국주택

---

14) 2011년 전국 미세먼지(PM10) 평균농도는 $50\mu g/m^3$로 2006년($59\mu g/m^3$) 이래 지속적으로 감소해 2007년 대기환경기준 강화 후 처음으로 환경기준에 도달하였으나, 여전히 워싱턴 $12\mu g/m^3$, 런던 $16\mu g/m^3$, 동경 $21\mu g/m^3$, 파리 $26\mu g/m^3$ 등 선진국에 비해 다소 높은 수준이었다.
15) 인천의 미세먼지 농도는 1999년 대비 미세먼지 배출량 증가율이 7대 도시 중 가장 높았는데, 도심지 내 인천항, 공업단지, 신도시 개발 등으로 인한 대형화물차 이동의 영향이 큰 것으로 추정된다. 이산화질소(NO_2)는 7대 도시 중에서는 서울의 이산화질소 연평균 농도가 0.033ppm으로 가장 높게 나타났으나 울산을 제외한 대도시는 전년에 비해 농도가 다소 감소했다.

라돈조사' 결과 22.2%의 주택이 라돈에 대한 권고기준을 초과한 것으로 나타났는데,[16] 본 설문조사에서는 주거시설 내 서비스의 관리주체로 중앙정부가 적합한 것으로 조사되었다. 이처럼 전국적으로 표준매뉴얼이 필요한 서비스 또는 환경질 관리에 고도의 전문성이 필요한 경우에는 중앙정부가 환경복지서비스의 주체로 적합할 수 있다. 그러나 공무원 응답자의 대부분이 지방정부에 근무하는 담당자이기 때문에 환경복지서비스 재원에 대한 우려로 인해 이러한 응답경향이 나타났다고 볼 수 있는 여지도 배제할 수는 없을 것이다. 그럼에도 불구하고 쾌적한 환경에 대한 중요성과 환경유해물질에 대한 우려, 정부의 적극적 대응 필요성에는 대부분이 공감하고 있는 것으로 나타났다. 또한 취약계층에 대한 선택적 환경복지서비스 제공 주체에 대한 문항에서도 상대적으로 재정이 풍부한 중앙정부가 적합하다는 응답이 다수로 나타났다. 그러나 취약계층의 환경복지 개선을 위해서는 지역의 근접성에 기반을 둔 직접적 관리·감독이 필요하므로 중앙정부와 지방정부와의 연계를 강화하여 적절한 서비스를 제공할 수 있는 협력적 체계 구축이 시급하다고 할 수 있다.

---

[16] 조사결과, 조사대상 주택 전체 7,885호 중 22.2%인 1,752호가 라돈에 관한 환경부의 다중이용시설 권고기준 148Bq/m³을 초과한 것으로 확인됐다. 주택 유형별 실내 라돈 농도는 단독주택이 권고기준을 33.0% 초과해 가장 높았으며, 연립/다세대주택 14.4%, 아파트 5.9% 순으로 나타났다(환경부, 2013.01.24).

제4부

환경복지모형의 구축

제1장 환경복지 관련 국내·외 지표

환경복지모형 지표를 구성하기에 앞서 국제적으로 활용되고 있는 지속가능성 지표, 삶의 질 지표 등 관련된 지표를 검토하고, 각 지표의 특징과 장단점을 파악한 후 우리나라 실정에 적합한 환경복지모형을 구축하고자 한다.

1. 국제 지표

(1) UNCSD 지속가능성 발전지표(2001)

UNCSD는 1996년 국가별 환경성과를 평가하고 정책결정에 유용한 수단으로 활용하기 위해 개별국가를 단위로 지속가능성 평가지표를 개발하였다. 초기에는 사회, 환경, 경제, 제도 4개 분야, 28개 영역, 132개 지표로 구성하였으나, 2001년 압력-상태-대응모델을 바탕으로 사회, 환경, 경제, 제도 4개 분야, 15개 영역(theme)과 38개 세부 영역(sub-theme), 57개의 지표로 재구성하였다. UNCSD 지속가능성 지표는 광범위하고 다양한 분야를 포괄하고 있어서 여러 국가에 적용 및 비교가 가능하다는 장점이 있다. 또한 OECD 지표와 함께 지속가능성 개념을 내포한 대표적인 지표로 타 국가의 지속가능성 지표 구축에 큰 공헌을 했다고 볼 수 있다. 그러나 UNCSD는 유럽국가 위주의 연구결과로서 저개발국 적용에 한계가 있어(환경부, 2000: 13) 아시아의 정치, 경제, 문화적 특성을 반영한 UNESCAP (United Nations Economic and Social Commission for Asia and the Pacific)지표를 제작하게 되었다.

(2) OECD 지표

① 핵심지표(1999, 2001)[1]

OECD 핵심지표(core indicators)는 환경지표와 환경성과 그리고 지속 가능한 발전을 연결하는 데 중점을 두고 있으며, 지속가능한 개발 지표의 환경요소 구성에 초석을 제공한 것으로 볼 수 있다.

OECD 핵심지표는 주로 회원국의 예산집행과 정책우선순위 결정, 계획 및 보고, 성과평가에 사용되고 있다(OECD, 2001: 107). OECD 핵심지표가 구성된 1999년 당시는 10년 후 주요 정책과제가 될 만한 환경문제, 천연자원 및 자산에 대한 항목이 선정되었고, 회원국 전반에서 사용할 수 있도록 쉽게 구축할 수 있는 데이터를 활용하였다. OECD 핵심지표는 UNCSD와 동일하게 PCR(압력 – 상태 – 대응)방식을 사용하며 크게 9개의 환경이슈와 6개의 사회경제적 이슈로 구분하여 총 33개의 지표로 구성되어 있다.

OECD 핵심지표는 회원국들의 지속가능한 발전을 유도하고자 비교가 가능하도록 만들어졌다. 동 지표의 강점은 비교적 간단하고 자료를 구하기가 용이하며, 항목 간 중첩이 적어 지표의 타당성이 높다는 점이다. 그러나 이러한 간명성은 각 지역의 다양한 특성을 반영하기에는 한계가 있는 것으로 볼 수 있다.

---

1) 1999년 환경데이터에서 2001년 3월을 기점으로 주요환경지표(KEI)로 수정 및 보완되었다(OECD, 2001: 4).

표 4-1

UNCSD 지표체계(2001)

분야	영역	항목	지표
사회	형평성	빈곤	빈곤인구비율, 소득불평등에 관한 지니계수, 실업률
		남녀평등	남성대비 여성 임금비율
	건강	영양상태	유소년 영양 상태
		사망률	영아사망률
		공중위생	출생 시 기대여명, 수처리 향유 인구
		식수	안전한 식수접근 인구
		건강관리	주요한 보건시설 접근인구, 유소년 전염병 예방주사, 피임 보급률
	교육	교육수준	중등학교 순졸업률
		비문맹	성인 비문맹률
	주택	생활환경	1인당 바닥 면적
	안전	범죄	1,000인당 신고된 범죄 수
	인구	인구변화	인구 성장률, 도시의 공식적/비공식적 거주인구
환경	대기	기후변화	온실가스 배출
		오존층	오존파괴물질의 대기농도
		대기질	도시 내 오염물질의 대기농도
	토지	농업	경작에 적합하고 영구적인 경작지, 비료사용, 농약사용
		산림	토지지역 중 산림지역 비율, 목재 벌채 정도
		사막화	사막화 영향을 받는 토지
		도시화	도시의 공식적/비공식적 거주면적
	해양/연안	연안지역	연안 해조류 농도, 해안지역 총 인구 비율
		어업	주요 종의 연간 수확 사용변화
	담수	수량	지하수 및 미표수의 연간 취수량
		수질	BOD, 담수 내 대장균 밀도
	생물다양성	생태계	주요 보호지역, 전체 대비 보호구역 비율
		종	주요 다양한 종
경제	경제구조	경제이행	1인당 GDP, GDP의 투자분
		무역	상품과 서비스 무역의 균형
		재정상태	부채/GNP, GNP대비 총 ODA
	소비/생산	물질소비	원료이용도
		에너지사용	1인당 연간 에너지 소비, 재생가능에너지자원 소비 비중, 에너지 이용도
		폐기물관리	산업 및 도시 고형폐기물 발생량, 유해 폐기물 발생량, 방사성 폐기물 발생량, 폐기물 재활용 및 재이용
		운송	1인당 수송모드에 의한 승차거리
제도	제도형태	지속가능성 실현	국가의 지속가능한 발전전략
		국제협력	인준된 국제적 합의 사항의 수행
	제도용량	정보접근	1,000인당 인터넷 계정 및 라디오 수
		정보인프라	1,000인당 주전화선 수
		과학과 기술	GDP 대비 R&D에 대한 지출
		재해준비와 반응	자연재해로 인한 인명피해·경제적 순손실

자료출처: 국가지속가능발전지표 개발 및 활용방안 연구, 환경부, 2001
국가환경성평가지표 개발·적용연구, 환경부, 2001
Indicators of sustainable Development: Guidelines and Methodologies, UNCSD, 2001

표 4-2 OECD 핵심 지표체계

구분		지표
분야	이슈(issue)	
환경 지표	기후변화(Climate Change)	CO$_2$ 배출수준, 온실가스 밀도
	오존층 파괴(Ozone Layer Depletion)	오존층 파괴물질, 성층권 오픈
	대기질(Air Quality)	대기배출물 수준, 도시대기질
	폐기물(Waste)	폐기물 발생, 폐기물 재활용
	수질(Water Quality)	강의 수질, 폐수처리
	수자원(Water Resources)	수자원 이용수준, 수도 공급 및 공급가격
	산림자원(Forest Resources)	산림자원 이용수준, 산림 및 임야지
	수산자원(Fish Resources)	수산어획 및 소비: 국가, 수산 어획 및 소비: 세계 및 지
	종(種) 다양성(Biodiversity)	위협받는 종, 보호지역
사회 경제 지표	GDP 및 인구(GDP and Population)	GDP, 인구성장 및 인구밀도
	소비(Consumption)	개인 소비, 정부 소비
	에너지(Energy)	에너지 수준, 에너지 공급 구조 및 변화, 에너지 가격
	교통(Transport)	도로 교통 및 자동차 보유수준, 도로 밀도, 연료 가격 및 세
	농업(Agriculture)	질소 및 인 발효의 사용수준, 가축 밀도, 농약 사용수준
	지출(Expenditure)	오염 저감 및 통제(PAC)비용, 공식적 발전 지원(ODA)

자료출처: 국가지속가능발전지표 및 활용방안연구, 2001; 국가환경성평가지표 개발·적용연구, 환경부, 20■
Toward Sustainable Development, OECD, 1998

② OECD 지속가능한 거버넌스 지표(Sustainable Governance Index)

2011년 OECD의 지속가능한 거버넌스 지표는 종전의 지속가능한 ■
전지표(sustainable development index)를 개선한 것으로 지속가능한 정책■
입안을 돕고, 정부와 시민사회 행위자 간 상호작용을 활성화하기 위한 전■
으로 만들어졌다(SGI report, 2011: 7). 독일 뮌헨대학교(University of Munic■
에 의해 개발된 2011년 버전은 상태지표와 관리지표로 구분되며, 각 항■
의 첫 지표는 국민설문조사를 통해 정책의 현실을 담아내고자 하였다.

상태지표는 민주주의의 질과 정책 성과로 구분된다. 민주주의 질에■
선거과정, 정보 접근성, 시민권, 법 규정이 포함된다. 정책성과는 다시 ■
제와 고용, 사회문제, 안전, 자원으로 나누어지고 각각 하위 지표로 구■
된다. 구체적인 지표 내용은 [표 4-3]과 같다. 관리지표는 크게 행정역■
(Executive Capacity)과 책임성(Executive Accountability)으로 구분되며, 행정■

표 4-3	OECD: 지속가능한 거버넌스 지표(SGI, 2011)

	항목	측정지표
민주주의 질	선거과정	입후보절차, 미디어접근성, 표 및 등록 권한, 정당 자금력
	정보접근성	미디어 자유(정부로부터의 독립성), 미디어 다원주의, 정부 정보의 접근성
	시민권리	시민권리, 정치 자유를 위한 정부의 인정 및 보호, 비차별성(성적, 물리적 능력, 민족, 사회적 지위, 정치적 견해 또는 종교)
	법에 의한 지배(법규)	법적 확신(법적 확실성을 제공하기 위한 기초 및 법적 조항에 따른 행동; act on the basis of and in accordance with legal provisions to provide legal certainty), 법적 검토(법을 기반으로 한 정부 및 행정행위의 적합성 여부), 정의의 약속(판사지명과정에서의 사법부 독립성), 부패방지(공직보유자의 직위 악용의 예방; public office holders prevented from abusing their position for private interests), 법규, 부패통제
경제 및 고용	경제	국제경쟁력 육성 및 신뢰할 수 있는 경제 프레임워크(framework)를 제공하는 경제정책, 1인당 GDP, 인플레이션, 제품(product) 시장규제, 경쟁성
	노동시장	노동시장정책(실업을 보완할 수 있는 노동시장 정책의 유효성), 실업, 장기실업, 청년실업, 저숙련 실업, 고용률, 활성 LMP 강도
	기업	혁신, 기업가 정신, 경제적 경쟁력 육성, 민간투자 유치를 성공케 하는 기업정책, 기업규제, 단위 노동비용, 기업투자, 기업 에너지 소비, 순이익률
	세금	주식 경쟁력, 충분한 공공수익을 담보하는 과세정책, 탈세, 한계세금부담(개인), 한계세금부담(기업), 세제 복잡성, 총 세금율
	예산	재정지속가능성의 목표를 구현하는 예산정책, GDP 부채(debt-to-GDP), 순부채비율, 부채이자비율, 예산통합, 은행건전성
사회	보건 관리	보건정책의 효율성과 효과성, 개인 대비 공공 건강관리 지출비용, 약제비 지출, 예방 및 건강프로그램 지출, 건강관리 지출대비 기대수명, 유아사망률
	사회통합	사회통합정책의 유효성, 빈곤, 삶의 만족, 교육을 받지 않은 무직 청년(youth not in education and unemployed), 지니 상관계수, 성 평등, 사회 및 정치 참여
	가족	여성의 육아 및 노동 참여를 동시에 가능케 하는 가족지원정책, 보육밀도(child care density), 아동빈곤, 출산율, 가족지원정책 지출비용
	연금	연금정책, 연장자 고용(older employment), 노인 빈곤, 의존비율(dependency ratio), 공공연금 적용범위(public pension coverage)
	통합	문화, 교육, 사회정책이 사회통합에 미치는 영향력, 외국 태생 2차 공적 보조(Foreign-born Secondary Attainment), 외국 태생 3차 공적 보조(Foreign-born Tertiary Attainment), 외국 태생 실업률, 외국 태생 기본 고용률
안보	외부 안보	외부 안보정책, 갈등(Conflicts Fought), 이웃 국가와의 관계
	내부 안보	국가 내부보안 정책의 위험에서 국민을 보호하는 정도, 살인율, 강도(Burglaries and Robberies), 경찰서비스의 신뢰성, 범죄비용
자원	환경	지속가능한 천연자원, 환경질의 보존 및 보호 가능한 정책여부, 에너지강도, CO_2 배출량, 에너지믹스, 수자원 사용, 폐기물 관리
	연구 및 혁신	새로운 제품창출 및 기술혁신을 지원하는 기술 및 혁신정책, 공공 R&D 지출, 산업 R&D 인력, 과학기술 학위, 특허(Triad Patents), 컴퓨터 및 인터넷 접속률
	교육	높은 질, 효율적이고 평등한 교육 및 훈련, 2차 교육 이상 참여인구(고졸 이상 인구; upper secondary attainment), 3차 교육 이상 참여인구(대졸 이상 인구; upper tertiary attainment), 평생교육, PISA 결과, 취학 전 교육(Pre-primary Education)

량에는 운영역량, 정책집행, 조직학습, 그리고 책임성에는 시민, 법률, 미디어, 정당, 이해관계자 그룹을 포함하는 연계조직이 포함된다.

③ OECD 삶의 질 지표(Your Better Life Index)

OECD는 과거에 구축된 삶의 질 지표가 궁극적으로 인간의 삶의 질을 개선하기에는 한계가 있다고 판단하여 2012년에 총 34개 OECD 회원국을 대상으로, 교육, 환경, 보건, 주거, 노동시간, 수입, 수질, 성(性), 불평등을 포함하여 11개 항목에 총 24개 삶의 질 지표를 완성하였다.

(3) EU 지속가능한 개발 지표(2011)

EU의 지속가능한 개발 지표(SDS)는 아젠다 21에 뿌리를 두고 있다. 2001년 최초 협약 이후 2006년 7월에는 EU의 장기적 비전을 담은 지속가능한 발전계획 개정안을, 2010년에는 유럽2020을 발표하였다. 2006년 개정안에는 아젠다 21의 40개 챕터를 주요 기반으로 통계적 지표와 모니터링 과정의 중요성, 글로벌 파트너십과 거버넌스 항목을 지표화하였다(Inna Šteinbuka et al., 2007: 1). 이를 토대로 2011년에는 환경보호, 사회평등 및 통합, 경제번영, 국제적 책임성에 지속가능성 개념을 삽입하여 환경, 경제, 사회 중에서도 환경에 중점을 둔 지표를 구축하였다. 지표는 단계에 따라 주요지표, 일반 정책 성과지표, 정책평가 효율성을 측정하는 세부지표 등 계층적으로 분류된다. 주요 지표는 지속가능한 전략의 주요 과제와 연관된 모든 개체를 모니터링 하도록 설계되었고, 최소 5년 이상 EU 국가들이 가장 많이 이용한 적실성 있는 지표를 대상으로 선정하였다.

2011년 개정안은 2006년 지표와 같이 10개 항목의 형태로 1~3단계의 계층으로 구분되며, 사회경제개발, 지속가능한 소비 및 생산, 사회통합, 인구통계학적 변화, 공공보건, 기후변화와 에너지, 지속가능한 운송, 천연자원, 바람직한 협치(good governance), 글로벌 협력(global partnership)을 포함한다(Eurostat, 2011: 34). 종전의 지표와 달라진 점으로는 빈곤퇴치가 사회통합 내에 포함되었다는 것, 고령화뿐만 아니라 출생률 감소가 경제성장에 미치는 영향을 인구통계학적 변화로 고려하였다는 것, 운송으로 인한

표 4-4	OECD: Your Better Life Index(2012)	
항목	**측정지표**	**정의**
주거	1인당 방의 개수	거주지 전체 방 개수 / 거주인 수
	주거 지출	순 가처분소득(주택 및 주택유지보수 / 최종지출)
	기본적인 주거시설 (dwelling with basic facilities)	실내 세정 화장실을 갖지 않은 주거비율
수입	가계 가처분 소득	소득(자본재 감가상각의 순이익; net of the depreciation of capital goods), 재산 등 가구유지에 사용된 모든 비용
	가구 재정 부(Household financial wealth)	각종 금융자산(현금, 채권, 주식)
직업	고용률	15~64세 고용인구
	장기 실업률	적극적인 일자리 검색 의향이 있는 1년 이상 실직인구
	개인 수입	정규직 개인 연간 수입
	직업 안전(Job security)	6개월 미만의 직장 고용(share of dependent employment with job tenure of less than 6 months.)
공동체	지원네트워크 품질 (Quality of support network)	문제발생 시 의지할 수 있는 친척, 친구, 이웃 등 인구 비율
교육	교육 달성 (Educational attainment)	OECD-ISCED 분류에 의해 정의된 최소한 2차교육(고 졸) 학위(at least an upper secondary degree)를 가지고 있는 25~64세 성인 인구 비율
	교육연수	5세 어린이 기대 정규교육 연수(average duration of formal education in which a five-year old child can expect to enrol during his/her lifetime.)
	학생들의 수학, 독해(reading), 과학 능력	OECD 국제학생평가(PISA) 점수
환경	대기오염	10만 이상 인구 거주 도시의 PM_{10}, $PM_{2.5}$ 비중
	수질	주민 수질 만족도
시민참여	유권자 투표율(Voter turnout)	18세 이상 선거 투표율
	제정 협의(Consultation on rule-making)	제정과정의 개방성 및 투명성, 파급력
건강	기대수명	출생시기에 따른 기대수명
	건강 자가보고	자가 건강설문
삶의 만족	삶의 만족	각국의 Cantril ladder(also referred to as the Self-Anchoring Striving Scale) 평균값 0: 최악 / 10: 최상
안전	살인율(Homicide rate)	매년 10만 명당 의도적인 살인사건의 수(UNODC data)
	폭행률(Assault rate)	연간 폭행 피해율(from Gallup World Poll)
노동-삶 밸런스 (Work-life balance)	장시간 근무 노동자	주 50시간 이상 노동인구
	여가 및 개인시간	일상생활 여가 및 개인관리 시간

| | 표 4-5 | EU 지표체계(2011) |

항목	주요지표	세부지표
사회 경제 개발	경제개발	기관부문의 투자, 주민당 지역 GDP의 분산, 순국민소득, 가구절약률(household saving rate)
	혁신, 경쟁력 및 환경효율성	시간당 실제 노동생산 성장, R&D 지출, 에너지 강도(energy intensity of the economy), 혁신 거래액(turnover innovation)
	고용	총 고용률, 성별 및 교육수준별 고용률, 지역 고용분산률, 성별 및 연령별 실업률
지속 가능한 소비 및 생산	자원 사용 및 낭비	거주지당 국내자원 소비량, 국내 자원소비 구성요소, 시 폐기물 처리
	소비패턴	유해 폐기물의 생성, 유황 산화물의 배출량, 질소산화물의 배출량, 비 메탄 휘발성 유기화합물의 배출, 엔진률(Motorisation rate; car ownership)
	생산패턴	환경관리시스템 기관 및 부지, 에코 라벨 라이센스(eco-label license), 유기농 농경 면적
사회 통합	경제적 빈곤과 삶의 상태	빈곤의 지속도, 성별, 나이별, 거주형태별 가난의 비율, 빈곤율의 중앙값(median) 차, 소득 분배의 불평등
	노동시장으로의 접근	가구 내 낮은 노동강도 인구, 직장 내 빈곤율, 장기실업률, 성별 급여 차
	교육	교육연수 및 정도, 교육수준에 따른 빈곤율, 나이별 저교육 수준 비율, 평생교육비율, 개인의 컴퓨터 및 인터넷 기술
인구 통계학적 변화	인구통계학	노인 고용률, 65세 기대수명, 출산율, 순이민증가율
	노인 수입 적절도	65세 전후 수입비교, 65세 이상 빈곤율
	공적 자금 지속성	정부 빚, 노동시장 평균적 탈출 연령대
공공 보건	건강 및 건강불평등	만성질환에 의한 사망률, 65세 이상의 건강 및 기대수명, 자살률, 수입 사분위에 따른 건강검진 및 치료 자가보고
	건강의 결정	독성 화학물 생산지수, 특정 원인에 의한 공기오염에 노출된 도시 인구, 오존에 의한 노출, 소음에 의한 노출
기후 변화와 에너지	기후변화	온실가스 배출량, 총 에너지 소비량 중 재생에너지의 사용비율, 국제 표면 평균 온도 편차
	에너지	에너지 의존도, 연료에 따른 에너지 소비량, 수송의 연료소비 중 재생에너지의 비율, 잠재적인 에너지 세금 비율
지속 가능한 운송	수송 및 기동력	여객 운송의 종류, GDP 기준 화물운송 정도, GDP 기준 여객운송의 크기
	수송 충격(효과)	운송종류에 따른 온실가스 배출량
천연 자원	종 다양성	새의 종 다양성, 어종 다양성
	신선한 수자원	표면 및 지하수 자원 이용률, 도시 물 소비량
	해양 생태계	고깃배(Fishing fleet), 전체 엔진력(Total engine power); fishing capacity
	토지 사용	숲의 나무 수축에 의한 토지손상, 숲의 증가에 따른 만족도
글로벌 협력	무역 글로벌화	EU 국가 대비 개발도상국 수출 및 수입률
	지속가능한 발전을 위한 자금	개발국가를 위한 자금, 개발도상국에 대한 직접투자율, 수입 그룹에 따른 공적개발원조
	글로벌 자원 관리	거주민당 CO_2 배출량, 물공급 위생에 대한 지원
바람직한 협치	정책일관성 및 효과성	정책 범위에 따른 EU법 시행정도
	개방성 및 참여	온라인 전자정부 이용률, 개인의 전자정부 사용률
	경제적 도구	총 세금 중 환경 및 노동세의 비율

오염물질 배출을 줄이고 유기농 농산품의 생산 및 소비를 권장하기 위해
지속가능한 발전을 도입하였다는 점이다(Eurostat, 2011: 122, 165).

(4) 영국 지속가능성 지표(2012)

영국은 2003년 정부차원의 지속가능성 지표를 개발한 이래, 2005년
부터 2010년까지 68개 지표를 새롭게 구성하였다.

표 4-6 영국 지속가능성 주요지표 및 추가지표(2012)

	항목	기존지표	항목	추가지표
경제	경제적 번영	GDP	인구통계학	총인구, 노동인구
				거주인구
		1인당 GDP	부채	GDP 대비 공공분야 순부채율
		가구소득	연금규정	총 직업 연금제도 회원 수
	장기실업	12개월 이상 실업상태에 있는 16~64세 인구비율	물리적 사회시설	총 유형자산에 의해 측정된 실질 물리적 자본금
	가난	사회적 유동성 전략 고려, 어린이 가난 전략 및 국가 웰빙 측정	기후변화 적응	개발되어야 함
	지식 및 기술	노동인구 1인당 지식 및 기술의 가치	환경재 및 환경서비스 분야	저탄소의 및 환경재, 환경서비스 판매 가격
사회	건강과 기대수명	건강 기대 수명	피할 수 없는 죽음	인구 10만 명당 평균 사망인구(자연사)
	사회자본	개발되어야 함(사회자본은 소셜네트워크, 커뮤니티, 문화행위 및 참여, 신뢰, 공유된 가치와 이념을 포함해야 함)	비만	어린이 및 성인의 비만율
			라이프 스타일	개발되어야 함
	성인인구 사회적 유동성 (Social Mobility in Adulthood)	선(先)세대 대비 고소득 직업에 고용된 노동인구비율 (Proportion of working-age population employed in higher-level occupations by social background, using father's occupational group)	소아 건강	2.5kg 이하로 태어난 아이의 비율 및 원인
			공기질	도시 및 시골(rural)지역 공기오염 지속일수
			소음	개발되어야 함; 소음에 영향을 받는 인구 수
	주택공급	주택 순 증가	빈곤	연료빈곤 가구 수
환경	국내 생성된 온실가스	이산화탄소 및 온실가스 방출량	CO_2 배출량	분야별(에너지공급, 기업, 교통, 거주민) CO_2 배출량
			신재생 에너지	총 에너지 소비 중 신재생에너지의 비율
	국내 소비에 의한 온실가스	생산 또는 소비된 재화 및 서비스로부터 방출된 이산화탄소 양	가구 에너지 효율	기존 및 신규 가구(existing and new housing) 에너지 효율 비교
			폐기물	모든 분야(가구 포함)에서 처리된 폐기물의 양

천연자원 사용	GDP 및 비건설 분야 자원 소비 (Raw Material Consumption in non-construction sectors and GDP)	토지사용 및 개발	개발되어야 함; 토지사용비율
		식품 원산지	국내 생산 대비 외국 식품 원산지 비율
야생동물 및 종 다양성	새의 종 분포(Bird Index)	강 수질	개발되어야 함
수자원 이용	개발되어야 함. 강물 추출 관리의 평가에 의한 수자원 이용.	어획량	지속적인 어획량 및 어종의 생식력 (fish stocks harvested sustainably and at full reproductive capacity)
		종 서식 상태	개발되어야 함; 생물 종 서식비율 증 감도, 서식지 평가

이전 지표가 전반적인 수준(level)을 중요시하였다면, 신규지표에는 정책수혜자가 불평등에 어떻게 영향을 받는가를 고려하여 사회적, 경제적, 환경적 불평등에 관한 지표를 포함하였다는 점이 특징이라고 할 수 있다 (DEFRA, 2012: 9). 전체 지표는 경제, 사회, 환경 분야 12개 주요 지표와 2개의 세부지표로 구성되어 있다. 특히 세대 간 웰빙(inter-generation wellbeing)의 경우 현세대뿐만 아니라 미래세대와의 조화를 위한 환경복지의 개념을 포함하였다는 점에서 시사하는 바가 크다.

(5) 캐나다 웰빙지수(Canadian Index of Wellbeing: CIW)

GDP와 같은 경제지수가 캐나다인의 실제 삶의 수준을 반영하지 못한다는 문제의식에서 만들어진 캐나다 웰빙지수는 1994년 첫 측정 이래 18년의 역사를 지녔다. CIW는 8개 항목 64개의 주요 지표로 지역사회 저속력, 민주참여, 교육, 환경, 건강인구, 여가와 문화, 삶의 수준, 시간활동으로 구성되어 있다. 특히, 이러한 지표들을 조합하여 새로운 복합지표를 측정 가능하도록 범주화하였다는 것이 강점이라고 할 수 있으며, 종합지수처럼 수치의 상승과 하락 등을 통해 캐나다인들이 향유하고 있는 현재의 웰빙수준을 가늠할 수 있다는 점이 특징이다. 실제 2009년과 2010년 캐나다의 GDP는 교육, 커뮤니티 지속력, 민주참여와 함께 상승곡선을 이루고 있으나 CIW는 건강인구, 삶의 질, 여가 및 문화, 환경과 함께 하락세를 보이고 있다(CIW Report, 2012: 2). 그러나 CIW 지표의 난점으로는 측정가능한 지표만큼 측정하기 어려운 지표의 수가 많다는 것이다. 가령 '지역사회

생명력' 부문의 다양성에 대한 인정, 이타주의, 소속감 정도는 개인의 주관적인 평가에 따라 결과가 상이하게 나타날 수 있는 지표들이다. 또한 환경분야의 경우 환경개발 및 시장을 매체와 함께 혼용한 점도 독특하다고 할 수 있다.

(6) 해외 환경복지 유관 지표의 특징

이상에서 살펴본 지속가능성 지표와 삶의 질 지표들은 상대적으로 측정이 용이한 경제지표 외에 사회 및 환경분야를 포함하여 지속가능한 발전을 구상하거나 삶의 질을 높이기 위한 노력을 기울였다고 할 수 있다. 이러한 지표는 대체로 경제적인 풍요로움이 반드시 삶의 질 개선을 수반하지 않는다는 인식에서 시작되었다고 볼 수 있다. 또한 각각의 지표들은 시대상을 반영하여 정책의 우선순위를 알게 해주며, 대부분의 개발도상국은 선진국 지표를 활용하여 자국의 모델을 개발하여 사용하고 있다.

경제분야 지표에는 주로 1인당 GDP, GRDP 등 소득수준을 대표하는 객관적 지표가 포함되어 있고, 사회분야 지표에는 형평성, 건강, 공공보건, 거버넌스 등이 포함되어 있는데 필요와 목적에 따라 분화 수준에 차이가 있을 뿐 큰 틀에는 변화가 없는 것으로 나타났다. 그러나 환경부문 지표의 경우 환경매체를 바탕으로 피해를 최소화하려는 초기지표에 비해 후기지표는 환경문제에 대한 시민참여를 유도하거나 저탄소성장 등 차세대 산업비전이 포함된 지표가 추가되었으며, 환경오염 또는 환경재난의 피해구제를 위한 행정체계와 복지서비스 개선, 궁극적으로 지속가능한 발전 또는 삶의 질을 개선시키기 위한 목표가 새롭게 포함되었다.

2. 환경 및 보건 분야 국내 지표

지역사회 환경보건 평가방안 연구(국립환경과학원, 2007~2009)는 건강에 대한 관심과 환경오염으로 인한 질환이 심각해지면서 국가적 차원에서 환경유해요인이 건강영향에 미치는 요인을 평가하고자 진행되었다. 국제적으로 활용되고 있는 DPSEEA 모델을 활용하여 1차연도에는 대기질, 수질,

실내공기, 소음 등 7개 분야 45개 환경보건지표가 선정되었고, 2차연도에는 지표 제안방법, 핵심지표선정방법 및 실행가능성평가를 고려하여 20개의 파일럿(pilot) 연구대상 지표를 선정하였다(국립환경과학원, 2010: 2). 3차연도 사업은 2010년에 개발된 20개 지표를 활용하여 국내의 환경보건 수준을 평가하고 선진국과 비교·평가하는 데 목적을 두었다. 그러나 지표의 근거가 매체자료로만 구성되어 있어, 생체 유해농도와 관련된 식품 및 위생분야, 민감 집단에서의 생체노출 농도 등의 지표가 추가로 개발되어야 한다는 점이 한계로 제시되었다(국립환경과학원, 2010: 169).

환경보건지표의 발굴 및 개발에 관한 연구(국립환경과학원, 2010)는 지역사회 환경보건 평가방안 연구를 확장시킨 것으로, 국민의 환경보건 상태를 측정하고 평가하며 환경보건정책을 추진하기 위한 환경지표를 발굴하는 것을 목적으로 하였다. 이 연구는 기존연구에서 탈락한 지표를 재검토하여 실행가능성이 있는 지표, 준비는 되어 있으나 실행가능성이 낮은 지표, 추가 연구조사가 필요한 지표로 세분화하였다(국립환경과학원, 2010: 11). 또한 환경보건지표를 확대하여 신규지표를 선정하고, 어린이지표에 대한 논의를 추가하였으며, 환경보건지표 개발 프로세스 개선방안을 마련하였다(국립환경과학원, 2010: vi). 국가 및 지역단위 환경보건 평가 연구(국립환경과학원, 2011)는 2010년 자료를 바탕으로 대기, 실내공기, 기후변화, 화학물질 4개 분야 10개 지표를 전국단위로 산출한 후 국내 환경보건 수준을 측정하고 지역 간 국가 간 환경보건상태를 비교하였다. 또한 어린이환경보건지표에 대해 실행가능성 평가를 실시하고 파일럿 연구를 통해 지속성과 효율성의 관점에서 신규지표를 개발하였다(국립환경과학원, 2011: 1). 지역 간 비교 결과 화물운송으로 인한 석유 소비는 경기, 서울, 경북 순이었고, 청소년 천식 발병률은 2006년 대비 감소했으나 알레르기성 비염 유병률은 증가하였다. 또 기후변화로 인한 감염성 질환은 증가하였고, 화학물질 유통량이 증가한 반면 배출량은 2004년 이후 지속적으로 감소하였다(국립환경과학원, 2011: 38). 한편, 국가 간 비교 결과 OECD국에 비해 1인당 대기오염물질 배출량은 높은 수준이었고 청소년 천식 유병률은 ISAAC 참여국 평균보다 낮았으며, 알레르기는 높은 수준을 나타내었다(국립환경과학원, 2011: 39).

고재경 외(2012)는 경기도를 대상으로 환경오염 피해가 모든 사람에게 동등하게 발생하지 않고 환경약자에 집중되기 때문에 환경복지 불평등 현상이 나타난다고 주장한다. 이 연구는 환경질과 환경서비스의 지역 간 격차가 크고 환경약자가 환경피해를 입을 확률이 더 높으며 환경서비스 비용 부담자와 수혜자의 불일치로 사회갈등이 일어남을 보여주고 있다(국립환경과학원, 2012: 6-13). 이를 개선하기 위해서는 환경약자를 고려한 정책과정을 형성하고 환경서비스 형평성을 구현하기 위한 정책을 개발하며, 적절한 지표를 선정하여 정기적으로 평가함으로써 지역-계층 간 격차를 줄여야 함을 제시한다. 또한 환경복지 사업으로 취약계층 일자리를 창출할 것을 주장한다(국립환경과학원, 2012: 14-18). 환경복지 관련 주요 지표로 상·하수도 보급률, 대기질, 에너지보급률, 자연재해 피해규모, 1인당 도시공원 면적, 환경성질환 유병률, 기초생활수급자 비율 등을 제시한 바 있다.

황규선(2012)은 경제, 사회복지, 교육문화, 보건의료, 생활기반 및 환경 등 5개 영역으로 강원행복지수를 측정하여 여타 광역자치단체와 비교하였다. 1인당 GRDP, 복지예산비율, 기초생활수급자비율, 유병률, 상하수도 보급률, 공원조성 면적 등을 비교·분석한 결과, 경제영역에서는 울산 1위, 부산 최하위, 사회복지는 대전 1위, 인천 16위, 의료보건에서는 서울 1위, 경북 최하위, 생활기반 및 환경은 인천 1위, 광주가 최하위로 나타났다. 행복지수 종합순위는 서울이 1위이며 부산이 최하위를 기록하였다. 본 연구는 객관적 지표를 활용하여 타 광역지자체와의 비교를 실시했다는 점에서 의의가 있다.

표 4-7 환경보건지표 구성체계[2]

평가항목	환경보건지표(출처)	필요자료내역	산출방법
먹는 물·지하수의 건강위해도(발암물질, 비발암물질), 음용수 기준 초과치 및 초과율	먹는 물 수질(환경부, 보건환경연구원 각 시도 상수수질 평가위원회)	먹는 물 수질기준, 먹는 샘물기준, 정수관리기준, 약수 등 음용수 관리기준 등의 안전기준, 지하수 수질기준 약수의 음용수 수질기준, 상수처리 관계법	음용수 수질기준 초과치(최고, 최저 및 평균) 및 초과율(%)
	안전한 음용수(Health advisories)	국민 물 섭취량, 노출량 평가자료 유해화학물질의 독성자료 선진 각국의 허용농도(ADI)	유해물질 노출량 계산 =현 오염도 수준×음용수 섭취량/평균체중
대기오염물질 배출량	대기오염물질 입자상 오염물질, 유해성 대기오염물질 배출량(환경부, 국립환경과학원 대기정책지원 시스템 CAPSS)		SO_2, primary PM_{10} and $PM_{2.5}$, NOx, CO, NMVOC 입력지표
	통합대기환경지수(환경부, 국립환경과학원)		백분율
주거지역 소음 배출업종 거리 격차	대규모 산업단지 인근지역(국토지리원 환경부, 통계청)	대규모 산업단지 내 소음 정도 고려	거주인구 백분율
고온건강경보 시스템 실시	고온건강경보시스템 실시(광역지자체)	지역별 고온건강경보시스템 가동 여부	
기상재해피해 대응 프로그램 실시	기상재해피해 대응 프로그램 실시(소방방재청 광역지자체)	지역별 홍수 조기경보시스템, 기술적인 대책, 인명구조, 대처요령 등	
관리자재 건축자재 사용시 오염물질 방출량	건축자재 오염물질 방출 규제(환경부)	관리대상 건축자재 목록화 건축자재에서 관리되는 오염물질	관리대상 건축자재와 그에 따라 적용하는 오염물질의 수를 곱한 값
가구 내 위생장비	주거위생(통계청, 인구주택 총조사)	위생시설이 부족한 주택/인구수 (화장실, 샤워기, 음식 저장시설, 조리시설)	
라돈노출정도	주택 내 라돈활성 농도 연평균	라돈 수준 범주의 라돈이 발견되는 주택수/전체 주택 수	
어린이 천식과 알레르기 유병률	어린이 천식과 알레르기 유병률(국민건강영양조사)	연령 그룹에 따른 천식 또는 알레르기 증상을 가진 어린이 수 연령그룹에 따른 거주하는 전체 어린이 수	• 각 그룹에 따른 천식진단 받은 환자수/전체인구×1,000명 • 각 그룹에 따라: 천식 어린이 수/전체 어린이 수 • 최소 1번 알레르기를 경험한 어린이 수/전체 어린이 수
15세 미만 소아의 아토피성 피	15세 미만 소아의 아토피 피부염 발생 특이양상(국	연령별 아토피 피부염 진료자료(건강보험 청구자료)	발생률, 유병률

2) 본 환경보건지표는 「지역사회 환경보건 평가방안 연구-Ⅲ(2010)」을 참조하여 본 연구와 관련성이 크고 이용 가능한 지표를 재구성한 자료이다.

부염 발생률	민건강보험공단)	전국 및 시군구 단위 연령별 인구	
홍수 등 자연재해로 인한 사망자수/사망률	홍수 등 자연재해로 인한 사망자수/사망률(기상청, 소방방재청)	홍수발생일, 홍수규모, 발생 사망자 수	해당지역 인구 10만 명당 사망률
이상기온과 관련된 초과 사망자 수	이상기온과 관련된 초과 사망자수/ 사망률(기상청, 통계청)	지역별 기상자료(온도, 습도, 풍속) 지역별 사망(원인)자료	
수인성 매개질환 발생률	수인성 질병 발생 수 (질병관리본부, 통계청, 환경부)	수인성 질환 발생건수	• 수인성질병의 이환율 =특정기간동안 새로운 환자 발생수×1000/특정기간 중 위해노출 인구수 • 수인성질병의 유병률 =특정기간동안 환자수 ×1000/ 총인구수

표 4-8   환경지표 및 범위에 관한 선행연구

연구제목 및 저자/연도	연구방법	연구내용
국립환경과학원 (2007-2010), 지역사회 환경보건 평가 방안 연구	DPSEEA 모형 활용, 문헌분석, 전문가조사	1차연도 선진국의 환경보건지표개발사례 및 국내 현황조사, 2차 연도 사업에서는 지표 제안방법, 핵심지표선정방법 및 실행가능성 평가를 고려하여 20개의 파일럿 연구대상 지표를 선정, 3차연도 사업은 이를 활용하여 국내의 환경보건 수준을 평가하고 선진국과 비교·평가
국립환경과학원(2010), 환경보건지표의 발굴 및 개발에 관한 연구	문헌연구 및 외부전문가 조사	지역사회 환경보건 평가방안 연구의 확장으로서 기존연구에서 탈락한 지표를 재검토하여 실행가능성이 있는 지표, 준비는 되어 있으나 실행가능성이 낮은 지표, 추가 연구조사가 필요한 지표로 세분화
국립환경과학원(2011), 국가 및 지역단위 환경보건 평가 연구	환경보건지표 산출 결과를 토대로 국내 16개 광역시도의 환경보건수준을 비교	대기, 실내공기, 기후변화, 화학물질 4개 분야 10개 지표를 전국단위로 산출한 후 국내 환경보건 수준을 측정하고, 지역 간 국가 간 환경보건상태를 비교, 어린이환경보건지표에 대해 실행가능성 평가를 실시, 파일럿 연구를 통해 지속성과 효율성의 관점에서 신규지표 개발
고재경(2012), 환경복지정책의 필요성 및 정책추진방향	문헌연구, GIS분석	경기도를 대상으로 환경복지개념을 정립하고 주요지표로 상·하수도 보급률, 대기질, 에너지보급률, 자연재해 피해규모, 1인당 도시공원 면적, 환경성질환 유병률, 기초생활급자 비율 등을 제시
황규선(2012), 강원도 행복지수 작성을 위한 기초연구	문헌연구, 통계자료 분석, 전문가자문	경제, 사회복지, 교육문화, 보건의료, 생활기반 및 환경 등 5개 영역으로 강원행복지수를 측정하여 여타 광역자치단체와 비교 분석한 결과 행복종합지수는 서울이 1위, 부산이 최하위로 나타남

제 2 장 환경복지모형 잠재지표 개발

1. 환경복지모형 개관

　복지(welfare)의 사전적 정의는 well(자기의사에 따른 적절하고 충분히)과 fare(살아가다, 되어가다)로 이루어진 언어로서 '사람들의 만족상태와 행복도'를 의미한다. 복지개념을 사회과학에서 보편적으로 사용되기 시작한 것은 피구(Pigou)의「복지(후생) 경제학」발간 이후이다. 피구는 경제학의 목적을 복지의 총화(總和)를 증진시키는 것으로 보았으며, 경제적 복지는 ① 국민소득이 증대할수록 ② 국민소득이 안정될수록 ③ 국민소득이 평등하게 될수록 증진한다고 간주했다. 또한, 피구는 경제 외적인 복지도 경제적 복지와 같은 방향으로 움직인다고 가정하였다. 프리드랜더(Friedlander)는 복지개념의 사전적 정의와 피구의 정의를 결합하여 사회복지의 기본적 가치관을 ① 개인존중의 원리 ② 자발성 존중의 원리 ③ 기회균등의 원리 ④ 사회연대의 원리로 설명하고 있다.

　한편, 윌렌스키(Wilensky)와 르보(Lebeaux)는 사회복지의 개념을 '잔여적', '제도적'인 것으로 구분하고 있다. 잔여적 개념의 복지는 사회기능의 정상적 공급원으로서의 가족이나 시장경제가 제 기능을 원활히 수행치 못할 경우에 파생되는 문제를 보완 내지 해소하기 위한 제도로서 필요하다고 보는 것이다. 제도적 개념은 현대의 산업사회에서 가족과 시장경제제도는 온전히 운영될 수 없으므로 원조기관이 제도적 지위를 획득하게 되며, 산업화가 진전됨에 따라 제도적 모형의 사회복지가 더 우세하게 될 것으로 보고 있다(김상균 외, 2007).

　환경복지정책의 목적은 환경재화 및 서비스 접근성, 환경안전 및 환경보건 등에서 모든 국민이 공평하게 향유할 수 있는 일종의 '환경복지최저기준'을 확보하여 궁극적으로 전 국민의 삶의 질을 개선하는 데 있다. 따라서 환경복지정책의 기본방향은 첫째, 환경재화와 환경서비스에 대한 계층 간, 지역 간 격차를 해소하고 공평한 분배를 보장하며, 둘째, 사회경제적·환경적 취약지역과 취약계층에 대한 지원을 강화하여 환경재화와 서비스의 결핍상태를 완화하는 데 있다.

선행연구에서 살펴본 것과 같이 경제분야 지표에는 주로 1인당 GDP, GRDP 등 소득수준을 대표하는 객관적 지표가 포함되어 있고 사회분야 지표에는 형평성, 건강, 공공보건, 거버넌스 등이 포함되어 있는데, 필요와 목적에 따라 분화의 수준에 차이가 있을 뿐 큰 틀에는 변화가 없다. 그러나 환경분야지표의 경우, 환경매체를 바탕으로 피해를 최소화하려는 초기지표에 비해 후기지표는 환경문제에 대한 시민참여를 유도하거나 저탄소성장 등 차세대 산업 비전이 포함된 지표가 추가되었다. 그리고 환경오염 또는 환경재난의 피해구제를 위한 행정체계와 복지서비스 개선, 궁극적으

그림 4-1 환경복지모형

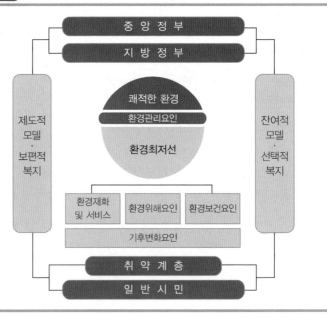

로 지속가능한 발전 또는 삶의 질을 개선시키기 위한 목표가 새롭게 포함
되었다. 이러한 복지 개념과 삶의 질 개선을 위한 환경권의 개념을 결합하
면 [그림 4-1]과 같은 환경복지모형을 도출할 수 있다.

'환경복지모형'은 서비스 공급 및 관리주체와 각 영역별 세부지표로
이루어져 있다. 첫째, 환경복지영역은 환경복지 최저기준을 담보하기 위한
환경재화 및 서비스, 환경위해요인, 환경보건, 그리고 환경복지 최저기준
이상의 쾌적한 환경을 제공하고, 환경에 대한 참정권을 보장하기 위한 환
경만족도로 구성되어 있다.

둘째, 환경복지영역의 세부지표는 UNCSD, OECD, 국가지속가능성
지표(지속가능발전위원회), 환경보건평가지표(2007~2009), 종합복지지수(보건
사회연구원, 조선일보) 등의 기존지표를 종합적으로 검토하여 환경복지개념과
부합하는 지표를 선정하고 신규지표를 추가하는 방식으로 구성하였다. 유
사한 기존 지수의 경우 환경질을 물리적으로 구분하여 평가하거나 지수의
개념에 따라 지표를 구성하였으나, 본 지표는 관리주체를 고려하여 구성함
으로써 환경의 질에 대한 단순 평가가 아니라 정책적으로 유의미한 시사
점을 도출할 수 있도록 역점을 두었다.[3] 환경복지측정지표의 최종 선정은
전문가 조사를 통해 평가항목지표의 적실성 여부와 우선순위에 대한 가중
치를 조사하여 확정한다.

셋째, 서비스 수요자는 일반시민과 취약계층으로 구성된다. 그리고
서비스공급자는 중앙정부와 지방정부로 양자 모두 보편적 환경복지서비스
와 선택적 환경복지서비스를 제공한다. 중앙정부는 국제적 또는 지역 간
비교의 필요성이 있는 지표를 주로 관리하고, 지방자치단체는 기업이나 개
인 등 근접성에 의해 직접 감독이 필요한 지표를 관리한다. 환경복지서비
스는 중앙정부가 관리·제공하는 보편적 환경복지서비스와 선택적 환경복

---

[3] 환경보건평가지표는 공기질(실외, 실내), 기후변화, 폐기물, 소음, 수질, 화학물질, 주
거, 교통사고, 방사능, 농약 등으로 구성된다. 지속가능성 지표(지속가능발전위원회)
는 사회 및 건강 부문, 국토 및 자연 부문, 산업 및 에너지 부문, 지속가능발전이행,
갈등조정 지표를 포함하며, 종합복지지수(보건사회연구원, 조선일보)는 경제활력, 재
정, 복지수요, 복지충족, 국민행복으로 구성된다.

지서비스, 지방정부가 관리·제공하는 보편적 환경복지서비스와 선택적 환경복지서비스의 4가지 유형으로 구분될 수 있다. 각 영역의 하위구성요소는 다음과 같다.

(1) 환경재화 및 서비스

환경재화는 국민의 삶에서 기본이 되는 재화로 헌법과 환경법에서 모든 국민이 쾌적한 환경에서 생활할 권리를 보장하고 있다. 이러한 재화와 서비스는 국민의 기본적인 환경권 보장을 위하여 지방정부나 중앙정부를 통해 관리되어야 한다. 하위요소로는 수질(안전한 식수), 공기질, 토양을 포함한다.

(2) 환경위해요인

환경위해요인은 환경유해물질, 폐기물, 소음 등 그 자체로 인체에 유해한 요인들로 구성되어 있다. 환경위해요인은 생태계를 교란함으로써 인체에 대한 위험을 가중시킬 뿐만 아니라 쾌적한 환경을 저해하는 요인으로 볼 수 있다. 이는 시장실패로 인한 외부효과(external effects)에 해당하기 때문에 환경복지 증진을 위해 정부의 관리가 필요한 영역이라고 할 수 있다. 환경위해요인의 하위요소는 폐기물, 1차 및 2차 환경유해물질(화학물질, 폐수 등), 소음으로 구성되어 있다.

(3) 환경보건

환경보건은 환경재화 및 서비스의 결핍이나 환경위해요인에 장기간 노출됨으로써 유발될 수 있는 각종 질환에 대한 지표를 포함한다. 이러한 환경보건 지표는 궁극적으로 인간 수명과 삶의 질에 영향을 미칠 수 있기 때문에 정부는 환경복지 차원에서 이러한 위해요인을 관리해야 할 필요가 있다. 환경보건요인의 하위요소는 수명 관련 요인, 질병 관련 요인, 보건 서비스로 구성되어 있다.

(4) 환경관리요인 및 쾌적한 환경

환경관리요인은 환경재화와 서비스 배분에서의 공정한 대우를 보장하기 위한 시민참여와 정부의 대응을 평가하고, 쾌적한 환경은 환경복지 최저기준 이상의 쾌적하고 인간다운 삶을 누릴 수 있는 환경 여건 및 수준을 측정한다.

(5) 취약계층관리

환경취약계층관리는 모든 국민이 공평하게 환경복지 최저기준을 향유할 수 있도록 선택적 복지의 수혜대상을 결정하는 중요한 요소이다. 환경복지정책은 지리적 요인과 사회·경제적 요인이 복합되어 나타난다. 따라서 기존의 복지취약계층과의 공통점 및 차이점을 고려하여 환경복지의 수혜대상의 결정기준을 환경취약지역과 환경취약계층으로 재정립할 필요가 있다. 환경취약계층은 다시 사회적 형평성과 취약계층관리의 하위요소로 구분된다.

2. 환경복지모형 전문가조사

본 연구진은 전문가와 담당공무원을 대상으로 환경복지의 구성요소에 대한 서면인터뷰를 실시하여 지표 및 세부지표의 타당성을 검토하고, 환경복지 실현을 위한 상대적 중요도와 우선순위를 측정하였다. 인터뷰는 2013년 1월 중 이메일을 통해 실시하였으며, 전체 40부(교수 및 연구원 17명, 공무원 23명) 중에서 30부(교수 및 연구원 10명, 공무원 20명)를 회수하여 약 75%의 응답률을 보였다.

표 4-9 환경복지모형 전문가 설문조사 응답자 특성

구분		빈도	비율(%)	구분		빈도	비율(%)
성별	남자	27	90.0	경력	10년 미만	10	33.3
	여자	3	10.0		10~19년	13	43.3
연령	30대	2	6.7		20~29년	7	23.3
	40대	6	20.0		30년 이상	1	3.3
	50대	22	73.3	학력	대학졸업 이상	30	100
소속	교수, 연구원	10	33.3				
	공무원	20	66.7				

표 4-10		환경복지모형 구성영역 구조도
영역	하위요소	세부지표
환경재화 및 서비스	수질	상수도 보급률, 상수도 취수원 수질, 안전한 음용수, 하수 발생량 대비 하수처리시설 설치율, 지역 내 또는 인접지역 담수 내 대장균 밀도, 단수 등 물 공급 중단 빈도, 취약지역 수질개선을 위한 필터설치율, 인접 강 또는 해수의 조류경보 발생 비율, 수질체감환경의 변화
	공기질	통합대기환경지수, 오염물질의 대기농도, 공장 대비 TMS 설치 비율, 도로교통 연료 소비량, 대기체감환경의 변화
	토양	토지사용변화, 도시지역 불투수면적 비율, 토양체감환경의 변화
환경위해 요인	폐기물	폐기물의 총량(1인당, 면적당), 지정폐기물발생량, 방사성폐기물 발생량, 생활폐기물 발생량
	환경유해물질	화학물질 유통량 및 배출량, 주거시설 내 라돈 농도, 석면 노출 정도, 유해화학물질 사고율, 건축자재 사용 시 오염물질 방출량 실내공기 유해물질량, 수질오염물질 배출허용기준 초과항목 수·기준 초과치 및 초과율, 대기오염물질 배출허용기준 초과항목 수·기준 초과치 및 초과율, 분야별 CO_2 배출량, 침출수 노출에 의한 토양오염도, 토양오염물질 기준 초과 지점 수, 환경유해물질에 대한 우려도
	소음	월평균 소음 수준, 교통소음유발 환경, 소음유발시설과의 근접성, 소음/진동 체감환경의 변화
환경보건 요인	수명관련요인	만성질환에 의한 사망률, 연령표준화 사망률, 영아사망률, 노인 건강기대수명
	질병관련요인	수인성 매개질환 발생률, 말라리아–뇌염 등 감염성 질환 발생률, 어린이 알레르기 질환 유병률, 어린이의 혈중 납 중독, 어린이 수인성 질병 발생률, 호흡기 질환으로 인한 신생아 사망률, 대기오염으로 인한 노인질환 유발률, 실내공기오염으로 인한 노인질병 유발률, 음용수 수질기준 초과치 및 초과율, 주관적 건강수준 인지율
	보건서비스	건강보험에서 환경성 질환 보조 정도, 주요 보건시설 접근성(인구 비율)
환경관리 요인 및 쾌적한 환경	환경 참정권	환경분야 주민참여예산 비중, 민간단체 환경보조금, 환경오염 정보공개, 환경분쟁 피해 구제비율, 환경 관련 정부위원회 주민대표 비율
	정부대응	수질 관련 민원 처리율, 대기질 기준 위반 행정처분 수, 대기질 관련 민원 처리율, 대기오염저감지출, 폐기물 관리지출, 폐기물 수거 주기, 소음 관련 민원 처리율, 지자체 환경 관련 조례개정 건수, 환경복지 관련사업 예산비중
	쾌적한 환경	음식원산지 표기비율, 인구천명당 도시공원조성면적, 지자체 인구밀집지역 대비 근린 공원 면적, 도시공원 접근성, 지자체 내 어린이 인구 대비 어린이놀이터 면적, 개발제한구 역 내 도시민 여가활용시설 수, 지역별 자전거도로, 녹지환경도, 체감환경의 변화, 환경/녹 색 사회적 기업 수 및 종사자 수
환경취약 계층관리	환경취약지역	1인당 GRDP, 지방자치단체 재정자립도, 총예산 중 환경복지예산비중, 폐수시설 분포, 폐기물처리시설분포, 다중 실내공기 오염시설 분포, 특정원인으로 대기오염에 노출된 도시인구 비율, 소음 노출인구 비율
	사회적 형평성	빈곤인구비율, 소득불평등에 관한 지니계수, 실업률, 고용안정성지수, 거주지역과 환경 질 수준
	취약계층관리	영유아–어린이 인구 비율, 노인인구비율, 저소득층 하수처리 미향유 인구, 저소득층 안전한 식수 미접근 인구, 지역별 에너지 빈곤층 비중, 가계 소득 대비 관리비 부담률

(1) 환경복지모형 구성영역 분석

환경복지모형을 설정하기 위한 1단계 분석결과, 환경만족도가 가장 중요한 요소로 평가되었다(0.2760). 다음으로 환경위해요인(0.2618), 환경재화 및 서비스(0.2315), 환경보건요인(0.2273) 순으로 나타났다. 그러나 중요도 수준의 차이가 크지 않은 것으로 나타나고 있어 모든 요소들이 비슷한 수준에서 중요한 가치를 가지고 있는 것으로 볼 수 있다([표 4-11]).

표 4-11 환경복지영역 분석결과

환경복지 영역	중요도	지표 적합도(7점 만점)
환경만족도	0.2760	5.17
환경위해요인	0.2618	5.13
환경재화 및 서비스	0.2315	5.03
환경보건요인	0.2273	4.83

(2) 환경복지모형 구성요소 분석

① 환경재화 및 서비스

환경재화 및 서비스를 구성하는 하위요소에 대한 가중치는 공기질이 가장 높고(0.4013), 다음으로는 수질(0.3780), 그리고 토양의 중요성이 가장 낮게 조사되었다(0.2007).[4] 환경재화 및 서비스의 관리주체 및 복지유형에 대한 조사결과는 [표 4-12]와 같이 대부분 보편적으로 전 국민에게 제공되어야 하는 서비스인 것으로 나타났으며, 그중에서 하수발생량 대비 하수처리시설 설치율, 지역 내 또는 인접지역 담수 내 대장균 밀도, 단수 등 물 공급 중단 빈도, 그리고 토지사용변화와 같이 지리적인 특수성을 반영해야 하고, 지역에 근접한 재화 및 서비스의 경우 지방정부가 제공하여야 하는 것으로 조사되었다. 반면, 통합대기환경지수, 오염물질의 대기농도, 도로교통 연료 소비량, 대기체감환경의 변화와 같이 환경재화나 서비스가 광역성을 가지는 경우에는 중앙정부의 관리가 필요한 것으로 응답하였다.

---

4) 이 외에 환경재화 및 서비스의 하위요소로 고려해야 할 사항으로 지적된 항목으로는 미학적 가치(aesthetic value), 녹지 등 자연환경에 대한 접근성, 기초적 환경 서비스 (하수·폐기물의 배제 및 처리 서비스), 생태보전/생물다양성, 경관 등이 있다.

| 표 4-12 | 환경재화 및 서비스의 관리주체 및 복지유형 |

		복지유형	
		보편	선택
관리주체	중앙	– 상수도 보급률(16/29, 27/28, 5.32) – 상수도 취수원 수질(18/30, 29/30, 5.37) – ~~안전한 음용수~~(18/28, 27/29, 5.38) – 인접한 강 또는 해수의 조류경보 발생 비율(21/29, 25/30, 4.47) – ~~수질상수원체감환경의 변화~~(21/29, 24/30, 4.70) – ~~통합대기환경지수~~ (23/30, 29/30, 5.3) – 오염물질의 대기농도 (19/31, 29/30, 5.37) – ~~도로교통 연료 소비량~~ (19/30, 21/30, 4.17) – 대기체감환경의 변화 (22/30, 25/28, 4.8) – 토양체감환경의 변화 (16/29, 22/28, 4.76)	
	지방	– 하수발생량 대비 하수처리시설 설치율(20/29, 28/30, 4.53) – ~~지역 내 또는 인접지역 담수 내 대장균 밀도~~(21/29, 27/30, 4.53) – 단수 등 물 공급 중단 빈도(24/29, 21/30, 4.47) – 토지사용변화(18/29, 20/29, 4.9)	– ~~취약지역 수질개선을 위한 필터 설치율~~ (23/29, 21/30, 4.63) – ~~공장 대비 TMS 설치 비율~~(21/30, 20/30, 4.2) – ~~도시지역 불투수면적 비율~~(24/28, 15/29, 4.79)

* 세부지표 옆 괄호의 수치는(관리주체, 복지유형, 적합도(7점만점))를 의미함.

또한 이러한 하위요소 외에 녹지 등 자연환경에 대한 접근성, 기초적 환경서비스로서의 하수·폐기물 처리서비스, 생태보전·생물다양성과 경관 등이 고려되어야 한다는 의견이 제시되었다. 향후 환경복지의 개념이 인간에서 다른 생물종으로 확장된다면 생물다양성과 같은 요소가 추가로 고려될 수 있을 것이다.

세부지표의 적합성에 대한 질문 중에서 '안전한 음용수'는 먹는 물 수질기준 초과율로 측정하는 것이 타당할 수 있으며, '담수 내 대장균밀도'는 '상수원 취수원 수질'과 중복될 여지가 있다. 또한 '안전한 음용수'의 세부지표로 '지역 내 또는 인접지역 담수 내 대장균 밀도', '인접강 또는 해수의 조류경보 발생비율'이 포함될 수 있다. 그리고 '수질체감환경의 변화' 역시 광범위하므로 '상수원지역'으로 명시하는 것이 타당할 수 있다. 수질개선을 위한 필터설치율은 환경재화 및 서비스 영역보다 오히려 정부대응의 세부지표로 제시될 수 있다.

공기질과 관련한 세부지표로서 '도로교통연료소비량'은 차(승용차, 대중교통 등)에 의한 공기질 오염이 환경에 미치는 영향은 크지만 특정대상지역에 국한된다고 보기 어렵고, '공장대비 TMS 설치율'은 대기오염배출관리를 위한 도구로서 환경관리의 정책수단이며, 대기질 개선을 담보하기 어려우므로 지표로서의 한계를 보일 수 있다. 또한 '통합대기환경지수'와 '오염물질의 대기농도'는 중복의 우려가 있다.

토양과 관련한 세부지표로 '도시의 불투수면적 비율'은 환경이나 수자원 등에 영향을 미치기는 하지만 체감할 수 있는 복지지표로 타당하지 않다는 문제, '토지사용변화'와도 중복되는 측면, 환경서비스의 내용이 명확하지 않다는 문제가 제기될 수 있다.

② **환경위해요인**

환경위해요인은 환경유해물질, 폐기물, 소음 등 그 자체로 인체에 유해한 요인들이며, 생태계를 교란하여 인체에 대한 위험을 가중시키고 쾌적한 환경을 저해할 우려가 있기 때문에, 정부의 관리가 필요한 영역이다. 환경위해요인을 구성하고 있는 하위요소의 가중치는 환경유해물질(0.4193), 폐기물(0.3220), 소음(0.2617) 순으로 나타났다. 또한 환경위해 요인에 대한 관리주체 및 복지유형에 대한 질문에서는 월평균 소음 수준, 교통소음유발환경, 소음유발시설과의 근접성과 같이 소음과 관련된 관리주체로 지방정부가 보다 적절한 것으로 조사되었다. 반면 폐기물 총량, 방사성폐기물 발생량, 화학물질 유통량 및 배출량이나 주거시설 내 라돈 농도, 석면 노출정도, 유해화학물질 사고율, 건축자재 사용 시 오염물질 방출량, 분야별 CO_2 배출량, 환경유해물질에 대한 우려도와 같이 위험요소가 큰 위해요인에 대해서는 중앙정부의 관리가 필요한 것으로 조사되었다([표 4-12]). 한편, 생활폐기물 발생량과 토양오염물질 기준 초과지점 수에 대해서는 선택적 환경복지서비스가 적절한 것으로 조사되었다.

지정폐기물발생량에 대한 관리주체는 중앙과 지방이 같은 비율로 지정되었으나, 복지유형은 21/30으로 보편적 복지로 분류되었으며 적합도는 0.03으로 조사되었다. 수질오염물질 배출허용기준 초과항목수, 기준 초과

치 및 초과율, 대기오염물질 배출허용기준 초과항목수, 기준 초과치 및 초
과율은 관리주체로 중앙과 지방에 대한 지지 정도가 동일하며, 복지유형으
로는 두 항목 모두 24/28로 보편적 복지가 바람직한 것으로 조사되었다.
적합도는 수질오염물질 배출허용기준 초과항목수, 기준 초과치 및 초과율
은 4.60, 대기오염물질 배출허용기준 초과항목수, 기준 초과치 및 초과율
은 4.67로 나타났다. 침출수 노출에 의한 토양오염도는 복지유형에서 보
편적 복지와 선택적 복지가 동일한 수준으로 지지되었다. 그러나 관리주체
로는 지방정부가 바람직하다는 의견이 18/30으로 더 높게 나타났으며 적
합도는 4.20으로 2차 유해물질의 세부지표로 가장 낮은 수준이었다.

한편, 폐기물과 1차·2차 환경유해물질, 소음으로 구분된 하위요소 분
류에 대해 지정폐기물, 방사성폐기물 등의 지표는 환경유해물질에 포함하
는 것이 적합할 수 있다. 또한 환경위해요인으로 폐기물을 볼 것인지, 폐
기물처리에 따른 환경영향요인으로 폐기물을 볼 것인지를 분명히 할 필요
가 있다. 따라서 최종모형에서는 지정폐기물과 방사성폐기물을 1차 환경

표 4-13 환경위해요인 관리주체 및 복지유형

		복지유형		선택
		보편		
관리주체	중앙	– 폐기물의 총량(1인당, 면적당) (16/30, 26/29, 4.8) – 방사성폐기물 발생량(28/30, 21/29, 5.03) – 화학물질 유통량 및 배출량(25/30, 26/30, 5.13) – 주거시설 내 라돈 농도(20/31, 18/30, 4.63) – 석면 노출 정도(16/31, 18/30, 4.90) – 유해화학물질 사고율(22/31, 22/30, 4.83)	– 건축자재 사용 시 오염물질 방출량(16/31, 19/30, 4.70) – 실내공기 유해물질량(18/30, 24/27, 4.97) – 분야별 배출량(20/30, 22/28, 4.27) – 환경유해물질에 대한 우려도 (24/31, 24/26, 4.80) – 소음/진동 체감환경의 변화 (16/30, 27/30, 4.57)	– 생활폐기물 발생량 (25/30, 25/28, 5.27) – 토양오염물질 기준 초과지점 수(18/30, 17/28, 4.23)
	지방	– 월평균 소음 수준(22/30, 25/30, 4.67) – 교통소음유발 환경(16/30, 25/30, 4.93) – 소음유발시설과의 근접성(20/30, 19/30, 4.67)		

유해물질에 대한 영역으로 포함시키고, 폐기물 소각량 및 매립량 등은 2차 환경유해물질로 고려해 볼 수 있을 것이다.

또한 환경유해물질 지표 중에서 '화학물질 유통량과 배출량'은 중복적인 측면이 있고, 2차 환경유해물질 중 'CO_2 배출량'은 유해물질로 보기 어렵다는 점을 고려할 필요가 있다. 그리고 소음에 악취를 추가하고, 악취 관련 세부지표가 추가될 수 있으며, 또한 소음 관련 지표 중 '월평균 소음 수준'을 산출할 수 있는 구체적인 방법이 없는 경우에는 제외하는 것이 바람직할 수 있다.

③ 환경보건요인

환경보건요인은 질병 관련 요인이 가장 중요한 요소로 평가되었으며 (0.3877), 이어 보건서비스(0.3200), 수명 관련 요인(0.2920) 순으로 나타났다. 환경보건요인의 관리주체 및 복지유형에 대한 조사에서는 만성질환에 의한 사망률, 연령표준화 사망률, 영아사망률, 노인 건강기대수명, 수인성 매개질환 발생률, 말라리아, 뇌염 등 감염성 질환 발생률, 어린이 알레르기 질환 유병률, 어린이의 혈중 납 중독, 어린이 수인성 질병 발생률, 호흡기 질환으로 인한 신생아 사망률, 대기오염으로 인한 노인질병 유발률, 실내 공기오염으로 인한 노인질병 유발률, 주관적 건강수준 인지율, 건강보험에서 환경성 질환 보조 정도, 주요한 보건 시설 접근성(인구비율) 모두 중앙정부에서의 관리가 필요한 보편적 복지서비스로 조사되었다.

환경보건요인의 하위요소로 수명과 질병 관련 요인은 중첩될 수 있기 때문에 환경보건요인을 중기관리지표와 장기관리지표로 나누어 수명을 장기관리지표로 고려해 볼 수 있다. 또한 환경보건요인의 세부지표로 대기오염과 실내공기오염으로 인한 노인질병 유발률은 구분이 어려울 수 있기 때문에 최종모형에서는 공기오염으로 인한 노인질병으로 통합하였다. 또한 환경위해요인과 환경보건요인과의 인과관계 또는 연관성이 중요하다는 의견도 최종모형에서는 고려되어야 할 사항이다. 예를 들어, 미국의 러브운하(Love Canal) 사례는 유해폐기물이 투기된 인근 지역의 주택에서 심장질환자, 정신박약아, 선천적 기형아가 출산된 사건으로 환경위해요인이 보건요인에 영향을 미친 것으로 볼 수 있다.

표 4-14 환경보건요인 관리주체 및 복지유형

		복지유형	
		보편	선택
관리주체	중앙	− 만성질환에 의한 사망률(27/30, 29/30, 4.87) − 연령표준화 사망률(27/30, 27/30, 4.60) − 영아사망률(26/30, 25/30, 4.60) − 노인 건강기대수명(26/30, 27/30, 4.83) − 수인성 매개질환 발생률(20/30, 20/30, 4.53) − 말라리아, 뇌염 등 감염성 질환 발생률(23/30, 20/30, 4.73) − 어린이 알레르기 질환 유병률(23/30, 21/30, 5.10) − 어린이의 혈중 납 중독(22/30, 18/30, 4.53) − 어린이 수인성 질병 발생률(20/30, 19/30, 4.70) − 호흡기 질환으로 인한 신생아 사망률(23/30, 20/30, 4.97) − 대기오염으로 인한 노인질병 유발률(25/30, 22/29, 4.90) − 실내공기오염으로 인한 노인질병 유발률(23/30, 17/29, 4.83) − 주관적 건강수준 인지율(19/30, 19/27, 4.57) − 건강보험에서 환경성 질환 보조 정도(27/30, 22/27, 4.53) − 주요한 보건 시설 접근성(인구비율)(24/30, 18/27, 4.50)	
	지방		

④ **환경관리요인 및 쾌적한 환경**

환경만족도의 관리주체 및 복지유형에 대한 질문에서는 환경분야 주민참여예산 비중, 수질 관련 민원 처리율, 대기질 기준 위반 행정처분 수, 대기질 민원 처리율, 폐기물 수거 주기, 소음 관련 민원 처리율, 인구 천명 당 도시공원 조성면적, 지방자치단체 인구밀집지역 대비 근린공원 면적, 도시공원 접근성, 지방자치단체 내 어린이 인구 대비 어린이놀이터 면적, 지역별 자전거도로 등과 같은 요인들이 지방정부에 의해 보편적 서비스로 제공되어야 하는 것으로 조사되었다([표 4-15] 참조). 이에 비해 환경오염 정보공개, 환경분쟁 피해 구제비율, 환경 관련 정부위원회 주민대표 비율, 대기오염저감지출, 폐기물관리지출, 환경소음저감대책, 환경복지 관련사업 예산비중, 음식원산지 표기비율, 녹지환경도 체감환경의 변화, 환경/녹색 사회적기업 수 및 종사자 수, 자발적 탄소시장(CDM)사업 등록현황은 중앙정부에 의한 관리가 필요한 것으로 평가되었다. 한편, 지방정부 서비스 중 민간단체 환경보조금, 지방자치단체 환경 관련 조례개정 건수, 개발제한구역 내 도시민 여가활용시설 수는 선택적 환경복지서비스로 분류되었다.

한편, 쾌적한 환경은 환경참정권과 정부대응의 결과적 성격으로 볼 수 있으나, 굳이 하위요소를 분리한 것은 투입이 있다고 해서 항상 성과가 나타나는 것은 아니며, 쾌적한 환경이 정부대응의 결과적 성격이기는 하지만 최저수준 이상의 쾌적하고 인간다운 삶의 보장이 항상 담보되는 것은 아니기 때문이다.

표 4-15 환경관리요인 및 쾌적한 환경 관리주체 및 복지유형

		복지유형		
		보편		선택
관리주체	중앙	– 환경오염정보공개(16/30, 27/30, 5.03) – 환경분쟁피해 구제비율(20/31, 19/30, 4.90) – 환경 관련 정부위원회 주민대표 비율(20/30, 19/30, 4.27) – 대기오염저감지출(23/29, 23/29, 4.77) – 폐기물관리지출(21/29, 21/29, 4.57)	– 환경소음저감대책(15/29, 25/29, 4.69) – 환경복지 관련사업 예산비중(22/31, 21/28, 4.93) – 음식완산자 표기비율(20/30, 29/30, 4.67) – 녹지환경도 체감환경의 변화(21/30, 24/28, 4.43) – 환경/녹색 사회적기업 수 및 종사자 수(22/30, 19/28, 4.13) – 자발적탄소시장(CDM)사업 등록현황(24/27, 19/28, 4.07)	
	지방	– 환경분야 주민참여예산 비중(23/30, 20/30, 4.8) – 수질 관련 민원처리율(19/29, 18/28, 4.57) – 대기질 기준 위반 행정처분 수(26/29, 18/29, 4.57) – 대기질 민원 처리율(19/29, 15/29, 4.47) – 폐기물 수거 주기(26/29, 19/29, 4.60) – 소음 관련 민원처리율(27/29, 16/29, 4.47)	– 인구 천 명당 도시공원조성면적(17/30, 23/30, 5.13) – 지자체 인구밀집지역 대비 근린공원 면적(26/30, 21/30, 5.03) – 도시공원 접근성(27/30, 20/29, 4.67) – 지자체 내 어린이 인구 대비 어린이놀이터 면적(20/30, 15/29, 4.67) – 지역별 자전거도로(27/30, 20/28, 4.10)	– 민간단체 환경보조금(21/30, 18/30, 4.17) – 지자체 환경 관련 조례개정 건수(26/29, 16/29, 4.33) – 개발제한구역 내 도시민 여가활용시설 수(25/30, 17/29, 4.30)

그 외에 미학적 가치(aesthetic value)도 쾌적한 환경의 세부지표로 고려될 필요에 대해서도 논의할 수 있으나 이는 환경에 대한 기본적인 서비스가 어느 정도 달성된 후에 미래지표로 포함될 수 있을 것이다. 또한 정부대응 세부지표로서 수질기준 위반 행정처분 수와 수질오염저감지출 역시 고려될 필요가 있다. 그리고 현재 건강한 먹거리에 대한 관심과 도시농업에 대한 관심이 점차 높아가고 있는 상황에서 도시텃밭을 쾌적한 환경의 세부지표로 포함할 필요가 있기 때문에 지방정부의 미래지표로 도시텃밭 조성면적의 비율을 고려할 수 있을 것이다.

한편, '환경분쟁 피해구제'는 피해의 사실여부에 따라 구제여부가 결정되므로 환경참정권 지표로 적절하지 않을 수 있다. 또한 '대기오염저감지출'은 오염자부담이 잘 지켜지고 있으므로 대기오염저감을 위한 정부지출액을 지표로 설정하는 것이 적합하지 않을 수 있으며, '폐기물 관리지출'의 경우는 폐기물 발생량과 비례하는 지표이므로 이 또한 정부대응으로 적합하지 않을 수 있다. 그 외에 지방정부의 환경 관련 조례개정건수에서도 조례를 자주 개정하는 것이 정부정책과 대응을 잘 반영하는 것인지에 대한 측면, 그리고 쾌적한 환경지표 중 '자발적 탄소시장 사업등록 현황'과

| 표 4-16 | 환경복지영역별 하위요소 분석결과 | | |

환경복지영역	환경복지요소	중요도	지표적합도(7점 만점)
환경재화 및 서비스 0.2315	공기질	0.4013	5.83
	수질(안전한 식수 등)	0.3780	5.60
	토양	0.2007	4.24
환경위해요인 0.2618	환경유해물질(화학물질 폐수 등)	0.4193	5.67
	폐기물	0.3220	4.93
	소음	0.2617	4.73
환경보건요인 0.2273	질병 관련 요인	0.3877	5.57
	보건서비스	0.3200	5.07
	수명 관련 요인	0.2920	4.97
환경관리요인 및 쾌적한 환경 0.2760	쾌적한 환경	0.4117	5.50
	정부대응	0.3413	5.10
	환경참정권	0.2470	4.47

'음식원산지 표기비율'은 쾌적한 환경지표와 직접적인 상관성이 없으므로 이를 제외하는 것에 대해 고려할 수 있다.

(3) 환경복지모형 종합분석 결과

환경복지모형을 구성하기 위한 수준별 종합 중요도 및 우선순위는 [표 4-16]에 제시되어 있는 각 영역의 가중치에 각 요소의 중요도를 곱하여 구할 수 있다. 분석 결과는 [표 4-17]과 같다. 먼저 쾌적한 환경이 가장 중요한 요인(0.1136)으로 분석되었고, 이어 환경유해물질(0.1093), 정부대응(0.0942), 공기질(0.0929), 질병관련요인(0.0881), 수질(0.0875), 폐기물(0.0843), 보건서비스(0.0727), 환경참정권(0.0682), 소음(0.0685), 수명관련요인(0.0664) 순으로 나타났다. 이러한 분석결과는 환경복지를 위해서는 쾌적한 환경을 조성하기 위한 노력과 화학물질과 폐수 등 환경유해물질이 우선적으로 관리되어야 함을 의미한다. 또한 환경복지의 수준을 높이기 위해서는 정부의 적극적 대응이 필수적임을 전문가 의견을 통해서도 확인할 수 있다.

표 4-17   환경복지모형 영역과 요소 종합 가중치

측정요소	종합중요도	우선순위
수질(안전한 식수 등)	0.0875	6
공기질	0.0929	4
토양	0.0465	12
폐기물	0.0843	7
환경유해물질(화학물질 폐수 등)	0.1098	2
소음	0.0685	9
수명 관련 요인	0.0664	11
질병 관련 요인	0.0881	5
보건서비스	0.0727	8
환경참정권	0.0682	10
정부대응	0.0942	3
쾌적한 환경	0.1136	1

(4) 환경취약계층관리[5]

환경취약계층관리는 모든 국민이 공평하게 환경복지 최저기준을 향유할 수 있도록 선택적 복지의 수혜대상을 결정하는 중요한 요소이다. 환경복지정책은 지리적 요인과 사회·경제적 요인이 복합되어 나타난다. 이러한 취약지역의 관리주체와 복지유형을 조사한 결과 [표 4-18]에서 나타난 것과 같이 폐수시설분포, 대기오염 배출시설 분포, 소음 노출인구 비율 등과 관련해서는 지방정부가 관리주체로서 중요한 역할이 필요한 것으로 확인되었으며, 폐기물시설분포에 대해서는 지방정부가 제공해야 하는 선택적 서비스로 분류되었다. 반면, 중앙정부는 1인당 GRDP, 총예산 중 환경복지예산비중, 특정 원인으로 대기오염에 노출된 도시인구비율 등에 대한 관리주체가 되어야 하는 것으로 조사되었다.

표 4-18 환경취약지역의 관리주체 및 복지유형

		복지유형	
		보편	선택
관리주체	중앙	- ~~1인당 GRDP~~(25/31, 26/30, 4.37) - 총예산 중 환경복지예산비중(20/30, 22/30, 4.53) - 특정원인으로 대기오염에 노출된 도시인구비율 (19/30, 19/28, 4.90)	
	지방	- 폐수시설분포(22/30, 16/30, 4.60) - 대기오염 배출시설 분포(20/30, 16/28, 4.90) - 소음 노출인구 비율(18/30, 19/28, 4.90)	- 폐기물처리시설분포(23/30, 16/30, 4.53)

취약계층에 대한 관리 주체 및 복지유형과 관련한 조사에서는 빈곤인구비율, 소득불평등에 관한 지니계수, 실업률, 고용안정성지수, 영유아·어린이 인구, 노인인구 등은 중앙정부를 통해 서비스가 제공되고 관리되어야

---

5) 본 설문에서 환경취약계층 관리 분야에 대해서는 가중치를 고려하지 않았다. 이는 취약계층관리를 환경복지서비스 영역과 구분하여 환경복지 수혜자의 영역으로 분류하였기 때문이다. 즉, 환경복지서비스 영역에는 환경재화 및 서비스, 환경위해요인 환경보건, 그리고 환경만족도를 포함하였고, 지표 간 가중치를 바탕으로 서비스 공급대상의 우선순위를 파악하려는 데 전문가 조사의 목적이 있다.

하는 보편적 서비스유형으로 분류되었다. 반면, 지역별로 에너지 빈곤층에 대한 관리는 지방정부 수준에서 이루어질 필요가 있는 것으로 조사되었다 ([표 4-19] 참조).

표 4-19 환경취약계층의 관리주체 및 복지유형

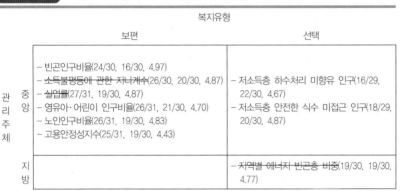

		복지유형	
		보편	선택
관리주체	중앙	– 빈곤인구비율(24/30, 16/30, 4.97) – ~~소득불평등에 관한 지니계수~~(26/30, 20/30, 4.87) – ~~실업률~~(27/31, 19/30, 4.87) – 영유아·어린이 인구비율(26/31, 21/30, 4.70) – 노인인구비율(26/31, 19/30, 4.83) – 고용안정성지수(25/31, 19/30, 4.43)	– 저소득층 하수처리 미향유 인구(16/29, 22/30, 4.67) – 저소득층 안전한 식수 미접근 인구(18/29, 20/30, 4.87)
	지방		– ~~지역별 에너지 빈곤층 비중~~(19/30, 19/30, 4.77)

한편 지방자치단체 재정자립도 관리주체에 대해서는 중앙과 지방이 15:15로 동일한 비율로 지지하는 것으로 나타났으며, 복지유형은 25/30으로 보편적 복지유형이 우세하며 지표 적합도는 4.53으로 조사되었다. 다중 실내공기 오염시설 분포는 보편적 복지와 선택적 복지가 동일한 지지율을 보여주었고 관리주체는 24/30으로 지방정부를 선호하고, 지표적합도는 4.67로 나타났다. 거주지역과 환경질 수준에 대한 관리주체로 중앙과 지방이 동일한 비율로 지지되었으나, 복지유형에서는 20/30으로 보편적 복지에 대한 지지가 높았고, 지표적합도는 4.90으로 나타났다. 가계 소득 대비 관리비 부담률에 대한 관리주체로 중앙정부와 지방정부가 동일한 비율로 나타났으며, 복지유형 역시 비슷한 비율로 나타났다(16/30). 적합도에 대한 질문에는 4.57로, 환경취약계층 관련 세부지표 중 가장 낮게 나타났다.
한편, '1인당 GRDP'는 취약지역지표로 부적합하다는 의견이 제시되었고 '지니계수'와 '실업률' 역시 취약계층지표로 부적합한 것으로 지적되었다. 또한 '빈곤인구비율'과 '에너지빈곤층'은 중첩될 수 있는 개념이므로

둘 중 하나를 제외할 필요가 있다는 의견도 제시되었다. 또한 취약계층관리지표로 '영유아·어린이 인구비율' 및 '노인인구비율'은 민감 계층이기는 하지만 반드시 환경적으로 취약한 상황에 있는 것은 아니라는 의견이 제시되었으나 대부분의 다른 지표들에서도 취약계층에 양 집단을 포함하기 때문에 본 모형에서도 이 의견은 수용하지 않는 것으로 하였다.

3. 환경복지최적모형

이상의 결과를 바탕으로 환경복지모형의 최종지표를 선정하였다. 첫째, 환경위해요인은 폐기물을 그 특성에 따라 구분하여 지정폐기물발생량과 방사성폐기물발생량은 1차 환경유해물질, 폐기물 소각량 및 매립량은 2차 환경유해물질에 포함하였다. 1차 환경유해물질의 세부지표로 화학물질배출량, 석면노출정도, 유해화학물질 사고율 등을 포함하였으며, 2차 환경유해물질의 세부지표로는 실내공기 유해물질량, 환경유해물질에 대한 우려도, 대기·수질 배출허용기준 초과항목 수, 기준 초과치 및 초과율을 선정하였다. 그리고 소음을 소음 및 악취요소로 수정하고, 세부지표로 교통소음유발환경, 소음유발시설과의 근접성, 소음/진동 체감환경의 변화를 포함하였으며, 향후 악취관련지표를 개발할 필요가 있다.

둘째, 환경보건요인은 질병관련요인, 보건서비스, 중장기관리지표로 구분할 수 있으며, 질병관련요인으로 어린이 알레르기 질환 유병률, 주관적 건강수준 인지율, 수인성 매개질환 발생률 등을 포함하며 공기오염으로 인한 노인질병 유발률 역시 고려될 수 있다. 중장기적인 관리지표로는 만성질환에 의한 사망률, 노인건강기대수명, 영아사망률을 고려할 수 있으며, 보건서비스의 세부지표로 건강보험에서 환경성 질환 보조정도, 주요보건시설 접근성을 활용할 수 있다.

셋째, 환경만족도는 환경참정권과 정부대응, 그리고 쾌적한 환경으로 구성할 수 있으며, 환경참정권의 세부지표로 환경오염정보공개, 환경분야 주민참여예산 비중, 환경 관련 정부위원회 주민대표비율 등을 포함한다. 정부대응은 환경복지 관련 예산비중, 폐기물 수거주기, 대기질 기준 위반 행정처분율 등을 고려할 수 있으며, 수질오염 저감지출, 취약지역 수질개선을 위한 필터설치율을 고려할 수 있다. 쾌적한 환경의 세부지표로는 인구 천 명당 도시공원조성면적, 지방자치단체 인구밀집지역 대비 근린공원면적, 도시공원 접근성 등을 고려할 수 있으며 전문가들이 제시한 미학적 가치, 도시 비율에 대한 도시텃밭 면적 비율 등을 미래지표로 고려해 볼 수 있다.

마지막으로 환경취약계층관리는 환경취약지역과 취약계층관리로 구분할 수 있다. 환경취약지역에 대한 측정지표로 거주지역과 환경질 수준, 특정 원인으로 대기오염에 노출된 도시인구비율을 고려할 수 있으며, 취약계층관리는 빈곤인구비율, 저소득층 안전한 식수 미접근 인구, 저소득층 하수처리 미향유 인구 등을 고려할 수 있다. 이상의 내용을 정리하면 [표 4-20]과 같다. 또한 환경복지에 대한 영역을 투입(input)지표, 산출(output) 지표, 결과(outcome)지표로 구분하여 재구성하면 [표 4-21]과 같다. 투입지표의 경우에는 환경참정권이나 정부 대응과 같이 정부가 환경복지서비스 개선을 목적으로 자원이나 서비스를 제공하는 영역의 지표이다. 한편, 결과지표는 이러한 노력으로 인해 환경복지가 궁극적으로 어느 정도 향상되는지를 파악할 수 있는 지표이며, 산출지표는 투입에 대한 1차적인 생산물이자 결과지표에 대한 과정적인 성격을 가지는 지표이다. [표 4-20]에 나타난 최종모형은 기후변화 적응과 관련된 지표와 미래지표 등을 포함한 종합적인 모형(안)이다.

표 4-20	환경복지 최종모형안 Ⅰ

영역	하위요소	세부지표
환경재화 및 서비스	수질 (안전한 식수 등)	상수도 취수원 수질(5.37), 상수도 보급률(5.32), 하수 발생량 대비 하수처리시설 설치율(5.17), 단수 등 물 공급 중단 빈도(4.47), 인접 강 또는 해수의 조류경보 발생 비율(4.47), 상수원체감환경의 변화
	공기질	오염물질의 대기농도(5.37), 대기체감환경의 변화(4.8)
	토양	토지사용변화(4.9), 토양체감환경의 변화(4.76)
환경위해요인	1차 환경유해물질	화학물질 배출량(5.13), 석면 노출 정도(4.9), 유해화학물질 사고율(4.83), 건축자재 사용 시 오염물질 방출량(4.7), 주거시설 내 라돈 농도(4.63), **지정폐기물 발생량, 방사성폐기물 발생량**
	2차 환경유해물질	실내공기 유해물질량(4.97), 환경유해물질에 대한 우려도(4.8), 대기오염물질 배출허용기준 초과항목 수·기준 초과치 및 초과율(4.67), 수질오염물질 배출허용기준 초과항목 수·기준 초과치 및 초과율(4.6), 토양오염물질 기준 초과 지점 수(4.23), 침출수 노출에 의한 토양오염도(4.2), **폐기물 소각량, 폐기물 매립량**
	소음 및 악취	교통소음유발 환경(4.93), 소음 노출인구 비율(4.9),* 소음유발시설과의 근접성(4.67), 소음/진동 체감환경의 변화(4.57), **악취관련지표**
환경보건요인	질병관련요인	어린이 알레르기 질환 유병률(5.1), 주관적 건강수준 인지율(4.57), 수인성 매개질환 발생률(4.53), 어린이의 혈중 납 중독(4.53), 호흡기 질환으로 인한 신생아 사망률(4.97), 어린이 수인성 질병 발생률(4.7), **공기오염으로 인한 노인질병 유발률**
	중장기 관리지표	만성질환에 의한 사망률(4.87), 노인 건강기대수명(4.83), 영아사망률(4.6)
	보건서비스	건강보험에서 환경성 질환 보조 정도(4.53), 주요 보건시설 접근성(인구 비율)(4.50)
환경관리요인 및 쾌적한 환경	환경참정권	환경오염 정보공개(5.03), 환경분야 주민참여예산 비중(4.8), 환경 관련 정부위원회 주민대표 비율(4.27), 민간단체 환경보조금(4.17)
	정부대응	환경복지 관련사업 예산비중(4.93), 폐기물 수거 주기(4.6), 대기질 기준 위반 행정처분률, 수질 관련 민원 처리율(4.57), 대기질 관련 민원 처리율(4.47), 소음 관련 민원 처리율(4.47), **수질오염저감지출, 취약지역 수질개선을 위한 필터설치율,* 수질 기준 위반 행정처분률**
	쾌적한 환경	인구 천 명당 도시공원조성면적(5.13), 지자체 인구밀집지역 대비 근린공원 면적(5.03), 도시공원 접근성(4.67), 지자체 내 어린이 인구 대비 어린이놀이터 면적(4.67), 녹지환경도 체감환경의 변화(4.43), 개발제한구역 내 도시민 여가활용시설수(4.30), 환경/녹색 사회적 기업 수 및 종사자 수(4.13), **지방자치단체의 환경예술 미학적 가치(미래지표), 녹지 등 자연환경에 대한 접근성, 자연경관(미래지표), 도시의 비율에 대한 도시텃밭 면적의 비율(미래지표)**
환경취약계층 관리	환경취약지역	거주지역과 환경질 수준(4.90), 특정원인으로 대기오염에 노출된 도시인구 비율(4.83), 다중 실내공기 오염시설 분포(4.67), 폐수시설 분포(4.6), 폐기물처리시설 분포(4.53)
	취약계층관리	빈곤인구비율(4.97), 서소득층 안전한 식수 미접근 인구(4.07), 저소득층 하수처리 미향유 인구(4.67), 가계 소득 대비 관리비 부담률(4.57), 고용안정성지수(4.42)

* 다른 세부지표에서 이동.
** 괄호의 숫자는 전문가 설문결과의 결과를 의미하며, 적합도가 높은 순으로 제시함.
*** 굵은 글씨체는 전문가 서면인터뷰를 바탕으로 한 추가측정지표.

표 4-21 환경복지 최종모형안 Ⅱ

투입지표		환경재화 및 서비스	환경보건서비스요인	쾌적한 환경	환경유해요인	환경취약계층
(환경정책) 환경오염 정보공개(5.03), 환경오염0+ 주민알림제(4.8), 환경 관련 정부예산 비중(4.6), 환경 주민대표 비율(4.27), 민간단체 환경보조금(4.17) (정부대응) 환경복지 관련사업 예산비중(4.93), 폐기물 수거 주기(4.6), 수질오염정보공개출	산출지표	상수도 보급률(5.32), 하수도(하수발생량 대비 하수처리시설)(5.17), 수질 관련 민원 처리율(4.57), 수질 기준 위반 행정처분율 취약지역 수질개선을 위한 필터설치율* 대기질 기준 위한 행정처분(4.9), 관련 민원 처리율(4.47), 소음 관련 민원 처리율(4.47) 토지사용변화(4.9) 단수 등 물 공급 중단 빈도(4.47*, 인접 강 또는 하천의 조류경보 발생 비율(4.47)*	건강보험에서 환경성 질환 보조 정도(4.53), 주요 보건시설 접근성(인구 대비 보건서비스 기관수 및 종사자)(4.50)	인구 천 명당 도시공원조성면적(5.13), 지자체 인구밀집지역 대비 근린공원 면적(5.03), 도시민 근린공원 접근성(4.67, 지자체 내 어린이 인구 대비 어린이놀이터 면적)(4.13), 지방자치단체의 환경보전에서비스, 녹지 등 자연환경에 대한 접근성 및 도시의 비율(미래지표)	화학물질 배출량(5.13), 유해화학물질 사고율(4.83), 건축자재 사용 시 오염물질 배출량(4.7, 지정폐기물발생량, 방사성폐기물발생량 대기오염물질 배출허용기준 초과(4.67, 기준 초과지 및 초과율(4.67), 수질오염물질 배출허용기준 초과(4.23), 폐기물 소각량, 폐기물 매립량, 소음공사시설의 건설(4.67)	다중 실내공기 오염시설 분포(4.67), 폐수시설(4.6), 폐기물처리시설 분포(4.53)
	결과지표 (객관지표)			자연경관(미래지표), 종이 당 산림자원이용준	지면 노출 정도(4.9), 주거시설 내 라돈 농도(4.63), 실내공기 유해물질 검출(4.97, 검출수 노출에 의한 토양오염도(4.6), 교통소음유발 인구 비율(4.9), 소음 노출 인구(4.93)…악취관련면지표	특정원인으로 대기오염에 노출된 도시인구 비율(4.83), 저소득층 안전한 식수 미접근 인구(4.87), 저소득층 하수처리(4.67), 고용안정성장지수(4.43), 흡연·흡입 지역의 사망분포(미래지표)*
	결과지표 (주관지표)		주관적 건강수준 인지율(4.57)	녹지환경 체감환경의 변화(4.43), 미학적가치(미래지표)	환경유해물질에 대한 우려도(4.8), 소음/진동 체감환경의 변화(4.57)	거주지역의 환경질 수준(4.90)

주 1) *: 기후변화적응 관련 새부 지표(만족도 추가 가능 지표임)
주 2) 굵은 민 점수는 지표 적합성 점수도, 높은 수치일수록 적합성 증가

4. 환경복지모형의 향후 개선방향

(1) 분석단위

환경복지가 다른 복지체계와 차별성을 갖기 위해서는 공간적 차원에서 조사되어야 하고, 가능하다면 분석단위를 광역자치단체에서 시·군·구로, 시·군·구에서 읍·면·동으로 낮추어야 연구의 타당성을 높일 수 있을 것이다. 또한 실질적으로 환경복지서비스를 전달하는 기관은 지방자치단체(시·군·구)이며, 따라서 지표도 시·군·구 단위로 구성될 때 지표의 효율성이 높아질 것이다. 그러나 초광역적으로 나타날 수 있는 환경문제, 예를 들어 두 개 이상의 지역에 걸쳐 있는 호수나 강의 경우 지역 간 경계가 모호하거나, 경계를 넘는 월경의 문제가 발생할 수 있는데, 이러한 지표에 대해서는 측정지점과 지표관리에 중앙정부와 지방정부, 지방정부 간 협의이 필요한 영역으로 볼 수 있다.

(2) 환경복지서비스 유형

① 수질(상하수도 보급률)

취약지역의 환경서비스전달체계로 상하수도 보급률을 높이는 방법을 고려할 수 있지만, '필요하기 때문에 제공한다'는 간단한 논리로는 궁극적인 해결책을 모색할 수 없다. 특히 농촌지역의 경우 무료로 이용하던 간이상수도가 지방상수도로 전환되면 사용한 만큼의 비용이 발생하므로 부담이 가중될 수 있다. 이는 상수도의 수요를 줄게 할 뿐만 아니라 관리되지 않는 오염된 물을 이용하도록 유인하는 기제가 될 수 있다. 따라서 상하수도 보급률이라는 지표는 상수도 질을 개선하여 보다 나은 서비스를 제공하려는 목적과 전혀 다른 결과를 초래할 가능성이 있다. 즉, 농촌이나 산간지역의 인프라 설치는 비용편익 측면에서 효율성이 낮을 수 있기 때문에 상하수도 보급률 격차가 있다고 해서 무조건 인프라를 제공하는 것은 현실 왜곡의 가능성이 존재한다. 따라서 상하수도 보급률을 측정하되 동시에 보급률과 같은 공급 측면이 아닌 수질개선을 위한 필터 설치 등과 같은 시설관리의 측면의 지표를 개발할 필요가 있다.

② 에너지 및 기후변화

화석연료의 지속적 사용으로 인한 기후변화의 발생으로 취약계층이 환경위험에 노출될 가능성이 높아지고 있다. 따라서 저탄소에너지 또는 자연에너지 등 환경친화적 에너지의 개발이 시급하며 이는 환경복지의 중요한 방향이 될 수 있다. 또한, 기후변화로 인한 침수와 같은 물리적 피해를 지표화하는 것도 지방자치단체 차원에서 환경위험관리를 위해 유용할 것으로 보인다.

③ 안전문제

안전문제는 중앙정부의 보건서비스와 분리해서 지표화할 필요가 있다. 산업단지의 화학물질이 농경지대 또는 주변 인가에 영향을 줄 수 있고, 취약계층의 안전위험에 대한 노출가능성이 높기 때문에 개인 주거환경의 안정성과 유해성을 위험지표로 고려할 수 있을 것이다.

④ 식품

미래 환경복지지표의 방향 중 먹거리에 대한 지표를 포함할 수 있다. 예를 들어, 마을 내에 '신선한 먹거리를 제공할 수 있는 가게 수' 등이 포함될 수 있으나 천만 인구가 거주하는 수도권에는 해당사항이 없을 수도 있다. 생활복지를 곧 환경복지로 본다면 광역수준의 복지를 마을단위 수준으로 접근하여 개발할 수 있는 복지를 적시하는 것이 중요하다.

(3) 환경복지서비스 주체와 대상

환경복지에는 환경서비스 공급뿐만 아니라 서비스 수요자, 즉 주민참여도 중요하다. 그러나 주민참여에 대한 논의에서 환경서비스의 총량과 질에 대한 만족도 개선이 포함되지 않는다면 주민참여의 의미는 퇴색할 것이다. 그럼에도 주민참여는 원하는 복지에 대한 발언권과 기회를 주는 것으로 볼 수 있기 때문에 환경복지서비스전달체계에서 참여절차의 민주성 지표로 '지방자치단체별 주민참여 의사결정 횟수 및 참여 정도'를 고려할 수 있다.

환경복지지표를 구성하는 주된 목적은 누구에게 어느 수준에서 환경복지서비스를 제공할 것인가에 대한 재원배분에 있다. 따라서 지표의 성격은 정책 노력의 정도를 조사하는 것이 아니라 복지의 수준 격차를 파악할 수 있어야 할 것이다. 즉 환경복지 측정지표는 참여율이라는 투입 측면의 지표보다는 '수혜대상의 수준'에 초점을 두어야 할 것이다.

제 3 장   지방정부의 환경복지 영역별 표준화지수

. 지수화 방법

지역별 환경복지 수준을 측정하기 위해 환경복지모형에 포함된 지표 중 현재 자료가 축적되어 활용 가능한 지표만 포함하였다. 그러나 환경복 지모형에 포함된 각 지표의 측정단위가 상이하기 때문에 서로 다른 지표 들 간 측정단위 표준화를 위해 표준편차 정규화 방법을 활용할 수 있다. 표준편차 정규화 방법은 비교대상 지역들의 환경복지지수를 구성하는 요 인들을 설정하고, i 지역의 j 요인을 X_{ij} 라고 할 때, 각 구성요소들의 표준 화 지수 Z_{ij} 는 아래(식 1)과 같이 계산할 수 있다. 산식에서 $\overline{X_j}$ 는 j 요인 의 평균값을, σ_j 는 j 요인의 표준편차를 의미한다.

$$Z_{ij} = \frac{X_{ij} - \overline{X_{ij}}}{\sigma_j} \quad\text{...} \quad (\text{식 1})$$

표준편차 정규화 방법 이외에도 Min－Max 정규화 방법(min－max normalization; distance from the best and worst performers)이 있는데, 이 방법은 자료 중 가장 큰 값을 1, 가장 작은 값을 0으로 처리하는 방법으로 다음(식 2)과 같은 산식을 통해 계산한다(황규선, 2012). 본 연구에서는 이 두 정규화 방법을 모두 활용하여 지방정부의 환경복지수준을 분석해 보고자 한다.

$$Z_{ij} = \frac{X_{ij} - \min(X_j)}{\max(X_j) - \min(X_j)} \quad\text{...} \quad (\text{식 2})$$

2. 영역별 환경복지지수

　　지수산정을 위해 활용되는 자료의 산출방법과 기준연도 등을 정리하면 다음과 같다. 이를 바탕으로 (식 1)의 지수화 방법을 활용하여 점수를 산출하였다. 그러나 표준화점수의 일관성을 유지하기 위해 세부지표의 수치가 높을수록 환경질이 나쁜 상태를 의미하는 경우(예: 대기오염물질농도)는 반수로 코딩하여 점수를 계산하였다. 즉 표준화점수로 환산된 수치는 높을수록 양호한 수준 또는 긍정적인 상태를 의미하고, 수치가 낮을수록 열악하거나 부정적인 상태를 의미한다.

표 4-22 　세부지표의 자료내역[6]

환경복지 영역	환경복지 요소	세부지표	산출(측정)방법	기준 연도	자료출처
환경 재화 및 서비스	공기질	오염물질의 대기농도	SO₂ 농도	2011	대기오염통계
			NO₂ 농도	2011	대기오염통계
			CO 농도	2011	대기오염통계
		대기체감환경의 변화	5점 척도(매우 나쁨~매우 좋음) 중 매우 좋음과 약간 좋음의 합 비율	2012	한국의사회동향 (통계청)
	수질 (안전한 식수 등)	상수도보급률	상수도보급률	2011	통계청
		하수발생량 대비 하수처리시설 설치율	(하수처리구역 내 하수발생량 / 전체 하수발생량) ×100	2011	통계청
		수질체감환경의 변화	5점 척도(매우 나쁨~매우 좋음) 중 매우 좋아짐과 약간 좋아짐의 합 비율	2012	한국의사회동향 (통계청)
	토양	토지사용변화	연도별 농지면적 비율	2011	통계청
		토양체감환경의 변화	5점 척도(매우 나쁨~매우 좋음) 중 매우 좋아짐과 약간 좋아짐의 합 비율	2012	한국의사회동향 (통계청)
환경 위해 요인	환경 유해 물질	화학물질 배출량	388개 화학물질별 대기·수계·토양 등 환경 중에 직접 배출되는 양	2010	통계청
		유해화학물질 사고건수[7]	지역별 유해화학물질로 인한 폭발, 유출, 누출, 화재건수	2007	환경부, 2007
		토양오염물질 기준 초과지점	토양오염우려기준 초과현황	2009	통계청

6) 본 세부지표는 환경복지최종모형에서 현재 16개 광역시도를 대상으로 데이터가 존재하는 지표만 포함한 것이다. 향후 중장기적인 자료 구축을 통해 본 연구의 최종모형에서 제시한 환경복지지수를 측정하고 모형의 타당성을 검증할 필요가 있다.

		지정폐기물 발생량	지정폐기물발생량	2010	통계청
		폐기물소각처리량	폐기물의 소각방식의 처리량	2010	통계청
		폐기물매립처리량	폐기물의 매각방식의 처리량	2010	통계청
	소음 및 진동	소음·진동 체감환경의 변화	5점 척도(매우 나쁨~매우 좋음) 중 매우 좋아짐과 약간 좋아짐의 합 비율	2012	통계청
		소음배출시설 수	소음배출시설현황(허가·신고대상시설)	2010	통계청
		진동배출시설 수	소음배출시설현황(허가·신고대상시설)	2010	통계청
환경 보건 요인	질병관련 요인	수인성질환 발생건수	콜레라, 장티푸스, 세균성이질, 장출혈성대장균감염증, 비브리오패혈증	2011	법정감염발생보고서, 통계청
	수명관련 요인	만성질환에 의한 사망률	인구 10만 명당 만성질환에 의한 사망률	2011	환경보건지표보고서, 통계청
		영아사망률	인구 10만 명당 출생 후 1년 이내 사망 영아	2011	환경보건지표보고서, 통계청
환경 만족도	쾌적한 환경	인구 천 명당 도시공원 조성면적	지방자치단체 도시공원 면적 현황	2011	통계청
		녹지체감환경의 변화	5점 척도(매우 나쁨~매우 좋음) 중 '매우 좋아짐과 '약간 좋아짐'의 합 비율	2012	한국의사회동향, 통계청
	정부 대응	대기배출시설 단속적발률	대기배출시설 단속건수에 대한 무허가배출시설 설치운영, 대기오염배출시설 임의변경 미신고, 배출허용기준 초과수 등 위반업소 적발비율	2011	통계청
		폐수배출시설 단속적발률	폐수배출시설 단속건수에 대한 위반업소 적발비율	2010	통계청
환경 취약 계층	환경취약 지역	환경보호 예산비율	환경보호예산×100/세출예산규모(총계)	2012	재정고
		폐기물처리 시설분포	중간·최종처리시설, 광역폐기물처리시설, 건축폐기물처리시설, 재활용시설 개소	2011	통계청
		폐수시설분포	지방자치단체 폐수시설 개소	2011	통계청
		대기오염배출 시설분포	공장 등 대기오염배출시설 위치	2011	통계청

(1) 환경재화 및 서비스

① 공기질

환경재화 및 서비스 영역 중에서 대기오염물질 농도인 SO_2는 울산광역시가 가장 열악한 지역으로 나타났으며, NO_2는 서울(-1.9506), 경기

---

7) '유해화학물질 사고건수'는 2007년에 한시적으로 구축된 자료이지만, 환경복지와 관련하여 중요하게 고려되어야 할 미래지표로 판단하여 본 장에서는 2007년 자료를 활용하였다.

(−1.5205), 인천(−1.4070) 순으로 수도권지역이 가장 좋지 않은 것으로 나타났다. PM_{10}은 경기가 −1.8836으로 미세먼지의 수준이 높았고, O_3는 제주가 −3.0667로 가장 높게 나타났으며 서울이 1.4338로 가장 낮은 수준을 보였다. 그러나 제주도는 O_3를 제외한 모든 오염물질의 대기농도가 가장 낮게 나타나 대기질이 가장 양호한 지역으로 볼 수 있다. 대기체감환경변화에 대한 인식조사에서는 인천의 개선 응답비율이 가장 낮은 것으로 나타난 반면(−1.4925), 강원은 가장 높은 것으로 나타나(1.6569) 대기체감환경변화에서 양호한 것으로 평가할 수 있다.

Min−Max 정규화 방법을 통해 측정한 지수 역시 표준편차 정규화 방법으로 측정한 지수와 마찬가지로 공기질에 대한 지역별 상대적 수준을 잘

표 4-23 환경재화 및 서비스: 공기질(표준편차 정규화)

	오염물질의 대기농도					대기체감 환경변화[8]	총합
	SO_2	NO_2	CO	PM_{10}	O_3		
서울	−0.0750	−1.9506	−0.8996	0.1608	1.4338	−1.1835	−2.5142
부산	−0.9661	0.1926	1.6501	0.0756	−0.3584	−0.7233	−0.1295
대구	0.1123	−0.5854	0.1689	0.2630	0.0797	−1.1309	−1.0924
인천	−1.8761	−1.4070	−0.8355	−1.4407	0.8762	−1.4925	−6.1756
광주	1.1326	0.2955	−0.0993	1.0637	−0.0996	−0.5326	1.7603
대전	0.8251	0.0102	−0.0508	0.7911	0.7965	−0.6575	1.7148
울산	−1.8649	−0.3183	0.0826	−0.3162	0.0797	−0.8087	−3.1459
경기	−0.2047	−1.5205	−1.1363	−1.8836	0.8961	−0.4011	−4.2501
강원	0.5395	0.3167	−1.6410	−0.2822	−0.1991	1.6569	0.3909
충북	0.2775	−0.3738	−0.8136	−1.6792	0.3385	0.1447	−2.1059
충남	0.4965	0.7924	−0.4672	0.7400	0.3385	0.5720	2.4723
전북	0.4304	0.8748	0.4257	−0.6229	0.2987	0.9205	2.3273
전남	−1.0380	0.6089	0.2273	1.3704	−0.7965	1.1769	1.5490
경북	0.1901	0.7747	0.1141	0.0245	−0.2987	0.6838	1.4884
경남	0.2710	0.4002	1.2835	0.5526	−0.3186	0.3090	2.4987
제주	1.7487	1.8895	1.9912	1.1830	−3.0667	1.4662	5.2119

주: 음수(−)는 법정기준 미만임을 의미.

---

8) '체감환경변화'는 응답대상이 2012년부터 '13세 이상'으로 확대되었으나, 본 연구에 사용된 자료는 과거와의 비교를 위해 15세 이상 활동인구를 기준으로 하였다.

보여주고 있다. 특히 Min‒Max 정규화 방법은 원 데이터의 모든 관계를 정확하게 유지하고 있다는 장점을 보여준다(Jayalakshmi & Santhakumaran, 2011: 91). 이러한 관계는 [표 4‒24]와 [그림 4‒2]에서 확인해 볼 수 있는데, 오염물질의 대기농도 중에서도 다른 요소의 대기농도 지수가 0과 1 사이에서 다양한 분포를 보인 반면, O_3는 제주도를 제외한 모든 지방정부에서 0.5 이상의 높은 값을 보이고 있는 것을 확인해 볼 수 있다. 또한 환경재화 및 서비스 중 공기질과 관련한 지수의 총합은 인천(1.3755), 경기(1.9391)가 가장 낮게 나타나 대기질의 수준이 열악한 지역으로 파악되었고, 경남(3.9413), 제주(4.8819)는 대기질의 수준이 양호한 것으로 평가되었다.

한편, 오염물질에 대한 법정기준은 지역의 환경질에 대한 최저기준이 될 수 있다. 따라서 각 지역의 오염수준과 법정기준과의 차이를 통해 지방정부의 환경질 수준에 대한 평가가 가능하다. 또한 법정기준을 최저 목표치로 설정할 경우 초과된 정도를 성과지표로 활용할 수 있어 정책적 유용성도 높다고 할 수 있다. 대기오염물질의 법정기준 초과율은 대기오염도와 법정기준의 차를 법정기준으로 나눈 값[9])으로 초과정도를 측정하였다. 이산화황(SO_2)과 일산화탄소(CO), 오존(O_3)은 16개 광역시·도 모두 법정기준을 넘지 않는 것으로 조사되었다. 그러나 이산화질소(NO_2)의 경우 법정기준인 0.03ppm을 초과하는 지역은 서울로 약 10% 정도 초과하였으며, 인천과 경기 등 수도권지역도 법정기준을 겨우 충족시키는 수준으로 개선의 노력이 필요하다고 볼 수 있다. 미세먼지(PM_{10})의 경우 경기가 12%, 충북이 10%, 인천이 8%, 전북이 4%로 법정기준을 초과한다.

---

9) 법정기준 초과율(%) $= \dfrac{\text{오염물질농도} - \text{법정기준}}{\text{법정기준}} \times 100$

| 표 4-24 | 환경재화 및 서비스-공기질(Min-Max 정규화) | | | | | | |

	오염물질의 대기농도					대기체감 환경의 변화	총합
	SO₂	NO₂	CO	PM₁₀	O₃		
서울	0.4969	0.0000	0.2041	0.6283	1.0000	0.0981	2.4274
부산	0.2510	0.5581	0.9061	0.6021	0.6018	0.2443	3.1634
대구	0.5486	0.3555	0.4983	0.6597	0.6991	0.1148	2.8760
인천	0.0000	0.1416	0.2218	0.1361	0.8761	0.0000	*1.3755*
광주	0.8300	0.5849	0.4244	0.9058	0.6593	0.3048	3.7092
대전	0.7452	0.5106	0.4378	0.8220	0.8584	0.2651	3.6392
울산	0.0031	0.4251	0.4745	0.4817	0.6991	0.2171	2.3006
경기	0.4611	0.1120	0.1389	0.0000	0.8805	0.3466	1.9391
강원	0.6664	0.5904	0.0000	0.4921	0.6372	1.0000	3.3861
충북	0.5941	0.4106	0.2278	0.0628	0.7566	0.5198	2.5718
충남	0.6545	0.7143	0.3232	0.8063	0.7566	0.6555	3.9105
전북	0.6363	0.7358	0.5690	0.3874	0.7478	0.7662	3.8425
전남	0.2312	0.6665	0.5144	1.0000	0.5044	0.8476	3.7641
경북	0.5700	0.7097	0.4832	0.5864	0.6150	0.6910	3.6553
경남	0.5926	0.6122	0.8052	0.7487	0.6106	0.5720	3.9413
제주	1.0000	1.0000	1.0000	0.9424	0.0000	0.9395	<u>4.8819</u>

| 그림 4-2 | 환경재화 및 서비스-공기질(Min-Max 정규화 정규화) |

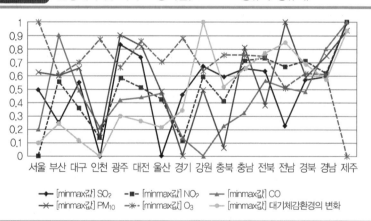

표 4-25 대기오염물질의 법정기준 초과율　　　　　(단위: 백분율(%))

	SO₂	NO₂	CO	PM₁₀	O₃
서울	(75)	10	(93.33)	(5.6)	(68.33)
부산	(70)	(33.33)	(95.56)	(6)	(55)
대구	(75)	(20)	(94.44)	(6.6)	(58.33)
인천	(65)	(3.33)	(93.33)	8	(65)
광주	(80)	(36.67)	(94.44)	(14.4)	(56.67)
대전	(80)	(30)	(94.44)	(11.8)	(65)
울산	(60)	(23.33)	(94.44)	(1)	(58.33)
경기	(75)	0	(93.33)	12	(65)
강원	(80)	(36.67)	(93.33)	0	(56.67)
충북	(80)	(26.67)	(93.33)	10	(61.67)
충남	(80)	(46.67)	(94.44)	(10)	(60)
전북	(80)	(46.67)	(94.44)	4	(61.67)
전남	(65)	(43.33)	(94.44)	(17.4)	(53.33)
경북	(75)	(46.67)	(94.44)	(4.4)	(55)
경남	(80)	(40)	(95.56)	(9.4)	(56.67)
제주	(85)	(70)	(95.56)	(15.6)	(36.67)

주: 괄호 안의 수는 음(−)의 초과율로 법정기준 미만을 의미.

② 수질 및 토양

환경재화 및 서비스 중 상수도 보급률은 서울과 제주가 100% 보급으로 가장 높은 지역으로 나타난 반면,[10] 충남은 −2.0946으로 상수도 보급률이 가장 낮게 나타났다. 한편, 하수발생량 대비 하수처리시설비율은 서울이 1.2951로 가장 높으며, 전남이 −1.8872로 가장 낮게 나타났다. 수질체감환경의 변화는 제주도가 가장 긍정적인 반면, 인천이 가장 부정적인 것으로 나타났다(−1.4638)[11] 농지면적 비율은 전남이 1.9286으로 가장 높으며, 제주도가 −0.8855로 가장 낮게 나타났다. 그리고 토양체감환경의 변화에 대해서는 강원도가 가장 긍정적이며(1.7398), 반면 인천은 −1.4801로 가장 부정적인 것으로 확인되었다.

---

10) 표준화값 0.8916은 상수도보급률이 100%임을 의미한다.
11) 수질, 토양, 녹지 등 체감환경의 변화 지표는 매우 좋아짐과 약간 좋아짐의 합의 비율을 활용하였다.

표 4-26 환경재화 및 서비스-수질 및 토양(표준편차 정규화)

	수질			토양		총합
	상수도 보급률	하수발생량 대비 하수처리 시설비율	수질체감 환경의 변화	농지면적 비율	토양체감 환경변화	
서울	0.8886	1.2951	-1.0737	-0.8816	-1.0993	-0.8709
부산	0.8739	1.1312	-0.8064	-0.8204	-0.7357	-0.3575
대구	0.8670	0.9665	-1.0520	-0.8218	-1.1685	-1.2089
인천	0.6623	1.1878	-1.4638	-0.6882	-1.4801	-1.7820
광주	0.8184	1.0221	-0.6475	-0.7824	-0.6578	-0.2471
대전	0.8386	0.9851	-0.6691	-0.8580	-0.6145	-0.3180
울산	0.4993	0.0325	-0.5752	-0.7834	-0.7011	-1.5279
경기	0.3905	0.2376	-0.5824	0.5643	-0.3635	0.2464
강원	-0.6622	-0.3605	1.5703	-0.2792	1.7398	2.0082
충북	-0.7242	-0.8160	0.1183	-0.1591	0.0519	-1.5291
충남	-2.0946	-0.8438	0.4073	1.5607	0.6578	-0.3126
전북	-0.1437	-0.9269	0.8479	1.1968	0.5626	1.5368
전남	-1.8551	-1.8872	1.2669	1.9286	1.2724	0.7256
경북	-0.8493	-1.1121	0.6023	1.1583	0.7877	0.5868
경남	-0.3980	-0.6048	0.3350	0.5510	0.2770	0.1602
제주	0.8886	-0.3067	1.7221	-0.8855	1.4715	2.8899

　　Min-Max 정규화 방법을 통해서도 환경재화 및 서비스 중 수질 및 토양에 대한 상대적인 차이를 확인해 볼 수 있다. 특별시 및 모든 광역시와 경기도, 제주도가 0.8 이상 그리고 전북이 0.654의 상수도 보급률을 보인 것과 달리, 타 시·도는 모두 0.5 이하의 낮은 수치를 나타내고 있다. 또한 하수발생량 대비 하수처리시설률도 주요 광역도시를 제외한 지역이 0.5 이하로 나타나, 대도심 지역이 아닐수록 하수를 처리할 수 있는 시설용량이 부족함을 확인할 수 있다. 이처럼 지역별 격차가 상이함을 [표 4-27]과 [그림 4-3]에서 확인해 볼 수 있다. 그리고 상수도 보급률, 하수발생량 대비 하수처리시설비율, 수질체감환경의 변화를 종합한 수질지수는 제주, 부산, 광주 순으로 높게 나타났고, 충남, 전남 지역이 하위를 차지하였다. 수질과 토양을 종합한 지수는 제주(3.4133), 강원(3.1277), 전북(3.0557)이 높은 반면, 인천(1.9605)은 열악한 지역으로 분류되었다.

| 표 4-27 | 환경재화 및 서비스-수질 및 토양(Min-Max 정규화 정규화) |

	수질			토양		총합
	상수도 보급률	하수발생량 대비 하수처리시설률	수질체감 환경의 변화	농지면적 비율	토양체감 환경변화	
서울	1.0000	1.0000	0.1224	0.0014	0.1183	2.2421
부산	0.9951	0.9485	0.2063	0.0231	0.2312	2.4042
대구	0.9928	0.8967	0.1293	0.0226	0.0968	2.1382
인천	0.9241	0.9663	0.0000	0.0701	0.0000	1.9605
광주	0.9765	0.9142	0.2562	0.0366	0.2554	2.4390
대전	0.9832	0.9026	0.2494	0.0098	0.2688	2.4139
울산	0.8695	0.6032	0.2789	0.0363	0.2419	2.0299
경기	0.8331	0.6677	0.2766	0.5152	0.3468	2.6393
강원	0.4802	0.4797	0.9524	0.2154	1.0000	3.1277
충북	0.4594	0.3366	0.4966	0.2581	0.4758	2.0265
충남	0.0000	0.3279	0.5873	0.8693	0.6640	2.4484
전북	0.6540	0.3018	0.7256	0.7400	0.6344	3.0557
전남	0.0803	0.0000	0.8571	1.0000	0.8548	2.7923
경북	0.4175	0.2436	0.6485	0.7263	0.7043	2.7401
경남	0.5687	0.4030	0.5646	0.5105	0.5457	2.5925
제주	1.0000	0.4967	1.0000	0.0000	0.9167	3.4133

| 그림 4-3 | 환경재화 및 서비스-수질 및 토양(Min-Max 정규화 정규화) |

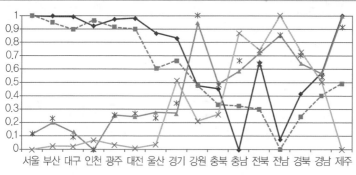

━◆━ [minmax값] 상수도 보급률 ━■━ [minmax값] 하수발생량 대비 하수처리시설률
━✕━ [minmax값] 농지면적비율 ✱ [minmax값] 토양체감환경의 변화
━▲━ [minmax값] 수질체감환경의 변화

공기질, 수질, 토양 등 전체 환경재화 및 서비스의 표준화점수를 합산하여 지역별로 비교해 보면, [그림 4-4]의 진한색 영역과 같이 제주, 전북, 경남 등 7개 지역은 평균 이상의 수준을 보여주고 있으며, 인천, 울산, 경기 등은 환경재화 및 서비스의 수준이 낮은 지역으로 평가할 수 있다.

그림 4-4 환경재화 및 서비스 지역별 표준화 점수(표준편차 정규화)

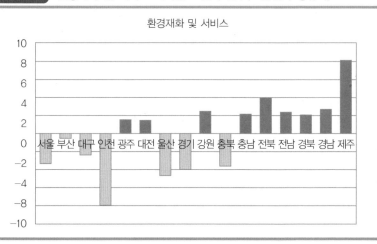

그림 4-5 환경재화 및 서비스 지역별 표준화 점수(Min-Max 정규화 정규화)

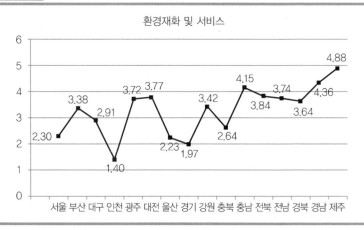

러한 상대적인 크기는 Min-Max 정규화 점수에서도 확인해 볼 수 있는데, 일부의 순위 변화는 있는 것으로 나타났다. 예를 들어 경북, 전남은 한 등급씩 상향되었고, 충남, 경남은 하락한 것으로 나타났다([그림 4-5]).

(2) 환경위해요인

1차 환경유해물질 중 화학물질 배출량은 경상남도가 가장 많은 것으로 나타난 반면(-2.5328), 서울(0.9055), 제주(0.9389)가 상대적으로 적게 발생하는 지역으로 확인되었다. 유해화학물질 사고건수는 경기도가 가장 높은 것으로 나타났으며, 지정폐기물발생량도 경기가 -2.7165로 가장 많은 지역으로 조사되었다. 토양오염물질 기준초과지점수에 대한 표준화값의 경우에는 부산이 -3.6670으로 매우 높게 나타난 반면, 대구, 광주, 대

표 4-28 환경위해요인(표준편차 정규화)

	1차 유해물질			2차 유해물질			소음 및 진동			
	화학물질 배출량	유해화학물질 사고 건수	지정폐기물 발생량	토양오염물질 기준초과지점수	폐기물 소각 처리량	폐기물 매립 처리량	소음/진동 체감환경 변화	소음 배출 시설수	진동 배출 시설수	총합
서울	0.9055	0.5364	0.5974	0.0758	-1.7088	0.5294	-1.2088	0.4558	0.8194	1.0021
부산	0.3342	0.3525	-0.0648	-3.667	-0.0534	0.2166	-0.7551	0.3237	0.5838	-2.7295
대구	0.4699	0.5977	0.6687	0.4448	0.3922	0.4132	-1.1521	0.5313	0.8241	3.1898
인천	0.4276	0.2299	-0.2814	0.2339	-0.0952	-3.6755	-1.2183	0.3457	0.6142	-3.4191
광주	0.6755	0.9043	0.9525	0.4448	0.5383	-0.2256	-0.8969	0.5927	0.8147	3.8004
대전	0.8797	0.1686	0.9123	0.4448	0.4783	0.2506	-0.6794	0.5648	0.8054	3.8250
울산	-1.4198	-1.8545	-0.3324	0.4448	0.4588	0.3348	-0.7645	0.5316	0.6468	-1.9544
경기	-1.2216	-2.0997	-2.7165	0.1285	-3.0527	0.4337	-0.4431	-3.4638	-2.432	-14.8673
강원	0.8368	0.843	0.9363	0.0758	0.6592	0.0034	1.5987	0.4473	0.4346	5.8350
충북	-0.7259	0.3525	0.3891	0.3921	0.4542	0.365	0.2186	-0.1696	-0.7713	0.5047
충남	0.0057	-0.0153	-0.8949	-0.0297	0.2813	0.2875	1.1355	-0.2369	-0.9439	-0.4106
전북	0.6002	0.1073	0.3475	0.2339	0.3089	0.3393	1.2301	0.2504	0.185	3.6027
전남	-0.1063	-1.7932	-0.0147	0.4448	0.5367	0.203	1.1828	0.3116	0.0287	0.7934
경북	-0.0621	0.4751	-1.3174	0.1285	0.5305	-0.0311	0.6251	-0.3687	-1.1725	-1.1926
경남	-2.5382	0.1073	-0.2479	0.4448	-0.3355	0.1173	0.1902	-0.6693	-1.2448	-4.1761
제주	0.9389	1.0882	1.0661	-0.2405	0.6071	0.4385	0.9370	0.5535	0.8077	6.1966

전, 울산, 전남, 경남이 낮게 나타났다. 폐기물소각처리량은 경기가 -3.052로, 폐기물매립처리량은 인천이 -3.6755으로 위해요인이 높은 것으로 나타났다. 폐기물소각처리 및 매립처리 전체를 고려하여도 경기와 인천에서의 처리량이 가장 높게 나타났다. 소음 및 진동 체감환경의 변화가 전년도에 비해 개선되었다는 응답은 강원이 1.5987로 가장 높고 인천이 -1.2183으로 가장 낮게 나타났다.

앞서 언급한 것과 같이 Min-Max 정규화 값은 표준편차 정규화 방법보다 원자료 간의 관계를 보다 명확하게 확인해 볼 수 있다. 특히 환경위해요인 중에서 환경유해물질은 대부분의 지방정부가 상당히 양호한 수준임에 비하여 몇몇 특정 지역은 매우 낮은 수준임을 확인할 수 있다. 예를 들어 화학물질 배출량의 경우에는 경남, 울산, 경기 지역의 배출량이 높게 나타나고 있으며, 유해화학물질 사고건수는 울산, 경기, 전남 지역이 취약한 것으로 나타났다. 즉, 대규모 산업단지들이 밀집해 있는 지역에서 유해화학물질 배출량이 많은 것은 물론 사고건수가 높은 것으로 나타나고 있어 해당 지역을 환경위해요인에서 보호하기 위해서는 환경부의 산업단지에 대한 지도감독이 보다 강화될 필요가 있음을 확인할 수 있다.

토양오염 역시 부산이 매우 낮은 수준임을 제외하고는 대부분 유사한 수준임을 알 수 있으며, 폐기물소각처리량은 서울, 경기가 다른 지방자치단체에 비하여 많은 것으로 나타났다. 폐기물매립처리량 역시 인천을 제외한 다른 지방자치단체는 모두 유사하게 0.8 이상의 수치가 나타나고 있음을 확인해 볼 수 있다. 또한 소음배출시설수도 경기를 제외하고는 유사한 수준임을 확인할 수 있다([표 4-29], [그림 4-6] 참고).

환경위해요인의 종합지수는 제주도가 가장 높아(8.5481) 환경위해요인으로부터 가장 안전한 지역으로 나타난 반면, 경기도의 지수화값이 가장 낮아(2.5541) 환경적으로 취약한 지역임을 알 수 있다.

| 표 4-29 | | 환경위해요인(Min-Max 정규화 정규화) | | | | | | | | |

	1차 환경유해물질			2차 유해물질			소음 및 진동			
	화학 물질 배출량	유해화학 물질 사고건수	지정 폐기물 발생량	토양오염 물질 기준 초과 지점 수	폐기물 소각 처리량	폐기물 매립 처리량	소음/ 진동 체감환경 변화	소음 배출 시설수	진동 배출 시설수	총합
서울	0.9904	0.8269	0.8761	0.9103	0.3621	1.0000	0.0034	0.9663	0.9986	6.9339
부산	0.8261	0.7692	0.7010	0.0000	0.8080	0.9256	0.1644	0.9337	0.9262	6.0543
대구	0.8651	0.8462	0.8949	1.0000	0.9281	0.9724	0.0235	0.9849	1.0000	7.5150
인천	0.8529	0.7308	0.6438	0.9487	0.7968	0.0000	0.0000	0.9391	0.9355	5.8476
광주	0.9243	0.9423	0.9700	1.0000	0.9674	0.8205	0.1141	1.0000	0.9971	7.7357
대전	0.9830	0.7115	0.9593	1.0000	0.9513	0.9337	0.1913	0.9931	0.9943	7.7175
울산	0.3216	0.0769	0.6303	1.0000	0.9460	0.9537	0.1611	0.9849	0.9456	6.0202
경기	0.3786	0.0000	0.0000	0.9231	0.0000	0.9772	0.2752	0.0000	0.0000	*2.5541*
강원	0.9706	0.9231	0.9657	0.9103	1.0000	0.8749	1.0000	0.9642	0.8804	8.4891
충북	0.5212	0.7692	0.8210	0.9872	0.9448	0.9609	0.5101	0.8121	0.5100	6.8365
충남	0.7316	0.6538	0.4816	0.8846	0.8982	0.9425	0.8356	0.7955	0.4570	6.6804
전북	0.9026	0.6923	0.8100	0.9487	0.9056	0.9548	0.8691	0.9156	0.8037	7.8026
전남	0.6994	0.0962	0.7143	1.0000	0.9670	0.9224	0.8523	0.9307	0.7557	6.9380
경북	1.0000	0.8077	0.3699	0.9231	0.9653	0.8667	0.6544	0.7630	0.3868	6.4490
경남	0.0000	0.6923	0.6526	1.0000	0.7320	0.9020	0.5000	0.6889	0.3646	5.5324
제주	1.0000	1.0000	1.0000	0.8333	0.9860	0.9784	0.7651	0.9903	0.9950	<u>8.5481</u>

| 그림 4-6 | 환경위해요인(Min-Max 정규화 정규화) |

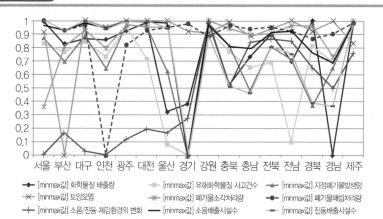

- ◆ [minmax값] 화학물질 배출량
- ■ [minmax값] 유해화학물질 사고건수
- ▲ [minmax값] 지정폐기물발생량
- ✕ [minmax값] 토양오염
- ✳ [minmax값] 폐기물소각처리량
- ● [minmax값] 폐기물매립처리량
- ＋ [minmax값] 소음/진동 체감환경의 변화
- ― [minmax값] 소음배출시설수
- -- [minmax값] 진동배출시설수

이상에서 살펴본 환경위해요인에 대한 표준편차 정규화 표준화점수를 비교하여 보면, [그림 4-7]의 제주, 강원 등 9개 지역은 평균 이상으로 양호한 지역으로 평가할 수 있으며, 경기, 경남, 인천 등은 상대적으로 환경위해요인에 대해 취약지역인 것으로 평가할 수 있다. Min-Max 정규화 점수에서도 유사한 결과를 확인해 볼 수 있다([그림 4-8] 참고). 그러나

그림 4-7 환경위해요인 지역별 표준화 점수(표준편차 정규화)

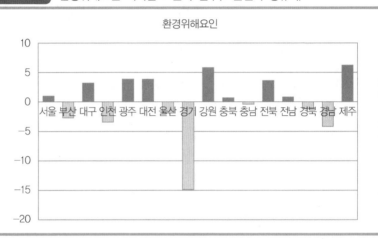

그림 4-8 환경위해요인 지역별 표준화 점수(Min-Max 정규화 정규화)

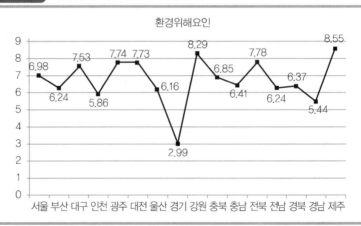

대전과 전북, 부산과 울산은 표준화 방식에 따라 순위가 바뀌는 결과가 나타났다.

(3) 환경보건요인

환경보건요인 중 질병관련요인의 표준화값을 살펴보면, 수인성질환 중 콜레라는 서울과 경기가 사망자가 있어 낮은 지역으로 나타났고, 장티푸스는 경남, 경기, 서울이, 세균성이질은 서울과 경기, 전남이, 장출혈성 대장균감염은 충남, 서울, 경기가, 비브리오패혈증은 경기, 경남, 전남의 보건수준이 낮게 나타났다. 중장기관리지표로 만성질환에 의한 사망률 표준화값은 전남이 가장 낮게 나타났다. 한편, 영아사망률에 대한 표준화값은 대구가 가장 낮고 서울이 가장 양호한 지역으로 나타났다(표 [4-30] 참고).

표 4-30 환경보건요인(표준편차 정규화)

| | 질병관련요인 | | | | | 중장기관리지표 | | |
| | 수인성질환 | | | | | 만성질환에 의한 사망률 | 영아 사망률 | 총합 |
	콜레라	장티푸스	세균성 이질	장출혈성 대장균 감염	비브리오 패혈증			
서울	-3.3324	-1.8044	-2.5052	-1.7728	-0.7581	1.1791	1.6488	-7.3450
부산	0.3447	-0.0685	0.055	0.7117	-0.4886	0.0538	-0.5362	0.0719
대구	0.3447	0.571	0.375	-0.3235	0.8592	0.4882	-1.6749	0.6397
인천	0.3447	0.6624	0.135	0.2976	0.0505	0.7848	-0.1055	2.1696
광주	0.3447	0.4797	0.375	0.0906	0.3201	0.7834	-0.6424	1.7511
대전	0.3447	0.6624	0.8551	0.7117	0.8592	1.0069	-0.5106	3.9293
울산	0.3447	0.2969	0.615	0.0906	0.8592	1.1889	0.0538	3.4492
경기	-1.4938	-1.9872	-1.5451	-1.3587	-2.3755	1.087	1.4207	-6.2526
강원	0.3447	0.571	0.8551	0.9187	0.8592	-0.8881	0.4	3.0606
충북	0.3447	0.3883	0.535	0.7117	0.5897	-0.647	0.4472	2.3696
충남	0.3447	0.4797	-0.105	-2.3939	-0.219	-0.7735	0.5888	-2.0782
전북	0.3447	0.6624	0.8551	0.9187	0.3201	-0.9837	-1.313	0.8043
전남	0.3447	0.4797	-1.2251	-0.1165	-1.0277	-1.9656	-0.1251	-3.6356
경북	0.3447	-0.0685	0.615	0.2976	0.8592	-1.3358	-1.431	-0.7188
경남	0.3447	-2.0785	-0.7451	0.5047	-1.5668	-0.2225	0.4393	-3.3241
제주	0.3447	0.7538	0.8551	0.7117	0.8592	0.2443	1.3401	5.1087

| 표 4-31 | 환경보건요인(Min-Max 정규화 정규화) |

	질병관련요인					중장기관리지표		
	수인성질환					만성질환에 의한 사망률	영아 사망률	총합
	콜레라	장티푸스	세균성 이질	장출혈성 대장균감염	비브리오 패혈증			
서울	0.0000	0.0968	0.0000	0.1875	0.5000	0.9969	1.0000	2.7812
부산	1.0000	0.7097	0.7619	0.9375	0.5833	0.6402	0.3426	4.9752
대구	1.0000	0.9355	0.8571	0.6250	1.0000	0.7779	0.0000	5.1955
인천	1.0000	0.9677	0.7857	0.8125	0.7500	0.8719	0.4722	5.6600
광주	1.0000	0.9032	0.8571	0.7500	0.8333	0.8714	0.3107	5.5258
대전	1.0000	0.9677	1.0000	0.9375	1.0000	0.9423	0.3503	6.1978
울산	1.0000	0.8387	0.9286	0.7500	1.0000	1.0000	0.5201	6.0374
경기	0.5000	0.0323	0.2857	0.3125	0.0000	0.9677	0.9314	3.0295
강원	1.0000	0.9355	1.0000	1.0000	1.0000	0.3416	0.6243	5.9013
충북	1.0000	0.8710	0.9048	0.9375	0.9167	0.4180	0.6385	5.6864
충남	1.0000	0.9032	0.7143	0.0000	0.6667	0.3779	0.6811	4.3431
전북	1.0000	0.9677	1.0000	1.0000	0.8333	0.3113	0.1089	5.2212
전남	1.0000	0.9032	0.3810	0.6875	0.4167	0.0000	0.4663	3.8546
경북	1.0000	0.7097	0.9286	0.8125	1.0000	0.1996	0.0734	4.7238
경남	1.0000	0.0000	0.5238	0.8750	0.2500	0.5526	0.6361	3.8375
제주	1.0000	1.0000	1.0000	0.9375	1.0000	0.7005	0.9071	6.5451

| 그림 4-9 | 환경위해요인(Min-Max 정규화 정규화) |

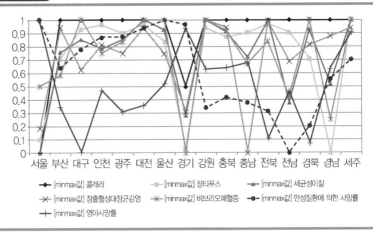

- ◆ [minmax값] 콜레라
- ■ [minmax값] 장티푸스
- ▲ [minmax값] 세균성이질
- ✕ [minmax값] 장출혈성대장균감염
- ✳ [minmax값] 비브리오패혈증
- ● [minmax값] 만성질환에 의한 사망률
- ┼ [minmax값] 영아사망률

환경보건 개별요소에 대한 Min – Max 정규화 지수값은 표준편차 정
규화값과 유사하게 나타났으며, 종합지수에서도 전북과 경남의 순위를 제외
하고는 표준편차 정규화값과 동일한 순위를 보여주고 있다. [그림 4 – 10]
은 환경보건요인 표준편차 정규화 종합지수를 표현한 것으로, 제주, 대전,
울산 등 10개 지역은 평균 수준 이상의 지역으로 볼 수 있으며, 서울, 경
기, 전남 등 6개 지역은 환경보건 수준이 상대적으로 취약한 지역으로 볼
수 있다. Min – Max 정규화 지수값의 경우 제주도가 6.545로 가장 양호한
수준인 것으로 나타났으며, 이어서 대전(6.198), 울산(6.037)이 높은 순위임
을 확인할 수 있다. 이에 반해 경기와 서울은 가장 낮은 점수를 받아 환경
보건 취약지역으로 볼 수 있다([그림 4 – 11]).

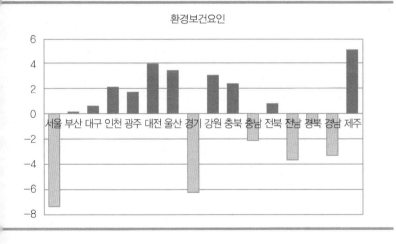

그림 4-10 환경보건요인 지역별 표준화 점수(표준편차 정규화)

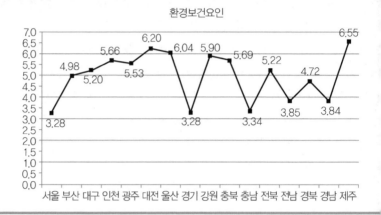

그림 4-11 환경보건요인 지역별 표준화 점수(Min-Max 정규화)

환경보건요인

서울 부산 대구 인천 광주 대전 울산 경기 강원 충북 충남 전북 전남 경북 경남 제주

(4) 쾌적한 환경 및 환경관리요인

쾌적한 환경은 인구대비 도시공원면적, 녹지체감환경의 변화로 측하였는데, 인구대비 도시공원조성 면적은 울산과 전남이 가장 높게 나타으며, 녹지체감환경이 좋아졌다고 인식하는 비율은 강원, 전남, 전북 순로 높게 나타났다. 환경관리요인의 대기배출시설에 대한 단속적발률과 수배출시설에 대한 단속적발률의 표준화값은 부산이 가장 높으며(각 1.424, 1.557), 제주도가 각각 -2.4128, -1.5133으로 가장 낮게 나타났([표 4-32] 참고). 그러나 제주도의 경우 상대적으로 해당 업소도 많지 않때문에 단속적발률이 낮다고 해서 반드시 환경관리가 취약한 것으로 단하기는 어렵다.

표 4-32 쾌적한 환경 및 환경관리요인(표준편차 정규화)

	쾌적한 환경		환경관리요인		총합
	인구대비 도시공원 조성면적	녹지체감 환경 변화	대기배출시설 단속적발률12)	폐수배출시설 단속적발률	
서울	−1.1185	−0.8105	0.5370	1.5191	0.1134
부산	−0.8144	−0.9279	1.4239	1.5574	1.2423
대구	−1.6177	−1.0986	−0.2191	0.0416	−2.9216
인천	−0.2110	−1.7070	0.6810	0.8556	−0.3945
광주	−1.2298	−0.9065	−0.1284	−1.2277	−3.4663
대전	−0.8659	−0.6610	−0.0135	−1.0395	−2.5762
울산	1.6614	−0.4583	0.5987	−0.6493	1.1528
경기	−0.8803	−0.1381	0.1591	0.7266	−0.1273
강원	0.3289	1.4842	−0.1252	0.9311	2.6409
충북	1.0137	−0.1167	−0.6144	0.2114	0.5174
충남	0.4247	0.4062	0.6669	−0.4683	1.0144
전북	0.4630	1.3347	−1.8379	−1.0303	−1.0759
전남	1.5932	1.3454	−0.1514	−0.7579	2.0276
경북	0.3565	0.5983	0.1347	−0.1183	0.9928
경남	0.5684	0.5343	1.3014	0.9618	3.3570
제주	0.3277	1.1213	−2.4128	−1.5133	−2.4968

환경위해요인과 환경보건요인의 Min−Max 정규화 지수값은 특별히 낮은 몇 개의 지역을 제외하고는 전반적인 지역에서 양호한 수준을 보인 반면, 쾌적한 환경과 환경관리요인은 전체 지역이 0에서 1 사이에 다양한 분포를 나타내고 있음을 [그림 4−12]에서 확인해 볼 수 있다.

---

12) 단속업소 중 부적업소의 비율이다.

표 4-33 쾌적한 환경 및 환경관리요인(Min-Max 정규화 정규화)

	쾌적한 환경			환경관리요인			총합
	인구대비 도시공원 조성면적	녹지체감 환경의 변화	총합	대기배출시설 단속적발률	폐수배출시설 단속적발률	총합	
서울	0.1522	0.2809	0.4332	0.7688	0.9821	1.7510	2.1842
부산	0.2450	0.2441	0.4891	1.0000	1.0000	2.0000	2.4891
대구	0.0000	0.1906	0.1906	0.5718	0.5000	1.0718	1.2624
인천	0.4290	0.0000	0.4290	0.8064	0.7679	1.5742	2.0032
광주	0.1183	0.2508	0.3691	0.5954	0.1071	0.7025	1.0717
대전	0.2293	0.3278	0.5570	0.6254	0.1607	0.7861	1.3431
울산	1.0000	0.3913	1.3913	0.7849	0.2857	1.0706	2.4619
경기	0.2249	0.4916	0.7165	0.6703	0.7321	1.4025	2.1190
강원	0.5936	1.0000	1.5936	0.5962	0.8036	1.3998	2.9935
충북	0.8025	0.4983	1.3008	0.4688	0.5714	1.0402	2.3410
충남	0.6229	0.6622	1.2851	0.8027	0.3393	1.1420	2.4270
전북	0.6345	0.9532	1.5877	0.1498	0.1607	0.3106	1.8983
전남	0.9792	0.9565	1.9357	0.5894	0.2500	0.8394	2.7751
경북	0.6020	0.7224	1.3245	0.6640	0.4643	1.1283	2.4527
경남	0.6667	0.7023	1.3690	0.9681	0.8036	1.7716	3.1406
제주	0.5933	0.8863	1.4796	0.0000	0.0000	0.0000	1.4796

그림 4-12 쾌적한 환경 및 환경관리요인(Min-Max 정규화 정규화)

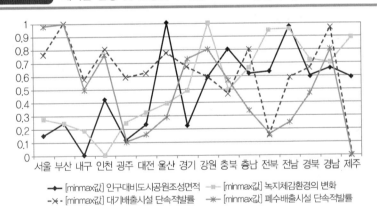

쾌적한 환경에 대한 종합지수를 그래프로 표현하면 [그림 4-13]과 같이 전남, 전북, 강원 등 9개 지역은 평균 이상으로 대구, 광주, 서울 등 7개 지역은 쾌적한 환경이 미흡한 곳으로 볼 수 있다. 그리고 환경관리 요인에 대한 종합지수는 [그림 4-14]와 같이 부산, 경남, 서울 등 8개 지역이 높게 나타나고 있는 반면 제주, 전북, 광주 등 8개 지역은 환경관리 수

그림 4-13 쾌적한 환경(표준편차 정규화)

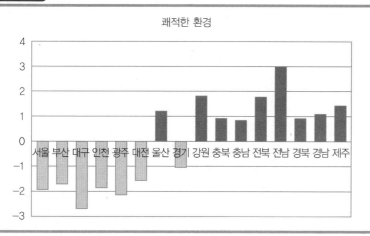

그림 4-14 환경관리요인(표준편차 정규화)

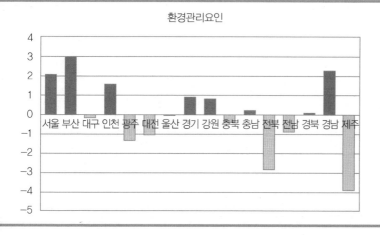

준이 낮은 지역으로 분류되었다.

　　Min‒Max 정규화 점수 역시 유사한 순위를 보이고 있으나 쾌적한 환경에서 서울과 인천의 순위가 한 등급씩 변화하였으며 환경관리요인에서는 대구와 울산의 순위가 바뀐 것을 확인할 수 있다([그림 4‒15], [그림 4‒16] 참조).

그림 4‒15　쾌적한 환경(Min‒Max 정규화 정규화)

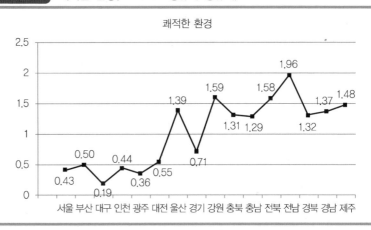

그림 4‒16　환경관리요인(Min‒Max 정규화 정규화)

(5) 환경취약지역

환경취약지역을 확인하기 위하여 지방자치단체 예산 중 환경보호예산 비중을 분석한 결과 충남이 1.451로 가장 높으며, 대구가 −1.348로 가장 낮은 지역으로 나타났다. 폐수시설은 경기도에 가장 많이 분포되어 있는 것으로 나타났으며, 제주가 0.8025로 가장 적은 지역으로 조사되었다. 폐수, 폐기물, 대기오염물질 배출시설 모두 경기에 압도적으로 많으며, 제주도가 가장 적은 지역으로 확인되었다([표 4−34] 참고).

표 4-34   환경취약지역(표준편차 정규화)

	환경취약지역				종합
	지방자치단체 환경보호예산비중	폐수시설	폐기물시설	대기오염배출시설	
서울	−0.7511	−0.3548	0.4812	0.5045	−0.1202
부산	−1.2362	0.2563	0.5075	0.2131	−0.2593
대구	−1.3482	0.2313	0.8766	0.3285	0.0882
인천	−1.3109	0.0392	0.2702	−0.1894	−1.1908
광주	−0.6018	0.6193	0.7448	0.5982	1.3606
대전	−1.1989	0.6358	0.8239	0.668	0.9288
울산	−0.4152	0.6798	0.5339	0.5355	1.3340
경기	1.3389	−3.5327	−3.0254	−3.4908	−8.7100
강원	1.2269	0.3381	0.1648	0.4784	2.2083
충북	0.6671	0.2003	0.0857	0.0084	0.9615
충남	1.4508	0.0247	−0.3098	−0.056	1.1097
전북	0.0700	0.2461	0.2175	0.3074	0.8409
전남	0.1446	0.2480	−0.8635	0.23	−0.2409
경북	1.0403	−0.2818	−0.758	−0.3059	−0.3053
경남	0.5551	−0.1522	−0.7316	−0.5443	−0.8730
제주	0.3685	0.8025	0.9821	0.7144	2.8676

환경취약지역에 대한 Min−Max 정규화값 역시 환경보호예산 비중은 충남이 가장 높고 대구가 가장 낮게 나타났다. 구체적인 분포를 살펴보면, 광역 행정 구역인 도의 경우 환경보호예산 비중이 0.5 이상인 반면 대부분의 광역시는 그 비중이 상대적으로 낮게 나타났다. 또한 폐수시설은 경기도를 제외하고는 모두 0.7 이상이며, 폐기물시설 역시 경기도를 제외하고

는 0.5 이상이었다. 뿐만 아니라 대기오염배출시설 역시 경기도를 제외하고는 모두 0.7 이상인 것으로 나타났다([표 4-35], [그림 4-17] 참고). 따라

표 4-35 환경취약지역(Min-Max 정규화 정규화)

	환경취약지역				종합
	지방자치단체 환경보호예산비중	폐수시설	폐기물시설	대기오염 배출시설	
서울	0.2086	0.7330	0.8750	0.9501	2.7668
부산	0.0405	0.8740	0.8816	0.8808	2.6769
대구	0.0000	0.8682	0.9737	0.9082	2.7501
인천	0.0223	0.8239	0.8224	0.7851	2.4537
광주	0.2645	0.9577	0.9408	0.9724	3.1354
대전	0.0532	0.9615	0.9605	0.9890	2.9643
울산	0.3365	0.9717	0.8882	0.9574	3.1538
경기	0.9520	0.0000	0.0000	0.0000	*0.9520*
강원	0.9216	0.8929	0.7961	0.9439	3.5544
충북	0.7121	0.8611	0.7763	0.8321	3.1817
충남	1.0000	0.8206	0.6776	0.8168	3.3150
전북	0.5109	0.8716	0.8092	0.9032	3.0949
전남	0.5343	0.8721	0.5395	0.8848	2.8306
경북	0.8444	0.7499	0.5658	0.7574	2.9174
경남	0.6711	0.7798	0.5724	0.7007	2.7239
제주	0.6073	1.0000	1.0000	1.0000	__3.6073__

그림 4-17 환경취약지역(Min-Max 정규화 정규화)

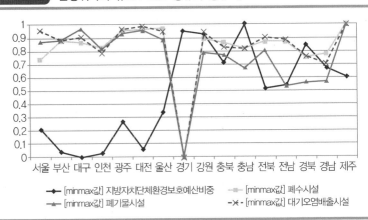

서 대부분의 요소에서 가장 열악한 지역으로 표출된 경기도에 대해서는 집중적인 환경관리 노력이 필요하다고 할 수 있겠다.

　환경취약지역에 대한 종합지수는 [그림 4-18]에서와 같이 경기가 가장 열악한 지역으로 나타났으며, 제주도는 상대적으로 양호한 지역으로 조사되었다. Min-Max 정규화 결과는 환경위해요인, 환경보건요인, 쾌적

그림 4-18 환경취약지역 표준화 점수(표준편차 정규화)

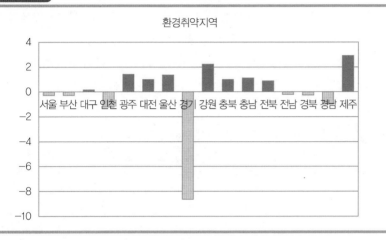

그림 4-19 환경취약계층 표준화 점수(Min-Max 정규화 정규화)

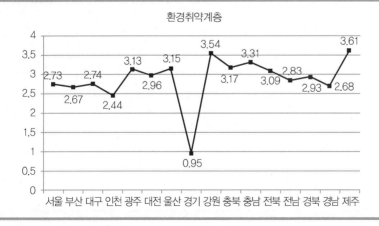

한 환경 및 관리요인에서는 일부의 지방정부 순위만 바뀐 것과 달리 환경
취약계층에서는 10개의 지방자치단체에서 순위가 다르게 나타났다([그림
4-19]).

3. 소　결

　　본 연구에서는 표준화 지수를 활용하여 각 지역의 환경복지 수준을
측정하고자 하였다. 앞서 전문가조사를 통하여 각 영역과 요소의 가중치를
구하였으나 전문가들의 주관에 따라 다른 가중치를 부여할 수 있으며, 가
중치에 대한 타당성 및 객관성 문제가 제기될 수 있기 때문에 '표준편차
정규화'와 'Min-Max 정규화' 두 가지 방식을 활용하여 표준화지수를 구
하였다. 두 가지 방식의 분석결과는 각각 [표 4-36]과 [표 4-37]에 정리

표 4-36　　환경복지 표준화지수(표준편차 정규화)[13]

지역	환경재화 및 서비스	환경위해 요인	환경보건 요인	쾌적한 환경	환경관리요인	환경취약 지역
서울	-3.3850	1.0021	*-7.3450*	-1.9290	2.0424	-0.1202
부산	-0.4870	-2.7295	0.0719	-1.7423	<u>2.9845</u>	-0.2593
대구	-2.3013	3.1898	0.6397	*-2.7164*	-0.2052	0.0882
인천	*-7.9576*	-3.4191	2.1696	-1.9180	1.5235	-1.1908
광주	1.5132	3.8004	1.7511	-2.1364	-1.3300	1.3606
대전	1.3968	3.8250	3.9293	-1.5269	-1.0493	0.9288
울산	-4.6738	-1.9544	3.4492	1.2032	-0.0504	1.3340
경기	-4.0037	*-14.8673*	-6.2526	-1.0183	0.8911	*-8.7100*
강원	2.3990	5.8350	3.0606	1.8131	0.8278	2.2083
충북	-3.6349	0.5047	2.3696	0.8970	-0.3796	0.9615
충남	2.1597	-0.4106	-2.0782	0.8309	0.1835	1.1097
전북	3.8640	3.6027	0.8043	1.7978	-2.8737	0.8409
전남	2.2746	0.7934	-3.6356	<u>2.9386</u>	-0.9110	-0.2409
경북	2.0752	-1.1926	-0.7188	0.9548	0.0380	-0.3053
경남	2.6589	-4.1761	-3.3241	1.1027	2.2543	-0.8730
제주	<u>8.1018</u>	<u>6.1966</u>	<u>5.1087</u>	1.4490	*-3.9458*	<u>2.8676</u>

*밑줄은 최고점수, 이탤릭체는 최저점수를 받은 지자체임.

---

13) 점수가 높을수록 환경복지의 세부지표 수준이 양호한 상태임을 의미한다.

표 4-37   환경복지 표준화지수(Min-Max 정규화)

지역	환경재화 및 서비스	환경위해 요인	환경보건 요인	쾌적한 환경	환경관리요인	환경취약 계층
서울	4.6695	6.9339	*2.7812*	0.4332	1.7510	2.7668
부산	5.5676	6.0543	4.9752	0.4891	<u>2.0000</u>	2.6769
대구	5.0141	7.5150	5.1955	*0.1906*	1.0718	2.7501
인천	*3.3361*	5.8476	5.6600	0.4290	1.5742	2.4537
광주	6.1482	7.7357	5.5258	0.3691	0.7025	3.1354
대전	6.0530	7.7175	6.1978	0.5570	0.7861	2.9643
울산	4.3305	6.0202	6.0374	1.3913	1.0706	3.1538
경기	4.5785	*2.5541*	3.0295	0.7165	1.4025	*0.9520*
강원	6.5139	8.4891	5.9013	1.5936	1.3998	3.5544
충북	4.5984	6.8365	5.6864	1.3008	1.0402	3.1817
충남	6.3589	6.6804	4.3431	1.2851	1.1420	3.3150
전북	6.8982	7.8026	5.2212	1.5877	0.3106	3.0949
전남	6.5564	6.9380	3.8546	<u>1.9357</u>	0.8394	2.8306
경북	6.3954	6.4490	4.7238	1.3245	1.1283	2.9174
경남	6.5338	5.5324	3.8375	1.3690	1.7716	2.7239
제주	<u>8.2952</u>	<u>8.5481</u>	<u>6.5451</u>	1.4796	*0.0000*	<u>3.6073</u>

밑줄은 최고점수, 이탤릭체는 최저점수를 받은 지자체임.

되어 있다.

환경재화 및 서비스 수준은 제주도가 가장 높고, 이어서 전남, 전북, 충남 순으로 나타났으며, 인천과 울산, 경기지역이 대기질의 영향으로 인해 취약한 지역으로 평가되었다. 한편 환경위해요인은 경기도에 이어 경남, 인천, 부산 순으로 높게 나타나고 있다. 따라서 이 지역들은 산업단지 내·외의 공장에서 배출되는 화학물질에 대한 적절한 관리 및 유해화학물질 등의 위해요인에서 주민을 보호하기 위한 노력이 필요한 것으로 보인다. 환경보건 수준은 제주가 가장 안전한 지역으로 나타난 반면 서울, 경기, 전남, 경남이 취약지역으로 확인되었다. 쾌적한 환경과 관련한 지표에서는 전남과 강원이 높은 순위를 기록한 반면, 대구와 광주는 도시공원 조성면적과 녹지체감환경의 변화 등에서 모두 낮은 수치를 보여주었다. 또한 대기 및 폐수배출시설 단속적발률과 같은 환경관리요인은 부산과 경남이 높은 반면, 제주와 전북이 낮게 나타나고 있다. 환경취약지역은 제주, 강원, 광주가 비교적 양호한 편이며, 경기도와 인천이 가장 취약한 것으로 나타났다. 인천 및 경기도의 경우 폐수시설, 폐기물시설, 대기오염배출시설 등이 집중되어 있고 높은 실업률, 환경에 취약한 영유아, 어린이인구의 비율도 높게 나타나고 있다. Min－Max 정규화 종합지수에서도 각 영역별 상위와 하위지역은 동일하나 중간순위의 지역은 측정 방식에 따라 약간의 변동이 있음을 알 수 있다.

이상의 분석결과를 종합보면 지역별로 취약한 영역과 요소가 각각 상이함을 파악할 수 있다. 따라서 편차가 적으면서 전반적으로 수준이 낮은 환경지의 경우 중앙정부의 정책적 대응과 지원이 이루어져야 할 분야로 볼 수 있고 지역별 편차가 큰 지표의 경우 지방정부의 맞춤식 환경복지정책이 마련되어야 한다. 뿐만 아니라 환경위해요인, 환경보건요인과 같이 대부분의 지역이 양호한 반면, 특정 지역이 낮은 지표로 확인된 요인에 대해서는 해당 지역에 대한 보다 집중적인 관리가 필요할 것이다. 그러나 위의 지수값은 환경복지모형에서 고려한 모든 지표가 포함된 것이 아니라 현재 활용가능한 자료와 지표값 만으로 산정하였기 때문에 중앙정부와 지방정부는 현재 미비한 지표의 자료를 축적하여 나가면서 적절한 시기에 환경복지평가에 반영해가야 할 것이다.

제5부

환경복지정책의 미래

제1장 환경복지정책 방향의 설정

1. 비전, 목적 및 주요목표

환경복지는 국민의 기본적 권리인 환경권을 보장하는 주요한 환경정책 수단이다. 즉 환경복지의 위상은 현세대와 미래세대가 깨끗하고 안전한 물, 에너지, 생태계 등 환경공공재에 공평하게 접근할 수 있는 보편적 권리를 보장하고, 안전하고 쾌적한 환경에서 생활할 수 있는 여건을 조성하는 것을 지향한다.

이런 점에서 환경복지정책의 궁극적인 비전은 '공정하고 공평하며 정의로운 환경복지사회의 구현'에 두어야 할 것이다. 이와 더불어 환경복지정책의 비전을 구현하기 위한 정책의 목적(goals)은 환경재화 및 서비스 접근성, 환경상태와 환경안전 등에서 모든 국민이 기본적으로 향유할 수 있는 소위 '환경질과 환경서비스의 최저기준(Environmental Quality and Service Minimum)'을 확보하는 것에 두어야 한다. 즉, 환경복지정책의 목적은 환경재화와 서비스의 재분배, 소득역진적 효과의 최소화를 통해 소득계층 간, 지역 간, 세대 간 환경불평등 및 환경격차를 해소하고 기초적인 환경재화와 서비스를 제공하는 데 있다. 이는 기존의 사회복지 정책에서 모든 국민에게 인간다운 삶을 위한 최소한의 생활기반을 보장하기 위해 기초생활비를 제공하는 것과 정책 목적 측면에서 유사하다고 할 수 있다.

위와 같은 환경복지정책의 비전과 목적을 실현하기 위한 주요 정책목표(target)는 다음과 같이 제시하고자 한다.

첫째, 계층, 지역 및 연령 사이에 존재하고 있는 각종 환경재화 및 환경서비스의 권리와 책임의 불평등과 격차를 해소한다.

둘째, 저소득층을 포함한 사회경제적 취약계층, 어린이, 여성, 노인 등 소위 환경적 약자를 보호하여 사회 전체의 지속가능성을 제고한다.

셋째, 환경적으로 안전한 사회 즉, 환경오염 및 사고, 기후변화의 위험에 모든 국민이 차별 없이 보호받는 사회를 건설한다.

넷째, 환경정책 및 사업의 수립, 집행과 결과에서의 공정한 대우와 실질적인 참여를 보장한다.

2. 추진원칙 및 전략

(1) 추진원칙

① 기초수요로서의 환경권 보장

환경복지정책에서 가장 우선시되는 원칙은 모든 국민에 대한 환경권의 보장이다. 즉 모든 국민에게 기초수요재로서의 환경 향유권이 보장되어야 한다는 것이다. 헌법에 보장된 환경권이 명목상이 아닌 실질적으로 보장될 수 있도록 해야 한다. 사회적·경제적 약자의 환경권을 고려하는 환경정의의 관점이 고려되어야 한다.

② 미래세대를 위한 예방적 조치 강화

미래세대를 배려한 정책추진이 필요하다. 세대 간 기회균등이란 관점에서는 미래세대의 환경권 문제가 강조된다. 미래세대도 환경에 대하여 현존 세대와 동일한 권리가 있기 때문에 미래세대도, 현세대가 환경에 누리는 것과 동등하거나 그 이상의 환경편익을 누릴 수 있어야 한다. 미래세대가 쾌적한 자연환경 및 지속적인 자연자원을 향유할 수 있도록 사전예방적인 환경관리가 필요하다는 것이다. 그리고 이렇게 하는 것이 보다 정의로울 뿐만 아니라 경제적이기도 하다.

③ 생태적 지속가능성의 원칙 존중

미래세대의 환경복지를 구현하기 위해서는 환경을 이용하는 인간의 행위가 생태계의 지속가능성 원리에 부합해야 한다. 환경오염과 자연파괴는 생태계의 원리를 존중하지 않는 인간의 자연이용과 개발행위에 의해 초래된다. 우리가 환경을 생태계의 지속가능성 원리에 맞게 개발하고 이용한

면 환경이 제공하는 서비스의 양과 질을 지속적으로 향유할 수 있다. 그
므로 환경복지정책은 지구생태계의 생물, 그물망, 진화, 발전 원리를 존
하고 이 원리가 인간사회의 자연이용행위에 구현될 수 있도록 해야 한다.

④ 민주적 거버넌스와 참여 원칙

환경복지정책은 민주적인 절차를 거쳐 수혜계층의 의사가 잘 반영되
록 정책을 수립하고 운영해야 한다. 환경문제의 발생과 해결에는 많은
해관계자가 존재하기 때문에 이들 간의 민주적이고 합리적인 이해조정
중요하다. 특히 환경복지 수혜대상 집단에 대한 권한부여(empowerment)
이들의 적극적인 이해와 협조를 유도해야 한다. 자신을 대표할 수 없는
래세대에 대한 배려라는 측면에서 복지 수혜대상은 물론 NGO 등 각종
회집단의 참여도 매우 중요하게 고려되어야 한다.

위와 같은 원칙에 따라 추진해야 할 환경복지정책은 첫째, 환경재화
서비스에 대한 공정한 접근 및 참여를 보장하고, 둘째, 환경재화 및 서
스의 권리와 책임에 대한 공평한 분배를 보장하며, 셋째, 사회경제 및
경적으로 취약한 지역·계층·세대에 대한 지원을 강화하는 데 역점을
어야 할 것이다.

(2) 추진전략

① 사전예방 및 통합적 환경관리

환경피해가 발생한 이후에 이를 치유하는 것은 환경이 제대로 보장되
않는 것을 의미한다. 환경피해가 발생하지 않도록 사전예방적인 환경관
가 될 수 있어야 한다. 환경피해 발생 여부가 불확실한 경우에는 피해자
위치에서 판단하는 접근이 필요하며, 적극적인 환경기준의 강화와 새로
환경정책 수요의 반영이 필요하다. 환경기준은 모든 국민에게 기초수요
서의 환경질을 제공할 수 있는 주요 척도가 된다. 기초 환경질의 달성
법적 의무사항으로 하여 환경질 개선 및 유지 노력을 강제할 수 있어야
다.

그리고 통합매체적인 환경관리로의 전환이 필요하다. 통합적 관리기

법은 종래 대기·수질·폐기물 등으로 나누어 이루어졌던 의사결정을 오염물질, 배출원, 그리고 지리학적인 구분에 초점을 맞춤으로써 보다 효과적으로 환경을 보전하자는 것이다. 다양한 환경오염물질의 배출로 인한 위해도를 통합적으로 평가하여 환경오염으로부터의 총 위협을 최소화하자는 것이다. 이를 위해서는 매체별로 분류된 기존의 환경관리 방식에서 통합매체적인 환경관리로 전환할 필요가 있다(정회성·변병설, 2011: 135).

② 공간/지역 정책과 가구(개인) 정책 통합

환경복지정책은 여타 복지정책과는 다르게 개인차원의 복지뿐만 아니라 지역 또는 공간차원의 복지 수요에서 비롯되는 특성을 갖고 있다. 기존의 복지정책은 개인(가구)을 대상으로 한 소득보전, 주택개량 또는 에너지제공 등이 거의 대부분이다. 하지만 환경과 환경정책의 특성상 지역 또는 공간과 개인을 포괄할 수 있는 환경복지정책이 추진되어야만 환경재화와 환경서비스를 향유할 때 소위 '환경질과 서비스의 최저기준'이 확보될 수 있다. 이런 점에서 환경복지정책은 지역사회의 특수성을 반영한 공간적 복지로서 개인과 지역 및 공간을 함께 고려하는 통합형 복지사업을 추진해야 할 것이다.

③ 제반 복지정책과 환경복지정책 연계 추진

먼저 환경복지정책 추진의 근본 배경이 되는 환경재화 및 서비스의 지역·계층 간 불공정성, 불평등, 격차 및 결핍은 사회적 차원, 예컨대 공장 등 오염유발시설 또는 상하수도, 도시가스 등 인프라 구축 여부 등 지역사회의 취약성과 개인차원의 취약성, 예컨대 거주하고 있는 주택유형, 연령 등의 복합적 작용에 의한 산물이다. 따라서 환경복지정책은 기존의 환경정책의 범위를 넘어서는 특징이 있다. 즉, 에너지, 주거, 보건의료 등과 관련된 분야의 정책과 상호 연관성을 맺고 있으며 상당 부분은 중첩되기도 한다. 따라서 환경복지정책은 에너지복지, 주거복지, 보건의료복지정책 및 사업 등 제반 복지정책과 긴밀히 연계하여 추진되어야 보다 효과적이고 효율적으로 정책목표를 달성할 수 있다.

④ 소지역/시설 단위의 생활환경개선 역점

환경복지정책의 성공적 추진을 위해서는 기존 환경정책의 대상과 방식 등에 대한 패러다임의 전환이 필요하다. 공간적 범위에서 기존의 환경정책이 국가 전체 또는 광역지방자치단체 차원의 환경질 개선에 초점을 맞추고 있다. 그러나 환경복지정책은 국가 전체 또는 광역차원의 정책을 기본으로 하면서도 기초지자체, 읍/면/동 또는 마을단위의 소지역 심지어는 생활 및 주거 시설을 대상으로 한 생활환경 개선에 역점을 두어야 할 것이다.

⑤ 수요자 참여의 생산적 사업 개발

기존의 환경정책이 주로 공공부문의 필요에 따라 공공재 투입을 통한 공급 위주로 진행되었으나, 환경복지정책은 공공부문의 공급과 지역 또는 계층의 수요와 결합한 방식으로 추진될 필요가 있다. 즉 참여를 통한 수요를 반영하여 정책이 개발되고 추진되어야 한다는 것이다. 그리고 기존의 환경정책은 주로 공공부문에서 제공하는 환경재화 및 서비스를 국민이 소비하는 구조를 갖고 있다면 환경복지정책은 특정 지역과 시설 그리고 수요를 반영하고 있기 때문에 정책의 대상 지역 및 계층의 적극적 참여를 통한 환경재화와 서비스의 생산이 뒷받침되어야 한다. 예를 들어 '환경복지마을 만들기'와 같은 사업은 단지 공공부문의 서비스 소비에 의존해서는 단기적 시행에 그칠 가능성이 높다. 해당 사업이 지속가능하려면 지역 주민들의 적극적이고 자발적 참여를 통한 환경재화와 서비스의 생산이 필수적이다. 특히 환경복지정책은 환경과 고용의 연계를 통한 녹색일자리 창출로 얻어진 환경재화와 서비스가 취약계층 및 지역의 소득과 생활여건 개선에 기여한다는 점에서 더욱 그러하다. 이를 통해 기존의 환경정책이 지향했던 '대중' 중심의 정책이라면, 환경복지정책은 소지역 또는 시설 구성원들의 공동체를 지향한다. 이를 위해서는 단지 환경개선뿐만 아니라 지역 주민의 참여와 소통을 통해 진정한 의미에서의 거버넌스를 실현해야 할 것이다.

⑥ 취약 지역 및 인구집단 중점

환경복지정책 추진시 정책의 우선순위를 고려하여 보편성과 특수성이 적절한 균형과 조화를 이룰 수 있도록 단계적으로 추진되어야 한다. 앞에서 언급했듯이 환경복지는 국민의 기본적 권리인 환경권을 보장하는 보편적 복지로서 모든 국민을 대상으로 제공되어야 한다. 하지만 국민 전체를 대상으로 한 보편적 환경복지정책을 추진함과 동시에 소위 '환경질과 서비스의 최저기준'의 결핍 정도가 상대적으로 높거나 또는 '환경질과 서비스의 최저기준'이 확보됐음에도 불구하고 안전과 건강이 담보되지 못하는 취약 지역·계층·세대에 대해서는 환경복지정책을 우선적으로 추진할 필요가 있다. 즉, 장기적으로 모든 국민의 환경권이 보장될 수 있도록 보편적 환경복지정책을 추진하면서 단기 및 중기적으로는 취약지역, 취약계층과 취약세대에 대한 '선택적 환경복지' 정책에 중점을 두어야 할 것이다.

제 2 장 환경복지 거버넌스의 정립

1. 중앙부처 간 정책 조정과 협력

환경부는 환경복지 관련 업무범위를 정립하고 환경복지 측면에서 업무 협조가 필요한 타 중앙부처와의 정책 협력 관계를 적극적으로 구축해 나가야 한다. 환경이 국민의 보건에 미치는 영향과 관련해서는 보건복지부와 정책 협력을 강화하여 지역별, 성별, 연령별 격차를 해소해 나가야 한다. 보건복지부가 기존에 이미 진행하고 있는 생애주기 건강관리, 산모―어린이 건강관리, 노인건강관리 대책에 환경보건대책이 포함되어 있기는 하지만 기존의 환경 관련 요인뿐만 아니라 국민의 건강에 중대한 영향을 미치는 환경요인들을 발굴하여 보건복지부의 건강 증진 정책에 반영하여 환경요인과 관련한 건강진단 측면을 강화하는 것이 필요하다.

또한 작업환경과 관련한 환경요인을 통제하여 안전한 작업환경을 조성하고 업종별·지역별 격차를 해소하기 위해서는 고용노동부와의 정책협력을 강화해야 한다. 최근 구미와 청주의 불산 누출사고는 작업장의 위험물질이 노동자의 생명과 안전을 위협할 뿐만 아니라 인근 주민의 생활환경에도 중대한 위협요인으로 작용하고 있다는 점을 보여주었다. 작업장 환경 측면의 복지 증진과 관련하여 환경부의 적극적인 업무추진이 필요한데 이를 위해서는 환경부가 작업장에서 발생할 수 있는 주요 환경 유해 요인을 광범위하게 지표화하여 관리하고 이러한 기준이 각 작업장에서 엄격하게 준수되고 있는지를 고용노동부와 함께 점검하고 미흡한 점을 보완하도록 조치해야 한다.

이 밖에도 학교 환경보건대책과 관련해서는 교육부와 정책협력을 강화해 나가야 할 것이고, 안전한 주거환경의 확보와 관련해서는 국토교통부와 정책협력을 강화하여 주택신축과 관리에 관한 환경 기준을 제시하는 동시에 이러한 기준이 제대로 준수되고 있는지를 점검하고 개선해야 한다. 이와 같이 환경복지와 관련된 각 부처 간 유기적인 협력관계는 매우 중요하지만, 각 부처 간의 협조적 관계를 지속적으로 확보하는 것은 쉬운 일이 아니다. 따라서 환경부와 각 중앙부처와의 유기적 협력관계를 지속적으로 확보하기 위한 상설 협의체(총리실 산하 가칭 "환경복지개선추진단")를 가동하는 방안도 검토해 보아야 할 것이다.

2. 지방정부 정책 지원 및 관리

지방정부가 주거 및 생활환경 개선 차원에서 새로운 사업을 할 경우 환경부가 중앙정부 차원에서 지원해줄 수 있는 방안을 강구해야 한다. 타 중앙부처의 기존 사례를 보면 지방정부가 중앙정부의 중점 추진 업무와 관련된 새로운 사업을 할 경우 전체예산의 30~50% 정도를 지원해 주고 있다. 환경부도 주거환경 및 주변 생활환경 개선 사업이나 작업장과 주변 공장지대의 환경개선 사업을 지방자치단체가 추진할 경우 예산의 일정 비율을 미리 확보하여 지원해 주는 것이 필요하다. 이러한 사업을 효율적으로 추진하기 위해서 환경부는 환경복지 개선과 관련된 중점 업무 추진 영역을 정한 다음 전국적인 조사를 거쳐 지역별 격차가 큰 분야에 대한 사업을 선정하고, 기획재정부와 협의하여 예산배정을 받은 후 지방자치단체를 대상으로 우선지원을 위한 공모 방식을 도입하는 것이 효율적일 수 있다. 중점 추진사업을 연초에 사전 고지해야 지방자치단체는 주민의 의견수렴과 정책결정을 위한 충분한 검토시간을 가질 수 있기 때문에 결과적으로 실제 사업을 추진할 경우 관심이 있는 지방자치단체의 적극적인 참여를 이끌어 낼 수 있을 것이다. 지방자치단체의 사업을 지원한 경우에는 사업계획대로 원활히 사업이 추진되고 있는지 지방 환경청으로 하여금 지도·감독케 하고, 사업완료 후에는 평가를 통해 향후 비슷한 사업의 추진에 시사점을 얻도록 한다. 또한 좋은 평가를 받은 지방자치단체는 차후 다른 사업 추진 시 가점을 부여하는 등의 인센티브를 주도록 해야 할 것이다.

3. 비영리기관에 대한 권한 위임과 지원

환경부는 중앙 부처 또는 각 지역의 환경 관련 시민단체 등 비영리기관이 환경복지 개선 관련사업을 제안하거나 새로운 정책 의제를 제기하는 역할을 할 수 있도록 사업 검토와 결정 시 각종 회의에 비영리기관의 대표들을 적극적으로 참여시키는 것이 필요하다. 이를 통해 지역 주민의 뜻과 동떨어진 사업이 추진되는 것을 미연에 방지하여 결과적으로 주민의 만족도를 높이는 환경복지 개선 사업을 발굴 및 추진할 수 있다. 환경복지사업 추진 시에는 환경시민단체 등 비영리기관이 모니터링을 하도록 하고 정책평가에도 참여할 수 있도록 하여 사업평가에 대한 잡음을 막고 공정한 평가가 이루어지도록 하는 것이 필요하다. 또한 지방자치단체의 환경복지와

그림 5-1 환경복지 거버넌스

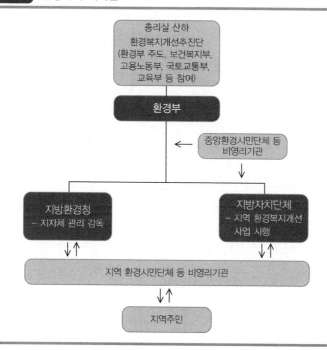

관련된 정책의제 설정, 정책 결정, 정책 집행과 정책 평가 시 지역의 환경 시민단체 등 비영리기관의 참여는 지역 실정을 반영한 적실성 있는 지역 환경복지의 개선 사업을 위해 반드시 필요하다. 이러한 단체들에 대한 재정적·행정적 지원과 사업추진을 감시하는 권한을 위임하는 것 또한 원활하고 성과 있는 정책집행을 위해 필요한 사항이다.

4. 지역의제21 산하(가칭) '환경복지특별위원회' 설치 운영

환경복지정책과 사업은 기초지방자치단체를 통해서 현지 주민의 환경복지 수요를 반영하여 추진되어야 실질적인 효과를 거둘 수 있다. 또한 지역주민들의 자발적이고 적극적인 참여를 통한 사업의 추진으로 지속가능성을 담보해야 할 것이다. 이를 위해서는 기초지방자치단체 차원에서는 부서 간 협의기구 또는 조직을 설치함과 아울러 민·관·산·학이 함께 참여하는 지역 거버넌스 체계를 구축하는 것이 필요하다. 구체적으로 각 기초지방자치단체에 설치되어 있는 지역의제21 산하(가칭) '환경복지특별위원회'를 설치하여 환경복지 거버넌스를 실현할 수 있는 체계를 구축할 필요가 있다.

'환경복지특별위원회(가칭)'는 앞에서 제시한 각종 맞춤형 사업이 기초지방자치단체 차원에서 올바르게 추진될 수 있도록 환경복지실태 공동조사, 사업결정 및 집행과정에서 참여와 감시 등의 활동을 전개해야 할 것이다. 이와 동시에 읍·면·동 또는 마을 단위의 환경복지사업이 주민 참여형 사업으로 추진될 수 있도록 지원하고, '환경복지특별위원회(가칭)', 마을주민, 그리고 사회적 기업 등이 공동으로 참여하는 '환경복지사업단'을 구성하여 사업을 추진하는 방안을 적극 모색할 필요가 있다.

제3장 신규 환경복지정책 개발을 위한 제언

신규 환경복지정책은 정책분야에 따라 환경복지정책을 제도적으로 뒷받침하기 위한 관련 법규 등의 도입과 구체적인 관련 정책 및 사업으로 구분된다. 그리고 환경복지정책을 시행하는 주체에 따라 크게 중앙정부와 지방자치단체가 해야 할 업무로 구분된다. 중앙정부는 주로 관련법규 도입 등 환경복지정책의 제도화, 전국 범위에서 환경질 및 환경서비스의 지역 및 계층 간 격차 완화, 그리고 환경비용부담의 소득역진성 완화, 환경복지 실태조사 및 지표개발 등 정책기반 조성의 역할을 담당해야 한다. 광역 및 기초지방자치단체는 주로 해당 지방자치단체 범위에서 환경복지정책을 추진하는 조직체계를 설치하고 지방자치단체 실정을 반영한 환경복지 사업계획을 수립 및 집행하는 역할을 하는 것이 필요하다. 본 서에서는 각 정책과 사업별로 중앙정부와 지방자치단체의 업무를 개략적으로 구분하여 제안하고자 한다.

1. 관련 법규 도입

(1) 중앙정부

환경복지정책과 관련된 제반 사항 등을 법규로 규정하여 의무적으로 시행하도록 강제하는 방안으로서 주로 규제적 정책수단이 이에 해당한다. 이를 통해 환경재화 및 서비스의 개발과 이용, 환경정책의 결정 및 집행과정에서 민주적 절차를 보장하고 개인 및 지역 간 동등한 권리를 보장한다. 또한 오염물질 배출과 환경사고, 환경재화의 소모와 환경피해에 대한 책임을 강화함으로써 환경재화 및 서비스의 공정하고 공평한 재분배와 소득역진적 효과의 최소화를 실현한다.

이에 해당하는 정책으로서는 중앙정부, 즉 환경복지정책 담당부처인 환경부는 첫째, 환경정책기본법 등에 '환경복지'를 국민의 기본 권리로 명시하고 사회경제적·환경적 취약계층과 취약지역의 환경복지를 보장하는 국가 및 지방자치단체의 책무 규정을 도입한다. 이와 동시에 중앙정부 및 지방자치단체로 하여금 '환경복지종합대책'을 법정대책으로 수립하여 시행하는 의무규정을 명시하여 이를 실질적으로 뒷받침한다. 환경정책기본법은 환경정책의 기본원칙과 목표를 법률차원에서 강제하고 있기 때문에 이러한 규정을 도입함으로써 환경복지정책의 법적 근거가 마련되는 것이다. 구체적인 법규 도입 방안으로서는 환경정책기본법에 환경복지 조항(환경복지 종합대책의 수립)을 신설하여 "환경부장관은 사회경제적 취약계층과 환경적 취약지역의 생활환경을 개선하고 지역, 계층 및 세대 간 환경격차를 해소하여 환경형평성을 보장하기 위한 환경복지종합계획을 5년마다 수립하여 시행하여야 한다"와 같은 조항을 도입하는 것이다.

둘째, 환경영향평가법규, 입지 및 토지이용 행위 관련법규, 도시공원 관련법규에 따른 개발행위 절차에 해당 지역주민 등에 대한 공정한 대우와 실질적인 참여를 보장할 수 있는 규정을 도입한다. 지역 및 계층 간 환경격차와 불평등이 각종 개발사업에 의해 직간접적으로 초래되고 있는 현실에서 이러한 법규의 도입은 실질적인 예방 효과를 발휘할 것으로 기대할 수 있다. 특히 환경부가 주관부서로 있는 환경영향평가법규에 각종 개발사업이 지역, 계층, 세대 간 환경격차 및 불평등에 미칠 영향과 사회경제적 취약지역, 계층 및 세대의 생활환경, 환경안전 등에 미칠 영향을 평가하는 조항을 도입하여 시행할 필요가 있다(추장민 외, 2009: 469).

셋째, 기존의 환경분쟁조정법의 전면개정을 포함하여 전통적인 환경오염 및 생태환경훼손, 환경사고 등으로 인한 국민의 생명, 건강, 재산 피해를 예방하고 사고에 대한 응급대응 및 배상에 관한 책임법제를 도입한다. 특히 예기치 않은 환경사고에 효과적으로 대응하기 위하여 환경책임법 도입 등 관련법규와 제도를 도입해야 할 것이다.

넷째, 환경보건법을 개정하여 취약지역 및 계층 그리고 취약 세대에

해 지원할 수 있는 규정을 대폭 강화할 필요가 있다. 환경정책기본법에 환경복지 조항 신설 등을 통해 환경정책 전반에 대한 복지시책을 도입하 여 '환경질과 환경서비스 최저선'을 보장하는 동시에, 환경보건법을 개정 하여 '보편적 복지' 정책으로써는 해결이 되지 않는 취약지역, 계층 및 세 대를 대상으로 한 '선택적 복지' 정책이 추진될 수 있는 법적 근거를 마련 할 필요가 있다. 구체적으로 취약지역, 계층 및 세대를 대상으로 '환경보건 복지대책'의 수립 및 시행을 규정하는 조항을 도입하는 방안이다.

그러나 위와 같은 관련법규 도입은 그 근거와 필요성, 그리고 사회적 합의과정이 없이는 불가능하고, 모든 관련 법규를 일시에 도입할 수 없기 때문에 단계적으로 추진되어야 할 것이다. 구체적으로 관련 법규의 단계적 도입방안으로써 단기적으로 이른 시일 내에 환경보건법을 우선 개정하여 취약지역, 계층 및 세대의 건강보호를 위한 '선택적 복지' 정책을 강화할 필 요가 있다. 환경보건법 개정의 구체적 방안은 아래와 같이 제안할 수 있다.

첫째, 환경보건의 기본이념에 '환경보건복지 증진'을 추가하는 것이 다. 즉, 환경보건법 제4조(기본이념) 2의 내용을 "어린이, 노인, 장애인 등 환경유해인자의 노출에 민감한 계층 및 저소득층 등 사회경제적 취약계층 과 환경오염이 심한 지역과 환경서비스가 낙후된 지역의 국민을 우선적으 로 보호하고 배려하여 환경보건 복지를 증진하여야 한다"로 수정할 필요 가 있다.

둘째, 환경보건시책의 시행을 국가 등의 책무로 규정하는 것이다. 즉, 환경보건법 제5조(국가 등 책무)에 "국가와 지방자치단체는 지역, 계층 및 세대 간 환경보건 격차를 해소하고 환경보건의 형평성을 보장하기 위한 시책을 세우고 시행해야 한다"는 조항을 신설하는 방안을 고려할 수 있다.

셋째, 환경보건종합계획의 내용에 환경보건복지에 관한 내용을 포함 할 필요가 있다. 구체적으로 환경보건법 제6조(환경보건종합계획의 수립)의 환경보건종합계획에 포함될 사항에 "환경보건 취약지역 및 취약계층의 환 경보건복지 증진에 관한 사항"을 추가하는 방안 등을 고려할 수 있다.

넷째, 환경보건복지 시책의 거버넌스를 실현하기 위하여 환경보건시책의 실질적인 당사자인 취약계층과 취약지역 주민의 참여를 보장할 필요가 있다. 이를 위한 방안으로써 환경보건법 제10조(환경보건위원회 구성 및 운영)에서 환경보건위원회의 위원으로 "환경보건 취약계층과 취약지역의 주민대표자"를 추가할 필요가 있다.

마지막으로 계층, 세대 및 지역 간 환경보건 격차의 해소를 위해서는 환경질이 열악한 지역, 즉 환경오염이 심한 지역뿐만 아니라 환경서비스가 낙후된 지역에 대한 조사와 대책이 필요하다. 따라서 환경보건법 제15조(환경 관련 건강피해의 역학조사 등)의 환경유해인자가 건강에 미치는 영향을 지속적으로 조사·평가할 대상에 "환경서비스가 낙후된 지역에 거주하는 주민"도 포함시킬 것을 고려할 수 있다.

(2) 지방자치단체

광역지방자치단체는 중앙정부 차원에서 관련 법규가 도입되면 관련 법규를 근거로 해당 지방자치단체 차원에서 환경복지정책을 체계적으로 실시하기 위한 관련 조례를 새롭게 제정하거나 기존의 조례에 관련 조항을 도입하는 등의 방법을 통해 법적 근거를 마련할 필요가 있다.

2. 환경복지종합대책 또는 환경보건복지대책 수립 및 집행

(1) 중앙정부

앞에서 제안한 관련 법규의 도입이 없는 상태에서도 중앙정부는 정책적 판단에 따라 환경복지정책을 체계적으로 추진하기 위한 종합대책을 수립하여 집행할 수 있다. 만약 환경정책기본법에 관련 규정이 도입되어 법적 근거를 확보하게 된다면 이는 환경복지에 관한 정책을 총괄하는 법적 대책으로서의 위상을 가진다. 이러한 환경복지종합대책은 아래의 구조와 내용으로 구성될 필요가 있다.

[환경복지종합대책의 구성 및 내용]
○ 수립 및 집행 주체: 환경부장관
○ 기한: 매 5년
○ 주요 사항
  – 주요 환경격차 또는 환경불평등 현황 및 전망
  – 환경복지정책 추진실적 및 평가
  – 환경격차 또는 환경불평등 해소 및 환경복지 목표 설정과 이의
    달성을 위한 지역 및 분야의 단계별 대책
  – 그 밖의 환경복지에 관한 사항
○ 환경부장관은 환경복지종합계획을 수립하는 경우에는 미리 관계 중
  앙행정기관 및 시도지사와 협의하고 공청회 등을 통해 의견 수렴

정책추진의 제반 여건을 고려하여 생활환경 전반에 대한 종합적인 복
지대책을 추진하기 이전에 환경복지정책의 핵심이라고 할 수 있는 환경보
건 분야에 대한 복지정책을 우선적으로 실시할 필요가 있다. 만약 환경보
건법에 관련 규정이 도입되어 법적 근거를 확보하게 된다면 이는 환경보
건복지에 관한 정책을 총괄하는 법정대책으로서의 위상을 세울 수 있다.
이러한 환경보건복지대책은 기존의 환경보건종합계획에 새롭게 포함되어
야 하며 아래의 구체적인 내용으로 구성될 필요가 있다.

[환경보건종합계획에 포함되어야 할 환경보건복지대책의 구성 및 내용]
○ 주요 사항
  – 주요 환경보건 분야의 격차 또는 환경불평등 현황 및 전망
  – 환경보건복지 정책 추진실적 및 평가
  – 환경보건 분야의 격차 또는 환경불평등 해소 및 환경보건복지
    목표 설정과 이의 달성을 위한 지역 및 분야의 단계별 대책
  – 그 밖의 환경보건복지에 관한 사항

(2) 지방자치단체

광역지방자치단체는 중앙정부에서 수립한 환경복지종합대책 또는 환경보건종합계획에 포함되어야 할 환경보전복지대책에 근거하여 지방자치단체의 실제 환경복지 수요를 반영한 해당 지방자치단체 차원의 대책을 수립하여 집행할 필요가 있다.

3. 영역별 맞춤형 정책 및 사업

(1) 환경복지마을 만들기 사업

환경복지마을 만들기 사업은 사회경제적 취약계층이 밀집하여 거주하고 있는 지역과 주요 오염우심지역 또는 생태적으로 취약한 지역을 대상으로 한 생활환경 개선대책이다. 이 사업은 환경복지 중점대상지역으로 선정된 기초지방자치단체 관할의 읍면동 수준 또는 읍면동 보다 소규모의 지역사회 또는 마을을 대상(neighborhood based approach)으로 하여 추진되어야 한다. 왜냐하면 사회경제적 취약계층 밀집거주 지역 주민들의 실제 생활환경은 해당 지역의 주택 및 시설 유형, 오염배출시설, 생태환경, 환경서비스 등이 소지역 단위로 매우 상이하기 때문이다. 또한 소지역 단위의 실제 여건과 수요에 근거한 사업을 추진해야 해당 지역의 생활환경이 실질적으로 개선될 수 있기 때문이다.

이러한 환경복지마을 만들기 사업을 추진하기 위해서는 우선 대상지역을 선정할 필요가 있다. 구체적인 선정기준은 환경복지지표를 개발하여 활용할 필요가 있다. 환경복지지표를 활용하여 환경복지 취약지역을 선정하고 사회경제적 취약계층이 밀집하면서 동시에 환경적으로 취약한 지역을 우선 대상지역으로 선정한다. 그런데 소지역 단위의 환경복지마을 만들기 사업은 기존의 광역 또는 시·군·구 차원의 환경개선사업, 그리고 여타 부처에서 진행하는 각종 마을지원 또는 마을만들기 사업, 그리고 관련 복지사업과 긴밀히 연계 또는 통합하여 추진될 필요가 있다.

환경복지마을 만들기 사업에는 환경복지정책 전체를 집대성한 통합적인 사업으로서 아래와 같은 내용이 기본적으로 포함되어야 할 것이다. 첫째, 해당지역 주민이 중심이 된 추진조직을 구성하여 운영한다. 둘째, 수질, 대기질 등 매체별 환경개선 및 생태환경개선 사업을 실시한다. 셋째, 오염시설철거 및 입지제한 등 오염개선, 생태환경보호에 관한 지침과 계획을 지역주민의 참여하에 수립하고 지역주민들이 자발적으로 시행한다. 넷째, 텃밭, 공원 등 환경친화적 시설 또는 공간을 조성하고, 석면 함유 슬레이트 지붕 처리 지원을 포함한 불량·노후주택 개량 등 사회경제적 취약계층의 주거환경을 개량한다. 다섯째, 도시가스 인입시설 지원 등 에너지 접근성을 제고하고 안전한 음용수 접근성을 보장한다. 여섯째, 저소득층, 아동, 노인, 장애인, 만성질환자 등 사회경제적·생물학적 약자의 건강과 안전을 증진한다. 일곱째, 지역주민의 일자리 및 소득창출에 기여한다.

환경복지마을 만들기 사업의 추진을 위해 환경부는 환경복지마을 선정 기준과 사업지침을 제정하여 지방자치단체에 제공하고 지방자치단체에서 추천한 후보지역 가운데 최종적으로 선정하는 업무를 담당한다. 이때 사업지침에는 반드시 환경복지마을 만들기 예산과 여타 마을 만들기 예산을 연계하여 집행하도록 하는 내용이 포함될 필요가 있다. 또한 환경복지마을 만들기 사업에 필요한 추가적인 예산을 확보하여 각 지방자치단체에 지원한다. 해당 지방자치단체는 환경복지마을 선정 기준과 여타 부처의 마을만들기 사업 선정기준에 근거하여 후보마을을 선정하고 여타 부처의 예산을 포함한 마을만들기 사업에 관한 구체적인 조성계획을 환경부에 제출한다. 그리고 환경복지마을로 선정되면 사업지침과 조성계획에 따라 사업을 시행한다.

(2) 사회경제적 취약계층 환경성질환 예방관리 서비스 지원 사업

사회경제적 취약계층의 환경성 질환에 대한 의료지원사업은 먼저 예방사업이 우선되어야 한다. 이 사업에서 환경부는 환경오염으로 인한 사회경제적 취약계층의 환경성 질환 등 건강에 대한 환경영향조사사업을 대폭 확대하여 실시할 필요가 있다. 특히 아동의 환경성 질환 예방을 위하여 환경부는 광역지방자치단체와 인구 100만 명 이상의 도시에 '어린이 환경성 질환 예방·관리센터'를 설립하여 운영토록 하고, 기초지방자치단체는 사회 경제적 취약계층의 아동에게 돌봄서비스를 제공할 필요가 있다. 또한 광역 및 기초지방자치단체는 환경성 질환의 예방을 위한 교육홍보 및 정보공유 사업을 확대할 필요가 있다. NGO, 사회적 기업, 의료 또는 사회복지 기관 등을 통해 아동, 여성 및 노인을 중점대상으로 삼아 추진해야 할 것이다 이를 위하여 단기적으로는 어린이 건강보호를 위해 보육실·놀이터 및 장 난감·학용품 등의 유해물질 검출 여부 등을 조사·분석하고 위해성이 확 인된 물질에 대한 사용금지와 제한 규정을 마련하여야 할 것이다.

(3) 사회경제적 취약계층 거주공간 실내환경 개선사업

사회경제적 취약계층은 대부분 반지하 또는 불량(노후) 주택 등에 거 주하고 있기 때문에 거주공간의 실내에서 미세먼지, 미생물 등 오염물질에 대한 노출 정도가 상대적으로 심하다. 이들이 거주하고 있는 주거공간의 실내 오염저감과 건강보호를 위해서는 일차적으로 관련 교육과 홍보활동 을 통해 자발적인 참여를 유도하는 예방적 지원 사업이 우선되어야 한다 이와 함께 거주공간의 개량사업을 통해 실질적인 실내환경 개선사업 이 추진될 필요가 있다. 그런데 사회경제적 취약계층이 거주하는 공간의 실내환경 개선사업은 에너지 관련 사업, 그리고 저소득층 의료복지 사업과 연계하여 하나의 복지사업으로 추진되는 것이 효율적이다. 에너지복지사 업의 일환으로 추진되고 있는 '저소득층 난방지원 및 에너지효율 개선사 업'과 통합 또는 상호 연계하여 추진한다면 사회경제적 취약계층의 주택의 실내환경을 개선함과 동시에 에너지부족 문제를 해결하는 효과를 거둘 수 있을 것으로 기대되기 때문이다. 또한 실내환경 개선사업, 에너지효율 개 선사업을 건강복지사업과 통합하여 추진한다면 환경개선, 에너지 접근성 확보, 건강보호라는 3중 효과를 얻을 수 있을 것이다. 이 사업은 기초지방 자치단체의 주관으로 사회적 기업 또는 관련 사회복지기관이 시행하는 방 안을 제시하고자 한다.

(4) 사회경제적 취약가구 아동 및 노인 생활/이용시설 실내환경 개선사업

사회경제적 취약가구의 아동 및 노인의 생활/이용은 크게 영유아 보육시설, 지역아동센터(공부방), 노인복지시설(생활시설, 이용시설)로 구분할 수 있다. 이 시설들에 대한 실내환경 개선사업이 추진되기 위해서는 먼저 전국에 산재해 있는 해당 시설에 대한 실태조사 사업이 추진되어야 한다. 다음으로 실태조사 결과를 토대로 사회경제적 취약계층이 상대적으로 밀집하여 거주하는 지역에 위치하고 있으며 오염농도가 높고 실내시설여건이 열악한 시설을 대상으로 실내개량, 설비지원 등을 통한 실내오염 개선사업을 시행하여야 할 것이다. 이러한 다중 이용시설에 대한 실내환경 개선사업은 환경성질환 예방관리 서비스지원사업 및 에너지효율 개선사업과 연계하여 추진되면 시너지 효과를 발휘하게 될 것으로 기대된다. 그런데 지원방식의 다중이용시설의 실내환경 개선사업은 비영리 공공법인을 중심으로 제한적으로 실시할 필요가 있다. 그리고 지원사업과 더불어 다중이용시설의 환경실태를 평가하고 관리하는 시스템도 도입하여 체계적으로 관리해 나가야 할 것이다. 이 사업 또한 기초지방자치단체 주관으로 사회적 기업 또는 관련 사회복지기관이 시행하는 방안을 제시하고자 한다.

(5) 환경질과 환경서비스의 지역·계층 간 격차해소

환경질과 환경서비스의 지역 및 계층 간 격차해소 정책은 주로 중앙정부에 의해 추진되어야 하며 아래와 같은 일련의 정책으로 구성된다.

첫째, 환경질의 지역 간 격차를 해소하기 위한 정책이 필요하다. 대기오염, 수질오염, 토양오염, 소음 등 환경오염의 공간적 분포에 실태조사를 통해 지역 간 격차해소를 위한 선별적 정책이 추진되어야 할 것이다.

둘째, 깨끗하고 안전한 에너지 및 음용수와 같이 모든 국민들의 생존에 필수적인 공공재에 대한 접근성과 비용부담에서 지역 간 그리고 계층 간 격차를 해소하는 정책이다.

먼저 필수 공공재의 핵심인 에너지 접근성과 부담의 격차를 해소하기 위해서는 도시가스 미보급 지역의 접근성을 제고하고, 등유 등 상대적으로 비싼 에너지를 사용하는 저소득층의 부담을 경감하는 대책이 필요하다. 구체적으로 농촌 등 취약지역과 등유를 상대적으로 많이 사용하는 저소득 계층의 에너지 비용부담을 경감할 수 있도록 도시가스 인프라를 최대한 확대하는 정책이 추진되어야 할 것이다. 그리고 지리적 여건상 도시가스 인프라를 구축하기 어려운 농어촌 지역의 저소득층에 대해서는 고가 에너지 사용에 따른 비용부담을 보전해 주는 대책을 고려할 필요가 있다.

다음으로 상하수도 접근성과 부담의 격차, 즉 물서비스 격차를 해소하기 위해서는 상하수도 보급률이 저조한 농촌지역에 대한 광역/지방상수도 또는 간이상수도 등 적절한 상수도 인프라 확충, 간이상수도 수질관리 강화, 하수처리시설 개선 등의 정책이 필요하다. 특히 상수도 접근성 강화에 역점을 둔 기존의 상수도 인프라 확충사업에서 진일보하여 간이상수도 수질개선 사업, 하수처리시설 설치 및 운영 사업 등 안전하고 깨끗한 물접근성을 확보하는 사업이 대폭 확대될 필요가 있다. 이와 함께 상하수도 요금의 지역 간 격차를 해소하기 위한 실태조사 및 대책이 추진되어야 할 것이다.

지역 및 계층 간 환경서비스의 격차를 완화하기 위해서는 일차적으로 환경서비스 격차에 대한 실태조사가 추진되어야 할 것이다. 특히 지역 간 격차에는 수도권과 비수도권 간, 도시와 농촌 간, 그리고 도시 내 구도시와 신도시 간 격차실태와 원인에 대한 진단도 포함될 필요가 있다.

셋째, 취약지역의 공원, 녹지, 친환경 하천 등 건강한 환경 인프라에 대한 접근성 격차를 해소하기 위해 특별대책이 필요하다.

넷째, 폐기물 관리서비스의 접근성, 특히 도시 외곽 및 농촌지역 폐기물 관리서비스 격차해소를 위한 시설, 장비 및 인력의 확충이 필요하다. 이러한 격차해소 사업에 사회적 기업이 참여한다면 소위 녹색일자리 창출 효과를 유발하여 지역주민의 소득확대에 기여하게 될 것이다.

다섯째, 환경부담의 지역·계층 간 격차해소를 위한 정책이 필요하다. 먼저 환경부담에 대한 지역 간 격차는 환경자원을 제공하는 지역과 이를 소비하는 지역의 불일치로 인해 환경자원을 제공하는 지역이 과도한 경제적, 환경적 부담을 초래하면서 발생한다. 예들 들면, 상수원 보호구역 등 환경보호지역과 이로 인해 혜택을 보는 지역, 수도권 등 에너지 대량소비 지역과 이를 위해 에너지를 생산하여 공급하는 지역 등의 불일치로 인한 경제적 환경적 부담의 격차가 그것이다. 이러한 환경자원의 제공과 소비 지역의 불일치로 나타나는 환경부담의 격차에 대한 실태조사 및 격차 해소를 위한 대책이 마련되어야 할 것이다.

다음으로 환경부담의 계층 간 격차문제는 환경부과금 등 환경정책의 소득역진효과로 인하여 초래되고 있다. 따라서 환경개선을 위해 지출되는 비용부담의 격차해소를 위해서는 비용부담의 소득역진적 분배효과를 완화·상쇄하기 위한 정책을 추진해야 할 것이다. 즉 사회경제적 취약계층에게 비용부담을 직접적으로 '경감(mitigation)'해 주는 정책과 다른 방식을 통해 '보상(compensation)'해 주는 정책을 탄력적으로 추진할 필요가 있다. 그리고 환경부담의 계층 간 격차가 발생하는 것을 예방하기 위해서는 환경개선부담금 등 환경정책의 도입과정에서 소득역진효과를 최소화하는 정책이 동시에 도입될 필요가 있다.

농어촌 지역 및 도시지역의 환경질과 환경서비스의 지역·계층 간 격차해소를 위한 추진할 수 있는 사업을 살펴보면 [표 5-1]과 같다.

표 5-1 농어촌 지역 및 도시지역 환경서비스 개선 사업

농어촌 지역	도시 지역
• 농촌폐기물 수거 강화 • 석면 슬레이트 처리 지원: 서민층 자부담 완화를 위해 철거비 국고 지원액 상향 저소득층에 대해서는 개량비 국고지원 추진 • 깨끗하고 안전한 먹는 물 공급 확대: 농어촌 상수도 보급 개선 및 상수도 미보급지역 지하수 수질검사 서비스	• 건강한 대기질 확보 　– 먼지 총량관리 적용 등 수도권 대규모 사업장 대상 총량관리 선진화 　– 미세먼지 예보제 시행 　– 카 쉐어링(Car Sharing), 관광지 렌트카 등을 전기차로 구매 시 국고지원 　– 전기차 민간보급 시범도시사업 • 층간소음 문제 해결 • 생태휴식공간 확충

(6) 환경안전관리 및 피해보상제도의 강화

환경안전관리 및 피해보상제도는 주로 중앙정부에서 추진해야 할 정책으로서 화학물질 취급시설, 환경위험시설, 원자력 관련시설 등에 대한 안전관리 기준을 강화하고 관리체계도 개선해야 한다. 통상 이러한 시설주변은 낮은 지가로 인해 저소득의 환경취약계층이 거주하는 경우가 많다. 이 시설들에서 배출되는 잔류성, 생체 누적성, 독성을 가지고 있거나 발암성, 성변이성, 재생산영향(CMR) 등을 지닌 화학물질에의 장기간 노출은 예상하지 못한 피해를 초래할 가능성이 높다. 뿐만 아니라 안전사고의 위험도 매우 높다. 특히 이러한 시설들의 관리 과정에 지역주민의 민주적인 참여 절차를 확립하여 정보가 공개되고 안전관리가 강화될 수 있도록 해야 한다.

환경피해는 특정집단이 환경적 위해에 과도하게 노출되는 역진적인 특성이 있다. 이 집단은 자신의 환경권을 인식하고 행사하는 데 취약하다는 특징도 함께 지니고 있다. 우리사회에서는 자신의 권리를 주장하고 방어하는 데에 막대한 시간과 비용이 소요되기 때문이다. 그러므로 화학물질사고 등 환경사고로 인한 환경피해자를 보호하기 위해 환경오염배상책임을 이행할 수 있는 환경책임법제와 환경보험제도와 같은 제도적인 장치를 강화해야 한다. 특히 환경피해 입증책임을 환경피해자에서 환경이용자로 변경함으로써 환경이용자의 환경무해 입증책임을 강화할 필요가 있다.

(7) 기후변화 대응대책 강화

기후변화에 대응하기 위한 정책을 강화하는 것도 환경복지정책에서 고려해야 할 사항이다. 급격한 기후변화가 초래하는 부정적인 영향이 환경취약 계층에 집중될 가능성이 높기 때문이다. 기후변화에 부실하게 대응하면 미래의 환경질을 악화시키고 자원기반을 훼손하므로 미래세대의 행복 및 안전 추구권에 악영향을 줄 우려가 있다.

기후변화 대응정책은 완화와 적응 두 가지 방향으로 이루어진다. 우선 기후변화 완화정책을 추진하는 과정에서 저소득계층에 과도한 부담이

가지 않도록 해야 한다. 예를 들어 기후변화 완화를 위한 에너지 가격인상은 저소득계층에 과도한 부담으로 나타날 수 있다.

미래의 기후변화가 초래하는 생태－경제적 영향을 저감시키기 위한 적응정책에서도 취약계층에 대한 적절한 배려가 요구된다. 폭염, 전염병 등은 노인과 어린이 등이 더 취약할 것이고 폭설, 폭우, 산사태 등 자연재해는 저소득층 등 사회경제적 취약계층이 밀집되어 있는 취약지역에서 집중될 가능성이 상대적으로 높다. 따라서 기후변화 적응정책은 이러한 가능성에 대해 충분히 고려하여 전 국민을 대상으로 한 정책을 추진함과 동시에 사회경제적 취약지역과 취약계층을 보호하기 위한 정책을 대폭 강화할 필요가 있다.

단기적으로는 기후변화 감시·예측 및 이상기후 대응역량을 향상하기 위하여 중소기업을 중심으로 기후변화 리스크 평가 및 적응전략 수립을 지원하는 컨설팅 및 교육을 추진하고, 기후변화로 인하여 증가하는 집중호우로부터 도시 침수에 대비하기 위한 프로그램을 마련할 필요가 있다. 이를 위해서 하수관거, 하수저류시설만으로 침수해소가 불가능한 서울 신월지구 등에 대심도터널을 마련하고 침수대응 시범사업을 실시하는 것이 필요하다.

4. 취약계층 역량강화 지원 사업

(1) 녹색일자리 창출로 생산적 복지 실현

복지정책 중에서 가장 중요한 것은 일자리 제공일 것이다. 스스로 운명의 주체가 되어서 능동적으로 삶을 영위할 수 있도록 하는 것이 복지의 근간이 되어야 한다. 국가가 제공하는 복지서비스에 의존하는 수동적인 삶은 인간행복 증진에 제한적이다.

환경복지정책은 환경취약계층이 환경보전과 개선을 위해서 일을 하면서 자신의 행복을 찾도록 해주는 것이 근간이 되어야 한다. 그런데 환경보전을 위한 여러 가지 사업, 즉 자연환경 정화와 관리, 생물종 서식지 보호, 숲 가꾸기 사업, 폐기물 재활용 및 재이용, 신재생 에너지 공급시설, 환경보건서비스 관련 업종 등은 노동집약적인 특성이 있다. 다량의 실업자가 존재하는 현대사회에서 새로운 일자리 창출의 기회를 제공하는 분야가 환경 분야이다.

이 산업분야들을 정책적으로 육성하여 사회경제적 취약계층에 일자리를 제공한다면 '1석 2조의 효과'를 거둘 수 있다. 그리고 이러한 산업분야에서 사회적 기업들이 창업되고 발전될 수 있도록 해야 한다. 사회적 기업의 전략적 육성을 통해 환경복지 수혜대상이 될 수 있는 저학력, 저소득층의 일자리를 만들자는 것이다. 즉 녹색일자리를 많이 창출하여 환경복지 수혜대상에게 제공함으로써 생산적 복지를 일구어내야 한다. 환경보전과 자원의 순환적 관리와 관련된 일자리를 창출하는 것이다. 예를 들어, 전문화된 환경서비스 제공을 위한 빛환경평가사, 환경영향평가사 등 신규 국가자격을 마련·운영할 수 있을 것이다.

(2) 생태계 보전과 자연 접촉권 확대

환경복지의 근간은 자연환경, 즉 생태계의 온전성을 확보하여 지속가능성을 유지하는 것이다. 즉 지구 환경 개선을 위해서는 이러한 생태순환과정, 즉 에너지와 자원의 재생산 과정이 지속적으로 유지되도록 관리하며 파괴된 것을 복원·복구하여야 한다.

지구 환경의 생태순환과정의 보전과 복원에 있어서 중요한 요소는 생물종 다양성이 보전되는 것이다. 다양한 생물이 생존할 수 있는 여건이 보장될 때에 발전가능성이 지속될 수 있다. 미래세대와의 형평성을 위해 유전자원을 보전하고 생물의 다양성을 인정하며, 습지 등 생태계 보전지역을 관리할 필요가 있다. 기후변화에 대응할 수 있는 생태적 천이(succession, 遷移) 관리도 필요하다.

이와 함께 환경취약 저소득 계층의 자연 향유기회 확대를 위한 정책이 필요하다. 인간은 자연과 호흡할 수 있어야 행복을 더 느끼고 자연에의 빈번한 노출은 정신건강 측면에서도 도움이 된다. 저소득층 주거지역의 자연환경 여건을 개선하고 이들을 위한 자연환경 서비스 제공의 기회가 확대되어야 할 것이다. 특히 맞벌이 저소득 가구의 학생을 위해 방학기간을 이용하여 더욱 많은 시간 동안 국립공원 체험프로그램, 생태탐방 학습기회 등을 제공하는 방안도 적극 고려해야 할 것이다.

5. 환경복지정책 추진기반 조성

(1) 중앙정부

환경복지정책의 추진기반 조성과 관련하여 중앙정부가 추진해야 할 정책과 사업은 다음과 같다.

첫째, 전국 범위에서 환경재화와 환경서비스 수혜지역, 계층 및 세대 간 불평등과 격차에 관한 실태를 조사하여 DB를 구축하고, 환경복지정책의 수요를 정확하게 파악하고 이에 대한 공급실태와 역량을 진단하여야 한다.

둘째, 환경복지종합대책, 분야 및 지역별 대책의 수립, 집행 및 평가를 위한 환경복지지표, 환경질 및 환경서비스 최저선(지수), 그리고 환경복지정책의 구체적인 시행지침을 제정하여 적용하고 광역지방자치단체에 제공하여야 한다.

셋째, 관련 정책과 사업을 우선적으로 실시해야 할 광역지방자치단체 지역, 분야 및 인구집단을 선정한다.

(2) 지방정부

환경복지정책의 추진기반 조성과 관련하여 광역 및 기초지방자치단체가 추진해야 할 정책과 사업은 다음과 같다.

첫째, 광역지방자치단체 범위에서 환경재화와 환경서비스의 지역, 계층 및 세대 간 불평등과 격차에 관한 실태를 조사하여 환경복지정책의 수요를 정확하게 파악하고 이에 대한 공급실태와 역량을 진단하여야 한다.

둘째, 실태조사 DB를 구축하고 관련 정책과 사업을 우선적으로 실시해야 할 기초지방자치단체와 분야 및 인구집단을 선정한다.

셋째, 환경복지정책이 포괄하고 있는 공간정책 및 통합정책의 특성에 근거하여 광역과 기초지방자치단체 차원에서 관련 부서가 참여하는 협의 기구 또는 조직을 설치하여 운영한다. 특히 기초지방자치단체 차원에서는 복지 사업과 예산의 통합적인 집행을 위한 부서 간 협의 기구 또는 조직이 필요하다.

제 4 장   환경복지모형 운영을 위한 제언

1. 환경복지모형 구성 체계

앞서 논의한 관련 법규의 도입과 중앙 및 지방정부의 협력적 거버넌
스 구축, 세부 사업 추진을 위한 예산확보 등도 중요하지만 무엇보다 지역
별 맞춤식 환경복지정책을 추진하기 위해서는 현재의 환경복지 수준을 파
악하는 것이 선행되어야 한다.

본 저서에서는 환경복지를 "모든 국민에게 인간다운 삶을 위한 최소
한의 환경질과 서비스에 대한 접근권을 보장하며, 환경적 안전성 및 쾌적한
환경의 제공을 보장하는 것"으로 정의하고, 환경복지정책을 "환경복지의
정의 실현을 위한 국가 및 지방자치단체의 의사결정"으로 개념화하였다.

이를 바탕으로 환경복지모형은 지역의 환경복지를 개선하기 위한 정

그림 5-2   환경복지모형 구성 체계

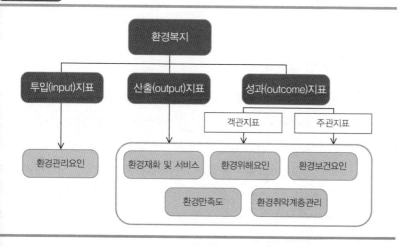

부의 '투입(input)지표'와 환경복지의 현황을 나타내는 '산출(output)지표' 및 '성과(outcome)지표'로 구성된다([그림 5-2] 참고). 여기서 산출지표는 정부의 관리자원의 투입을 통해 나타날 수 있는 중간적 결과물로 볼 수 있으며, 궁극적인 정책의 효과를 측정할 수 있는 성과지표는 다시 '객관지표'와 '주관지표'로 구분해 볼 수 있다. 환경복지모형 구성 체계를 보다 구체적으로 살펴보면, 투입지표는 환경관리요인으로 환경참정권과 정부대응으로 구분되며, 환경복지 수준을 향상시키기 위한 정부의 노력을 측정할 수 있다. 앞서 언급한 바와 같이 환경복지 수준은 산출지표와 성과지표로 측정되는데 이를 구성하는 영역으로는 재화 및 서비스, 환경위해요인, 환경보건요인, 환경만족도, 환경취약계층 관리가 있다.

이러한 구분은 궁극적으로 환경복지모형이 지향하는 비전과 목표를 포괄하면서도 환경복지모형의 활용목적에 따라 다양하게 접근할 수 있는 대안들을 제공한다. 예를 들어 환경복지에 대한 정부의 관리수준을 파악하고자 한다면 투입지표를 중심으로 측정해 볼 수 있고, 현재 환경복지수준을 측정할 때는 산출지표를 고려해 볼 수 있다. 그러나 환경복지 향상을 위해 궁극적으로 정부가 추구해야 하는 바는 환경질과 환경서비스의 최저기준을 넘어 성과지표 수준을 개선하고 주관적인 만족도를 향상하는 데 있을 것이다. 이러한 접근방법은 지방정부의 환경복지정책 구현에도 동일하게 적용할 수 있을 것이다.

2. 환경복지모형 단계별 평가방안

본 서에서 제시한 환경복지모형과 세부지표를 전국적 단위로 지속적으로 활용하기 위해서는 시범평가 및 광역자치단체, 기초자치단체의 단계로 적용범위의 확장을 통해 모형과 지표의 타당성을 확보해 나가야 한다. 이상의 단계별 평기는 [그림 5-3]과 같이 나타낼 수 있다. 「환경정책기본법」 제2조의 제2항 '국가와 지방자치단체가 지역 간, 계층 간, 집단 간에 환경 관련 재화와 서비스의 이용에 형평성이 유지되도록 해야 한다'는 규정을 환경복지평가의 세부 근거로 볼 수 있다.

| 그림 5-3 | 환경복지 단계적 활용계획 |

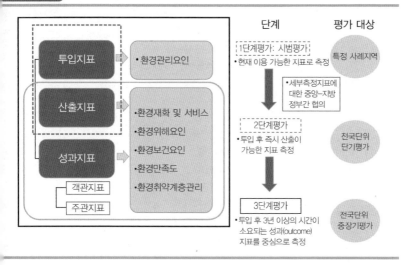

(1) 1단계: 시범평가

앞서 살펴본 바와 같이 현재 우리나라 지방정부의 환경복지 수준이 매우 상이하기 때문에 이를 전국적으로 바로 적용할 경우 발생할 수 있는 현실적인 어려움을 고려하여 먼저 광역시·도 중에서 특정 사례지역을 선정하여 시범평가를 실시하는 것이 바람직할 것이다. 시범 지역을 중심으로 환경복지 수준을 파악하고, 지방정부의 환경복지를 평가하는 데 있어 발생할 수 있는 문제점을 사전에 점검하는 것이 필요하다. 평가주체는 환경부가 되며, 지방정부는 중앙정부가 제시하는 평가기준에 대한 자체평가계획서를 작성하고, 이를 환경부가 평가함으로써 모형의 타당성 및 지방정부의 환경복지 수준 파악할 수 있을 것이다.

우선적으로는 즉시에 평가가 가능한 [표 5-2]의 단기평가지표 또는 부에서 제시된 [표 4-21]의 세부지표 중 투입 및 산출지표를 중심으로 시범평가를 실시함으로써 환경복지의 논의 대상이 되는 여러 측면 중에서 어떠한 정책이 마련될 필요가 있는지, 혹은 어떤 정책이 더 보완될 필요가

표 5-2	환경복지모형 단기평가 지표			

평가영역	하위요소		측정지표	관리주체
관리지표	환경관리 요인	환경 참정권	환경오염 정보공개	중앙/지방
			환경 분야 주민참여예산 비중	지방
			환경 관련 정부위원회 주민대표 비율	지방
			민간단체 환경보조금	지방
			환경복지 관련 사업 예산비중	지방
		정부대응	폐기물 수거 주기	지방
			지방자치단체의 환경보호예산(대체지표)	지방
산출지표	환경재화 및 서비스	수질	**수질오염저감지출**	지방
			상수도 보급률	중앙/지방
			하수 발생량 대비 하수처리시설 설치율	중앙/지방
			상수도 취수원 수질	중앙/지방
			수질 기준 위반 행정처분율	지방
			수질 관련 민원 처리율	지방
		토양	토지사용변화	중앙/지방
		공기질	대기질 기준 위반 행정처분율	지방
			대기질/소음 관련 민원 처리율	지방
		기후변화	인접 강 또는 해수의 조류경보 발생 비율*	중앙/지방
			단수 등 물 공급 중단 빈도*	중앙/지방
			취약지역 수질개선을 위한 필터 설치율*	지방
			혹한·혹설 지역의 사망분포(미래지표)*	지방
	환경위해 요인	1차환경 유해물질	화학물질 배출량	중앙/지방
			유해화학물질 사고율	중앙/지방
			건축자재 사용 시 오염물질 방출량	중앙/지방
			주거시설 내 라돈 농도	중앙/지방
			지정폐기물/방사성폐기물 발생량	중앙/지방
		2차환경 유해물질	대기오염물질 배출허용기준 초과항목 수·초과치 및 초과율	지방
			수질오염물질 배출허용기준 초과항목 수·초과치 및 초과율	중앙/지방
			토양오염물질 기준 초과 지점 수	중앙/지방
			침출수 노출에 의한 토양오염도	중앙/지방
			폐기물 소각량/매립량(대체지표)	중앙/지방
		소음 및 악취	교통소음유발 환경	지방
			소음유발시설과의 근접성	지방
			악취 관련 지표(대체지표)	지방

환경보건 요인	보건서비스	건강보험에서 환경성 질환 보조 정도	중앙/지방
		주요 보건시설 접근성(인구 비율)	지방
환경 만족도	쾌적한 환경	인구 천 명당 도시공원 조성면적	지방
		지자체 인구밀집지역 대비 근린공원 면적	지방
		도시공원 접근성	지방
		지자체 내 어린이 인구 대비 어린이놀이터면적	지방
		개발제한구역 내 도시민 여가활용시설 수	지방
		환경/녹색 사회적 기업 수 및 종사자 수	지방
		녹지 등 자연환경에 대한 접근성	지방
		도시비율에 대한 도시텃밭 면적의 비율(미래지표)	지방
환경취약 계층관리	환경취약 지역	다중 실내공기 오염시설 분포	중앙/지방
		폐수시설 분포	중앙/지방
		폐기물처리시설분포	중앙/지방

주: 신규지표는 *표, 진한 표시는 주목해야 할 지표.

있는지에 대한 정보를 얻을 수 있을 것이다.

(2) 2단계: 전국 단위의 광역시·도 평가

1차연도의 시범평가를 통해 지표의 타당성 및 측정가능성을 평가하여 모형과 지표를 수정한다. 2차연도에는 수정된 모형을 중심으로 16개 광역자치단체를 평가하여 지역 간 격차를 파악할 수 있는 지표와 특정 지역의 환경질과 환경복지서비스 수준의 개선정도를 측정할 수 있는 지표를 구분하여 환경복지모형의 현실 적용가능성을 제고한다. 평가결과는 차기 연도의 환경복지에 대한 계획 수립과 예산배정에 활용함으로써 지속적으로 환경복지 성과를 제고할 수 있는 기제로 활용할 수 있다.

시범평가에서와 마찬가지로 단기적으로는 최종 성과지표 달성도를 파악하기 힘들기 때문에 투입지표와 산출지표를 중심으로 전국단위의 평가를 실시하는 것이 타당할 것이다. 2단계 평가결과를 바탕으로 향후 지표에 대한 정보를 제공하는 것은 물론 차기연도의 계획에 반영하여 계획과 성과가 연계될 수 있도록 하여야 한다.

(3) 3단계: 전국 기초자치단체 단위의 중장기평가

단기적으로는 환경복지에 대한 계획 및 산출 수준을 평가하는 것이 현실적이지만 궁극적으로는 환경복지 성과를 측정하여 평가할 필요가 있다. 즉, 장기적으로는 [표 5-4]의 객관적 성과지표와 [표 5-5]의 주관적 성과지표를 측정하여 실질적인 지방정부의 환경복지수준을 평가할 필요가 있으며, 전국 단위의 중장기평가는 이러한 성과를 평가하는 데 그 목적이 있다.

① 평가대상의 확장

동일한 광역시·도 내에서도 지역 간 격차가 존재하므로 국가적인 수준에서 정확한 평가가 이루어지기 위해서는 16개 광역시·도만이 아니라 기초지방자치단체 수준에서 평가가 이루어질 수 있도록 자료가 확보될 필요가 있다. 이를 위해서 지표를 측정할 수 있는 데이터베이스화 노력이 필요하며, 기초지방자치단체 수준에서의 평가체계 역시 보완될 필요가 있다. 즉, 환경복지 수준을 엄밀히 측정하기 위한 지표의 개발 및 측정과 자료구축의 노력이 병행되어야 한다.

② 중장기 적용방안

환경복지모형은 현재의 환경복지 수준을 파악하는 준거가 되는 것은 물론 향후 지방정부의 환경복지에 대한 계획과 성과를 평가할 수 있는 모형으로서의 가치가 있다. 그러나 현재 이용 가능한 지표들에 대한 자료의 축적이 이루어지지 않고 있으며 이에 따라 전국적인 평가에 어려움이 있다. 뿐만 아니라 환경복지모형에서 미래지표로 제시된 지표들은 자료의 구축과 측정방식의 개발이 필요하며, 주관적 지표와 객관적 지표의 균형을 보완할 수 있는 추가지표의 개발을 통해 환경복지모형 개선을 위한 지속적인 노력이 요구된다.

표 5-3	객관적 성과(outcome) 지표 관리 및 측정			
평가영역	하위요소	측정지표	관리주체	
환경재화 및 서비스	수질	상수도취수원수질	중앙/지방	
		안전한 식수접근 인구(대체지표)	중앙/지방	
	토양	숲의 나무수축에 의한 토지손상(대체지표)	지방	
	대기질	오염물질의 대기농도(대체지표)	중앙/지방	
		도시대기질(대체지표)	중앙/지방	
		대기배출물수준(대체지표)	중앙/지방	
	기후변화	온실가스밀도(대체지표)	중앙/지방	
		기후변화로 인한 침수(미래지표)	중앙/지방	
		이상기온 관련 초과 사망자수/사망률(미래지표)	중앙/지방	
환경위해요인	1차 환경유해물질	석면 노출 정도	중앙/지방	
	2차 환경유해물질	실내공기 유해물질량	지방	
		침출수 노출에 의한 토양오염도	중앙/지방	
	소음 및 악취	교통소음유발 환경	지방	
		소음 노출인구 비율	지방	
		악취 관련 지표(대체지표)	지방	
환경보건요인	질병 관련 요인	어린이 알레르기 질환 유병률	중앙/지방	
		수인성 매개질환 발생률	중앙/지방	
		어린이의 혈중 납 중독	중앙/지방	
		호흡기 질환으로 인한 신생아 사망률	중앙/지방	
		어린이 수인성 질병 발생률	중앙/지방	
		공기오염으로 인한 노인질병 유발률(대체지표)	중앙/지방	
	중장기관리지표	만성질환에 의한 사망률	중앙/지방	
		노인 건강기대수명	중앙/지방	
		영아사망률	중앙/지방	
환경만족도	쾌적한 환경	자연경관(미래지표)	지방	
		종의 다양성(미래지표)	중앙/지방	
		산림자원 이용수준(대체지표)	중앙/지방	
환경취약계층 관리	환경취약지역	특정원인으로 대기오염에 노출된 도시인구 비율	중앙/지방	
	취약계층관리	저소득층 안전한 식수 미접근 인구	지방	
		저소득층 하수처리 미향유 인구	지방	

표 5-4	주관적 성과(outcome) 지표			
평가영역	하위요소	측정지표		관리주체
환경재화 및 서비스	수질	수생태건강성(미래지표)		중앙/지방
		상수원체감환경의 변화		지방
		주민수질만족도(대체지표)		지방
	공기질	대기체감환경의 변화		지방
		주민공기질만족도(대체지표)		지방
	토양	토양체감환경의 변화		지방
환경위해요인	2차 환경유해물질	환경유해물질에 대한 우려도		지방
	소음 및 악취	소음/진동 체감환경의 변화		지방
환경보건요인	질병 관련 요인	주관적 건강수준 인지율		지방
쾌적한 환경	쾌적한 환경	녹지환경도 체감환경의 변화		지방
		미학적 가치(미래지표)		지방
환경취약계층관리	환경취약지역	거주지역의 환경질 수준		지방

3. 환경복지모형 운영 체계(안)

최종모형에 대한 운영 체계를 제시하면 [표 5-5]와 같다. 이는 중앙 정부가 기본계획을 수립하는 것부터 측정결과를 바탕으로 환류하는 일련 의 과정 및 절차를 도식화한 것으로 측정결과를 9월에 발표하여 다음연도 예산에 반영할 수 있도록 하고자 하였다.

먼저 환경부는 1~2월에 환경복지 측정의 기본방향을 확립하기 위하여 기본계획을 수립한다. 3월에 환경복지 측정요소를 선정할 필요가 있으며, 이를 바탕으로 4월에 자치평가 매뉴얼을 확정한다. 3~4월에 환경복지 측정요소와 자치평가 매뉴얼을 확정하는 과정에서 매년 기존지표 측정방식의 개선이나 추가지표가 필요한지에 대한 논의가 이루어져야 할 것이다. 추가지표가 필요할 경우 이에 대한 측정의 문제에 대한 협의도 필요하다. 정성지표의 경우에는 전국단위의 설문이 필요하며, 정량지표의 경우에는 측정을 어떻게 할 것인지에 대한 구체적 논의가 필요하다.

이를 바탕으로 5~6월에는 지방정부가 자체평가서를 작성하여 제출하면, 환경부는 제출된 자체평가서를 바탕으로 7~8월간 평가를 실시한 이후 평가결과를 9월에 발표하도록 한다.

이러한 일련의 과정 이후 지방정부는 스스로 취약분야에 대한 진단을 통해 개선을 위한 정책을 수립하고, 차기연도의 예산 및 정책에 반영하도록 하며, 환경부는 관련 부처와 연계하여 지방정부에 대한 지원방안을 마련한다. 또한 중앙정부는 환경복지모형의 개선 및 발전 방안에 대한 의견을 수립하여 차기연도에 반영하도록 한다.

환경복지 수준의 변화 정도를 파악하기 위해서 환경복지모형을 격년 또는 매 3년 주기로 평가하는 것을 고려해 볼 수 있으며, 평가 이후에는 모형 개선에 대한 논의를 통해 환경복지 모형을 발전시켜 나갈 필요가 있다.

그림 5-4 환경복지모형 운영절차(안)

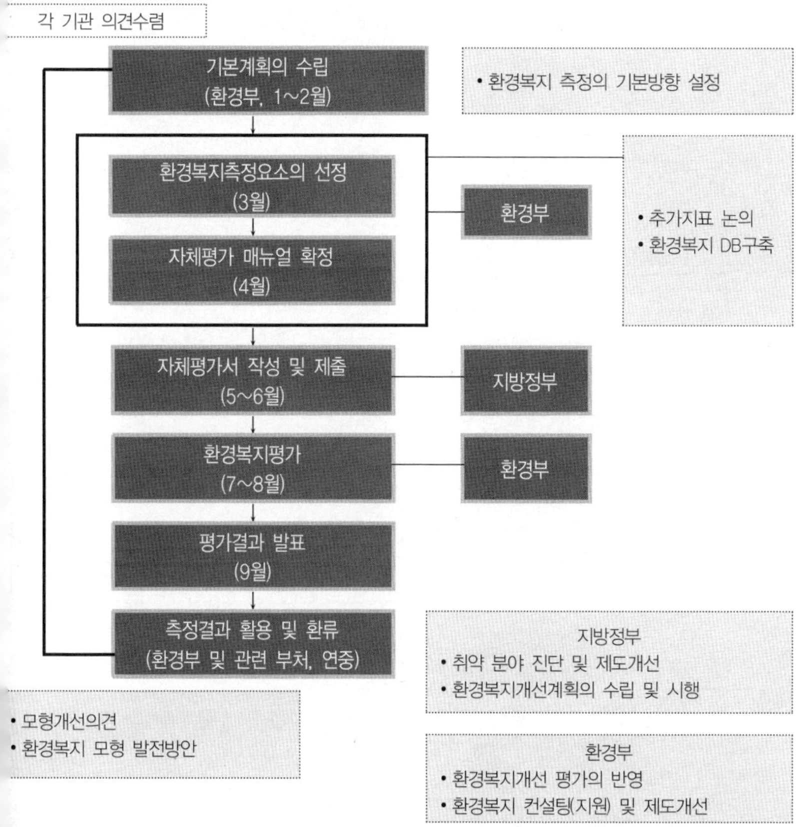

제 4 장 환경복지모형 운영을 위한 제언 | **223**

맺음말

환경복지정책의 고도화를 위하여

지속가능한 발전을 위해 환경과 복지의 연계는 반드시 필요하다. 본 저서에서 논의된 바를 종합하여 환경복지정책의 의의와 추진방향을 다음과 같이 정리할 수 있다.

　첫째, 환경복지정책은 기존의 환경정책과 사회복지정책의 통합적 정책으로서의 함의를 갖고 있다. 즉 환경복지정책은 환경정책에 복지개념을 도입하여 인간의 기본적 권리확보에 초점을 맞추고 있다.

　둘째, 환경복지정책은 헌법에서 보장하고 있는 국민의 기본적 권리인 환경권의 내용과 영역을 구체화하고, 이를 보편적 복지의 영역으로 규정했다는 데 정책적 함의가 있다. 즉, 환경권을 모든 국민이 기본적으로 향유해야 할 '환경질과 환경서비스의 최저기준'으로 구체적으로 규정하고, 이를 환경재화 및 서비스 접근성, 환경상태와 환경안전 측면 등에서 보편적 복지로서 명확히 규정하고 있다.

　셋째, 보편적 환경복지정책추진 시 '환경질과 환경서비스의 최저기준'이 담보되지 못하는 취약지역, 취약계층 및 취약세대에 대한 '선택적 복지' 정책이 우선적으로 고려될 필요가 있다.

　넷째, 환경재화와 서비스의 불평등 또는 격차는 다양한 요인의 복합적 산물이며, 여타 복지정책과 상호연관성을 갖고 중첩되어 있다는 점을 고려하여 에너지복지, 주거복지, 보건의료복지 정책 및 사업 등 제반 복지정책과 긴밀히 연계하여 추진될 필요가 있다.

　다섯째, 주민참여를 통한 생산적 복지, 그리고 지속가능성을 확보하기 위해서는 공간적으로 국가 전체 또는 광역차원의 정책 및 사업과 함께 기초지방자치단체, 읍·면·동 또는 마을단위와 같이 보다 소규모 지역의 정책과 사업에 초점을 맞추어야 할 것이다. 또한 중앙정부와 지방자치단체의 역할분담과 거버넌스 체계를 구축하여 관련 자원을 극대화하고 효율성과 실효성을 제고할 필요가 있다.

　여섯째, 환경복지정책을 장기적이고 안정적으로 뒷받침할 수 있는 법적·제도적 장치를 마련하고, 동시에 지역, 계층 및 세대의 환경복지 수요에 근거한 맞춤형 사업을 체계적으로 추진할 필요가 있다.

이와 더불어 해외 환경복지 관련 정책을 추진하고 있는 미국, 영국, 일본 등의 사례를 통해 국내 환경복지에 대한 정책적 함의를 도출할 수 있다. 특히 취약계층에 편중된 환경부담을 시정하려는 환경오염제거 노력과 지역 환경질 개선을 위한 시민 참여, 자연재해 혹은 인재(人災) 관련 취약지역에의 지원 및 보상은 한국 환경복지 사업 추진에도 주요한 시사점을 주고 있다.

첫째, 공급자 위주의 복지서비스 배분의 효율성보다는 수혜자 위주의 차등화된 서비스를 제공한다는 것이다. 그리고 주민 또는 이해당사자의 자발적인 참여를 유도하여 지역의 활력과 자생력을 강화한다는 것이다.

둘째, 일회적이고 단기적인 대응이 아닌 지속적이고 과학적인 대응체계를 갖고 있다. 또한 중앙정부와 지방정부의 긴밀한 협조를 통해 지역의 '환경적인 조건에 맞는 서비스'를 제공하기 위한 최적의 방법을 찾는다. 취약지역의 근본적인 환경질 개선은 정부의 장기적이고 과학적인 노력에서부터 시작되며, 지역 특성이 다른 환경오염에 대한 이해는 중앙정부가 지닌 '지역의 정보와 지식'을 우선적으로 활용하는 협력체계의 구축이 필요하다는 것이다.

셋째, 정부의 정책적 의지에 기초한 견고한 법적 토대를 가지고 있다는 점에 주목해야 할 것이다. 정책 프로그램의 장기적인 지속성, 특히 정책 프로그램들을 통해 원하는 결과들이 나타날 때까지 장기적이고 안정적인 재원을 확보하는 일은 정책결정자의 강력한 리더십이나 견고한 법적 토대 없이 어려울 것이다. 따라서 우리나라에서 장래 환경복지 개념을 일반화하고 정책을 펼치기 위해서는 그에 부합하는 법제화 과정이 반드시 수반되어야 할 것이다.

넷째, 정부의 정책적 개입은 대부분의 경우 어떤 형태로든 의도하지 않은 결과(unintended consequences)를 수반하게 된다. 환경이 개선되었지만 그 이익을 누리지 못하고, 취약계층이 지가가 낮은 또는 다른 환경이 열악한 지역으로 밀려나는 축출(gentrification and eviction)현상이 나타나게 된다. 이러한 부작용을 줄이기 위한 대안 발굴도 함께 병행되어야 할 것이다.

국내의 환경복지 관련 정책의 주요 내용으로는 첫째, 국가우선관리 환경보건취약지역 선정·관리 등 환경부가 주도적으로 정책을 펼치고 있는 분야, 둘째, 산모·어린이·노인 등 생물학적 취약계층을 중점 정책대상으로 환경부와 보건복지부가 공동으로 추진하고 있는 환경보건대책, 셋째, 학교환경보건의 증진을 목적으로 하는 교육부의 정책 등이 있다. 그 외에도 고용노동부의 영세사업장 및 특수업종의 작업환경 개선 정책과 안전행정부의 자연재해 및 환경·안전사고 대응 대책 등이 있다. 정부는 이러한 정책을 중장기적으로 차질 없이 추진하기 위해 환경보건종합계획을 세워 유관 부처가 긴밀하게 협력하며 종합적으로 추진하고 있다. 이러한 정책을 추진함에 있어 유의해야 할 점은 다음과 같다.

첫째, 중앙부처 간 정책 조정과 협력이 중요하다. 환경부가 중심 부처가 되어 환경복지와 관련된 업무범위를 정립하고 환경복지 측면에서 업무협조가 필요한 타 중앙부처와의 정책 협력 관계를 적극적으로 구축해 나가야 한다.

둘째, 지방정부에 대한 정책 지원 및 관리에 더욱 중점을 두는 것이 필요하다. 지방 정부가 주거 및 생활환경 개선 차원에서 새로운 사업을 할 경우 환경부가 중앙정부 차원에서 지원해주는 방안을 강구해야 한다. 즉, 주거환경 및 주변 생활환경 개선 사업이나 작업장과 주변 공장지대의 환경개선 사업을 지방자치단체가 추진할 경우 환경부가 예산의 일정 비율을 미리 확보하여 지방자치단체에 지원해 주는 것이 필요하다.

셋째, 비영리기관에 대한 권한 위임과 지원 방안을 강구하는 것이 필요하다. 환경복지 개선 사업과 관련하여 중앙 및 각 지역의 환경 관련 시민단체 등 비영리기관이 환경복지 개선 관련 사업의 제안이나 새로운 정책 의제를 제기하는 역할을 할 수 있도록 환경부는 적극적으로 사업 검토와 결정 시 각종 회의에 비영리기관의 대표들을 참여시키는 것이 필요하다.

환경복지정책은 환경재화 및 서비스에 대한 접근성, 환경안전 및 환경보건 등에서 모든 국민이 공평하게 향유할 수 있는 이른바 '환경복지최저기준'을 확보하여 궁극적으로 전 국민의 삶의 질을 개선하는 데 그 목적이 있다. 이에 16개 광역자치단체의 환경질 수준과 선진 환경복지국가에 도달하기 위한 최저 기준을 확보하기 위해 중앙정부와 지방정부의 과제가 무엇인지를 파악하고자 하였다.

첫째, 환경복지모형에서 포함된 신규지표들의 경우 자료를 축적해 나아가는 동시에 투입과 산출 중심의 지표를 활용하여 환경복지평가체계를 구축할 필요가 있다. 1단계로 광역시·도를 중심으로 실제 환경복지를 측정·평가하고, 이를 바탕으로 지역별 격차를 고려하여 정책이 수립·집행될 필요가 있다. 현재와 같이 중앙정부가 정한 사업 내용과 예산에 따라 지방정부가 집행하는 체계에서는 지역의 다양성과 요구수준, 지역별로 상이한 인구구조, 환경여건 등을 적절히 반영하기에는 한계가 있다. 환경복지모형에 따른 평가결과를 바탕으로 한 지역 간 차이를 파악하고 지역에 적합한 환경복지정책을 수립함으로써 궁극적으로 지역의 환경복지수준을 개선할 수 있을 것이다.

둘째, 전국적으로 표준화된 서비스가 제공될 필요성이 있는 경우, 대기질 및 수질과 같이 광역성을 띠는 사업이나 예산이 많이 필요한 사업의 경우에 중앙정부가 컨트롤 타워의 역할을 수행할 필요가 있다. 또한, 표준 매뉴얼이 필요한 서비스 및 고도의 전문성을 요하는 경우에도 중앙정부의 역할이 중요하다. 한편, 취약계층에 대한 선택적 환경복지서비스 제공과 관련하여 재정적 지원은 중앙정부가, 서비스의 전달은 지방정부가 주체가 될 수 있다. 한편, 지역 간 편차가 적으면서 전반적으로 수준이 낮은 환경재의 경우 중앙정부의 정책적 대응은 물론 지원이 필요한 분야가 될 것이다.

셋째, 지방정부는 지역별 편차가 큰 지표의 경우에 환경복지 개선을 위해서 지역의 근접성에 기반을 둔 지방정부의 맞춤식 환경복지정책이 마련되어야 할 것이다. 또한 직접적 관리·감독이 필요할 경우 중앙정부와 연계를 강화하여 서비스를 제공할 필요가 있다.

부　　록

『환경복지실현을 위한 구상안 마련』 전문가 조사

ID

안녕하십니까?

서울대학교 공공성과관리센터에서는 「환경부」의 의뢰를 받아 "환경복지실현을 위한 구상안 마련"을 위해 전문가 조사를 실시하고 있습니다.

본 조사의 목적은 환경복지모형 지표의 최종 선정을 위해 평가영역과 요소, 각 세부지표의 적실성 여부와 우선순위에 대한 가중치를 조사하여 확정하는 데 있습니다.

귀하의 고견은 적실성 있고 타당성 있는 환경복지모형 구축에 크게 기여할 것으로 기대하며, 본 조사에 응답해 주신 내용은 통계목적 외에는 절대로 사용되는 일이 없고, 명확하고 권위 있는 환경복지지표 선정을 위하여만 사용될 것을 다시 한 번 명시해드립니다.

바쁘신 일정에도 불구하고 귀한 시간을 할애해 주셔서 감사합니다.

연구책임자 서울대학교 행정대학원 박순애 교수

본 조사에 대한 관련 문의는 아래의 연락처로 해주시기 바랍니다.

☎ 02-880-8591

주소와 성함을 기입해주시면 소정의 답례품(16기가 USB)을 보내드리겠습니다.

성함 _____
주소 _____

<응답자 특성>
1. 연 령 (   ) 세
2. 성 별 (   )
3. 소 속 (   )
4. 해당 분야 근무 연수 (   ) 년

환경복지정책의 목적은 환경재화 및 서비스 접근성, 환경안전 및 환경보건
등에서 모든 국민이 공평하게 향유할 수 있는 일종의 '환경복지최저선'을 확보하
여 궁극적으로 전 국민의 삶의 질을 개선하는 데 있다. 따라서 환경복지정책의
기본방향은 첫째, 환경재화와 환경서비스에 대한 계층 간, 지역 간 격차를 해소
하고 공평한 분배를 보장하며, 둘째, 사회경제적·환경적 취약지역과 취약계층에
대한 지원을 강화하여 환경재화와 서비스의 결핍상태를 완화하는 데 있다.

'환경복지모형'은 이러한 목적 달성을 위하여 구성된 지표체계로 서비스 공급
및 관리주체와 각 영역별 세부지표로 이루어져 있다. 서비스 수요자는 일반시민
과 취약계층으로 구성된다. 그리고 서비스공급자는 중앙정부와 지방정부로 양자
모두 보편적 환경복지서비스와 선택적 환경복지서비스를 제공한다. 중앙정부는
국제적 또는 지역 간 비교의 필요성이 있는 지표를 주로 관리하고, 지방자치단
체는 기업이나 개인 등 근접성에 의해 직접 감독이 필요한 지표를 관리한다.

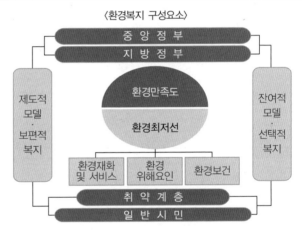

〈환경복지 구성요소〉

환경복지서비스는 중앙정부가 관리·제공하는 보편적 환경복지서비스와 선
택적 환경복지서비스, 지방정부가 관리·제공하는 보편적 환경복지서비스와
선택적 환경복지서비스의 4가지 유형으로 구분될 수 있다. 환경복지영역으로
는 환경복지 최저기준을 담보하기 위한 환경재화 및 서비스, 환경위해요인, 환
경보건, 그리고 환경복지 최저기준 이상의 쾌적한 환경을 제공하고, 환경에 대
한 참정권을 보장하기 위한 환경만족도로 구성되어 있다.

〈환경복지모형 구성영역, 하위요소 세부지표 총괄표〉

영역	하위요소	세부지표	비고
환경재화 및 서비스	수질 (안전한 식수 등)	상수도 보급률, 상수도 취수원 수질, 안전한 음용수, 하수 발생량 대비 하수처리시설 설치율, 지역 내 또는 인접지역 담수 내 대장균 밀도, 단수 등 물 공급중단 빈도, 취약지역 수질개선을 위한 필터설치율, 인접 강 또는 해수의 조류경보 발생 비율, 수질체감환경의 변화	
	공기질	통합대기환경지수, 오염물질의 대기농도, 공장 대비 TMS 설치 비율, 도로교통연료 소비량, 대기체감환경의 변화	
	토양	토지사용변화, 도시지역 불투수면적 비율, 토양체감환경의 변화	
환경위해 요인	폐기물	폐기물의 총량(1인당, 면적당), 지정폐기물 발생량, 방사성폐기물 발생량, 생활폐기물 발생량	
	환경유해물질 (화학물질 폐수 등)	화학물질 유통량 및 배출량, 주거시설 내 라돈 농도, 석면 노출 정도, 유해화학물질 사고율, 건축자재 사용시 오염물질 방출량	
		실내공기 유해물질량, 수질오염물질 배출허용기준 초과항목 수·기준 초과치 및 초과율, 대기오염물질 배출허용기준 초과항목 수·기준 초과치 및 초과율, 분야별 CO_2 배출량, 침출수 노출에 의한 토양오염도, 토양오염물질 기준초과 지점 수, 환경유해물질에 대한 우려도	
	소음	월평균 소음 수준, 교통소음유발 환경, 소음유발시설과의 근접성, 소음/진동 체감환경의 변화	
환경보건 요인	수명관련요인	만성질환에 의한 사망률, 연령표준화 사망률, 영아사망률, 노인 건강기대수명	
	질병관련요인	수인성 매개질환 발생률, 말라리아·뇌염 등 감염성 질환 발생률, 어린이 알레르기 질환 유병률, 어린이의 혈중 납 중독, 어린이 수인성 질병 발생률, 호흡기질환으로 인한 신생아 사망률, 대기오염으로 인한 노인질병 유발률, 실내공기오염으로 인한 노인질병 유발률, 음용수 수질기준 초과율 및 초과율, 주관적 건강수준 인지율	
	보건서비스	건강보험에서 환경성 질환 보조 정도, 주요 보건시설 접근성(인구 비율)	
환경 만족도	환경참정권	환경분야 주민참여예산 비중, 민간단체 환경보조금, 환경오염 정보공개, 환경분쟁 피해 구제비율, 환경 관련 정부위원회 주민대표 비율	
	정부대응	수질 관련 민원 처리율, 대기질 기준 위반 행정처분 수, 대기질 관련 민원 처리율, 대기오염저감지출, 폐기물 관리지출, 폐기물 수거 주기, 소음관련 민원 처리율, 지자체 환경 관련 조례개정 건수, 환경복지 관련사업 예산비중	
	쾌적한 환경	음식원산지 표기비율, 인구 천 명당 도시공원조성면적, 지자체 인구밀집지역 대비 근린공원 면적, 도시공원 접근성, 지자체 내 어린이 인구 대비 어린이놀이터 면적, 개발제한구역 내 도시민 여가활용시설 수, 지역별 자전거도로, 녹지환경도 체감환경의 변화	
환경취약 계층 관리	환경취약지역	1인당 GRDP, 지방자치단체 재정자립도, 총예산 중 환경복지예산비중, 폐수시설 분포, 폐기물처리시설분포, 다중 실내공기 오염시설 분포, 특정원인으로 대기오염에 노출된 도시인구 비율, 소음 노출인구 비율	
	사회적 형평성	빈곤인구비율, 소득불평등에 관한 지니계수, 실업률, 고용안정성지수, 거주지역과 환경질 수준	
	취약계층관리	영유아·어린이 인구 비율, 노인인구비율, 저소득층 하수처리 미향유 인구, 저소득층 안전한 식수 미접근 인구, 지역별 에너지 빈곤층 비중, 가계 소득대비 관리비 부담률	

Ⅰ. 환경복지 구성영역 및 하위요소

1. 환경재화 및 서비스는 물, 공기, 토양 등 환경 관련 공공재와 이를 관리하기 위한 인프라 및 서비스 제공을 의미한다. 환경재화는 국민의 삶에 기본이 되는 재화로 헌법과 환경법에서 모든 국민이 쾌적한 환경에서 생활할 권리를 보장하고 있으며, 이러한 재화와 서비스는 국민의 기본적인 환경권 보장을 위하여 지방정부나 중앙정부를 통해 관리되어야 한다.

1.1 다음은 '환경재화 및 서비스' 영역을 구성하고 있는 하위요소입니다. '환경재화 및 서비스' 영역에 대한 각 하위요소의 적합성 정도를 표기해주시고, 각 가중치 점수의 합이 100점이 되도록 기입해주시기 바랍니다.

환경재화 및 서비스	적합성(낮음 ↔ 높음)							가중치
	①	②	③	④	⑤	⑥	⑦	(100점 만점)
수질(안전한 식수 등)								
공기질								
토양								
								총계 100

1.2 이상의 영역별 하위 요소 외에도 추가되어야 할 요소가 있다면 무엇인지 제시해주세요.

_____

1.3 하위요소로서 부적합한 요소가 있다면 어떤 요소인지 이유를 간략하게 기술해주세요.

_____

2. 환경위해요인은 환경유해물질, 폐기물, 소음 등 그 자체로 인체에 유해한 요인들로 구성되어 있다. 환경위해요인은 생태계를 교란함으로써 인체에 대한 위험을 가중시킬 뿐만 아니라 쾌적한 환경을 저해하는 요인으로 볼 수 있다. 이는 시장실패로 인한 외부효과(external effects)로 볼 수 있으며 환경복지 증진을 위해 정부의 관리가 필요한 영역이다.

2.1 다음은 '환경위해요인'을 구성하고 있는 하위요소입니다. '환경위해요인' 영역에 대한 각 하위요소의 적합성 정도를 표기해주시고, 각 가중치 점수의 합이

100점이 되도록 기입해주시기 바랍니다.

| 환경위해요인 | 적합성(낮음 ←→ 높음) | | | | | | | 가중치 |
	①	②	③	④	⑤	⑥	⑦	(100점 만점)
폐기물								
환경유해물질(화학물질, 폐수 등)								
소음								
								총계 100

2.2 이상의 영역별 하위 요소 외에도 추가되어야 할 요소가 있다면 무엇인지 제시
해주세요.

_____

2.3 하위요소로서 부적합한 요소가 있다면 어떤 요소인지 이유를 간략하게 기술해
주세요.

_____

3. 환경보건은 환경재화 및 서비스의 결핍이나 환경위해요인에 장기간 노출
됨으로써 유발될 수 있는 각종 질환에 대한 지표를 포함한다. 이러한 환
경보건 지표는 궁극적으로 인간 수명과 삶의 질에 영향을 미칠 수 있기
때문에 정부는 환경복지 차원에서 이러한 위해요인을 관리해야 할 필요
가 있다.

3.1 다음은 '환경보건요인'을 구성하고 있는 하위요소입니다. '환경보건요인'에 대
한 각 하위요소의 적합성 정도를 표기해주시고, 각 가중치 점수의 합이 100점
이 되도록 기입해주시기 바랍니다.

| 환경보건요인 | 적합성(낮음 ←→ 높음) | | | | | | | 가중치 |
	①	②	③	④	⑤	⑥	⑦	(100점 만점)
수명관련요인								
질병관련요인								
보건서비스								
								총계 100

3.2 이상의 영역별 하위 요소 외에도 추가되어야 할 요소가 있다면 무엇인지 제시
해주세요.

_____

3.3 하위요소로서 부적합한 요소가 있다면 어떤 요소인지 이유를 간략하게 기술하
주세요.

_____

> 4. 환경만족도는 환경재화와 서비스 배분에서의 공정한 대우를 보장하기
> 위한 시민참여와 정부의 대응을 평가하고, 환경복지 최저기준 이상의
> 쾌적하고 인간다운 삶을 누릴 수 있는 환경 여건 및 수준을 측정한다.

4.1 다음은 '환경만족도' 영역을 구성하고 있는 하위요소입니다. 환경만족도'에 다
한 각 하위요소의 적합성 정도를 표기해주시고, 각 가중치 점수의 합이 100점
이 되도록 기입해주시기 바랍니다.

| 환경만족도 | 적합성(낮음 ⟷ 높음) | | | | | | | 가중치 |
	①	②	③	④	⑤	⑥	⑦	(100점 만점)
환경참정권								
정부 대응								
쾌적한 환경								
								총계 100

4.2 이상의 영역별 하위 요소 외에도 추가되어야 할 요소가 있다면 무엇인지 제시
해주세요.

_____

4.3 하위요소로서 부적합한 요소가 있다면 어떤 요소인지 이유를 간략하게 기술하
주세요.

_____

> 5. 환경복지모형은 환경복지 최저기준을 담보하기 위한 환경재화 및 서비
> 스, 환경위해요인, 환경보건, 그리고 환경복지 최지선을 넘어 궁극적으
> 로 국민들의 삶의 질을 높이기 위한 쾌적한 환경 제공과 환경에 대한
> 참정권을 보장하기 위한 환경만족도로 구성되어 있다.

5.1 위의 질문에서 답변한 환경복지 구성영역에 대한 개념을 생각하시면서 환경복지에 대한 각 영역의 적합성 정도를 표시해주시고 각 가중치 점수의 합이 100점이 되도록 기입해주시기 바랍니다.

| 환경복지 구성영역 | | 적합성(낮음 ⟷ 높음) | | | | | | | 가중치 |
		①	②	③	④	⑤	⑥	⑦	(100점 만점)
환경복지 최저기준	환경재화 및 서비스								
	환경위해요인								
	환경보건요인								
삶의 질 제고	환경만족도								
									총계 100

5.2 환경복지 구성영역 중 이상의 4가지 영역 외에도 추가되어야 할 영역이 있다면 무엇인지 제시해주세요.

_____

5.3 구성영역으로서 부적합한 영역이 있다면 어떤 요소인지 이유를 간략하게 기술해주세요.

_____

Ⅱ. 환경복지 최저기준 하위요소별 세부지표

※ 아래 하위요소별 세부지표를 검토하신 후 첫째, 중앙정부와 지방정부가 각각 관리할 필요성이 있는 지표를 구분해 주시고, 둘째, 복지유형을 국민이면 누구나 향유해야 할 보편적 복지와 취약계층에게 한정되어 제공되어야 하는 선택적 복지개념으로 구분하여 체크해 주시기 바랍니다. 자료구축여부의 '-'표시는 향후 자료를 구축해서 활용하고자 하는 미래지표입니다.

1.1 환경복지 최저기준의 첫 번째 영역인 '환경재화와 인프라'의 국민들에게 안전
한 식수를 제공하기 위한 수질관련 세부지표입니다. 각 지표의 관리주체, 복지
유형, 적합성에 대해 해당 칸에 각각 체크해주세요.

평가 요소	세부지표	산출방법	지표 출처	자료 구축 여부	관리 주체		복지 유형		적합성(낮음 ⟷ 높음)						
					중앙	지방	보편	선택	①	②	③	④	⑤	⑥	⑦
예시	상수도 보급률	상수도보급 가구수/ 전체가구수×100	UNCSD, 통계청	O	✓		✓						✓		
수질	상수도 보급률	상수도보급 가구수/ 전체가구수×100	UNCSD, 통계청	O											
	상수도 취수원 수질		서울시	O											
	안전한 음용수	환경부 먹는 물 수질기준	환경보건 평가지표	–											
	하수발생량 대비 하수처리시설 설치율	지역별 하수, 분뇨발생량 / 지역별 하수처리시설 설치율	통계청	O											
	지역 내 또는 인접지역 담수 내 대장균 밀도	담수 내 대장균 밀도(%)	UNCSD, 국가 지속위	O											
	단수 등 물 공급 중단 빈도	단수 횟수 혹은 시간	통계청	O											
	취약지역 수질개선을 위한 필터 설치율	–	신규	–											
	인접 강 또는 해수의 조류경보 발생 비율	경보발령횟수/ 시간	신규	–											
	수질체감환경의 변화	7점 척도(매우 나쁨 ~매우 좋음) 중 매우 좋아짐과 약간 좋아짐의 합 비율	신규	–											

1.2 수질 구성 지표 중 이상의 지표 외에도 추가되어야 할 지표가 있다면 제시해
주세요.

_____

1.3 수질 지표로서 부적합한 지표가 있다면 어떤 지표인지 이유와 함께 간략하게 기술해주세요.

___

2.1 환경복지 최저기준의 첫 번째 영역인 '환경재화와 인프라'의 안전한 공기질을 담보하기 위한 세부지표입니다. 각 지표의 관리주체, 복지유형, 적합성에 대해 해당 칸에 각각 체크해주세요.

평가요소	세부지표	산출방법	지표출처	자료구축여부	관리주체		복지유형		적합성(낮음 ⟷ 높음)						
					중앙	지방	보편	선택	①	②	③	④	⑤	⑥	⑦
공기질	통합대기환경지수	아황산가스, 이산화질소, 일산화탄소, 오존 등 1시간 노출자료 지수화(5등급)	환경보건평가지표	O											
	오염물질의 대기농도	아황산가스, 먼지(TSP), 오존(O₃), 이산화질소 등 (ppm, μg/m³)	UNCSD, 국가지속위	O											
	공장 대비 TMS 설치 비율	–	신규	–											
	도로교통 연료 소비량	연료판매부피×연료평균에너지용량/대상지역인구	환경보건평가지표	O											
	대기체감환경의 변화	7점 척도(매우 나쁨~매우 좋음) 중 매우 좋아짐과 약간 좋아짐의 합 비율		–											

2.2 공기질 구성 지표 중 이상의 지표 외에도 추가되어야 할 지표가 있다면 제시해주세요.

___

2.3 공기질 지표로서 부적합한 지표가 있다면 어떤 지표인지 이유와 함께 간략하게 기술해주세요.

___

3.1 환경복지 최저기준의 첫 번째 영역인 '환경재화와 인프라'의 토양 관련 세부지표입니다. 각 지표의 관리주체, 복지유형, 적합성에 대해 해당 칸에 각각 체크해주세요.

평가요소	세부지표	산출방법	지표출처	자료구축여부	관리주체		복지유형		적합성(낮음 ⟷ 높음)						
					중앙	지방	보편	선택	①	②	③	④	⑤	⑥	⑦
토양	토지사용 변화	전체 지역 대비 녹지면적 비율, 연도별 녹지면적 증감율 (1,000ha당)	국가 지속위	O											
	도시지역 불투수면적 비율	전체 지역 면적 중 불투수면적 비율, 불투수면적 증가율		–											
	토양체감 환경의 변화	7점 척도(매우 나쁨~매우 좋음) 중 매우 좋아짐과 약간 좋아짐의 합 비율		–											

3.2 토양의 구성 지표 중 이상의 지표 외에도 추가되어야 할 지표가 있다면 제시해주세요.

_____

3.3 토양 지표로서 부적합한 지표가 있다면 어떤 지표인지 이유와 함께 간략하게 기술해주세요.

_____

4.1 환경복지 최저기준의 두 번째 영역인 '환경위해요인'의 폐기물 세부지표입니다.
각 지표의 관리주체, 복지유형, 적합성에 대해 해당 칸에 각각 체크해주세요.

평가요소	세부지표	산출방법	지표출처	자료구축여부	관리주체		복지유형		적합성낮음←→높음						
					중앙	지방	보편	선택	①	②	③	④	⑤	⑥	⑦
폐기물	폐기물의 총량(1인당, 면적당)	환경에 영향을 미치는 폐기물관리, 폐기물수송량	UK	O											
	지정폐기물 발생량	일년 동안 발생한 사업장 지정폐기물 총량	UNCSD, 국가지속위	O											
	방사성폐기물 발생량	일년 동안 발생한 방사성 폐기물 총량(200L 드럼)	국가지속위	O											
	생활폐기물 발생량	1인 1일 생활폐기물 발생량 (1일폐기물/구역인구)	국가지속위	O											

4.2 폐기물의 구성 지표 중 이상의 지표 외에도 추가되어야 할 지표가 있다면 제
시해주세요.

_____

4.3 폐기물 지표로서 부적합한 지표가 있다면 어떤 지표인지 이유와 함께 간략하
게 기술해주세요.

_____

5.1 환경복지 최저기준의 두 번째 영역인 '환경위해요인'의 환경유해물질 관련 세부지표입니다. 각 지표의 관리주체, 복지유형, 적합성에 대해 해당 칸에 각각 체크해주세요.

평가요소	세부지표	산출방법	지표출처	자료구축여부	관리주체		복지유형		적합성(낮음 ↔ 높음)						
					중앙	지방	보편	선택	①	②	③	④	⑤	⑥	⑦
1차 환경유해물질	화학물질 유통량 및 배출량	화학물질별 제조, 판매, 사용 및 수입량 합계 매체별(대기 수질 토양 폐수 및 폐기물) 배출량 합계	환경보건평가지표	○											
	주거시설 내 라돈 농도	전국/지역 라돈수준 초과 주택 수. 주거공간 라돈 수준 평균 및 표준편차 산출	환경보건평가지표	–											
	석면 노출 정도	비직업적 가정적 노출 근접 노출 자연발생 석면 노출인구 순천향대 석면질환 환경보건센터 홈페이지 참조	신규	–											
	유해화학물질 사고율	유해화학물질 관련 사망, 부상, 대피율	노동부 산업재해분석	○											
	건축자재 사용시 오염물질 방출량	연간 관리대상 건축자재 오염물질(포름알데히드, TVOC, 톨루엔)의 수 값을 비교	환경보건평가지표	○											
2차 환경유해물질	실내공기 유해물질량	관리대상 실내공간(다중이용시설: 학교, 사무실 공중이용시설. 미적용 다중이용시설)별 유지기준에 해당하는 오염물질양	UNCSD, OECD, 환경보건평가지표	○											
	수질오염물질 배출허용기준 초과항목 수. 기준 초과치 및 초과율		환경부	○											
	대기오염물질 배출허용기준 초과항목 수. 기준 초과치 및 초과율		환경부	○											

분야별 CO₂ 배출량	에너지공급 기업 교통 거주민 CO_2 배출량	UK	–										
침출수 노출에 의한 토양오염도	침출수 누출 시 지하수에 영향을 미칠 수 있는 침출수 거동 모델	환경보건지표	O										
토양오염물질 기준 초과 지점 수	토양오염우려기준 초과 지점수. 석유류 등 토양오염물질 기준 초과 시설 수	환경부	O										
환경유해물질에 대한 우려도	수입농산물. 농약 오염 우려도 등(매우 불안 약간 불안)		–										

5.2 환경유해물질 구성 지표 중 이상의 지표 외에도 추가되어야 할 지표가 있다면 제시해주세요.

_____

5.3 환경유해물질 지표로서 부적합한 지표가 있다면 어떤 지표인지 이유와 함께 간략하게 기술해주세요.

_____

6.1 환경복지 최저기준의 두 번째 영역인 '환경위해요인'의 소음 관련 세부지표입니다. 각 지표의 관리주체, 복지유형, 적합성에 대해 해당 칸에 각각 체크해주세요.

평가요소	세부지표	산출방법	지표출처	자료구축여부	관리주체		복지유형		적합성(낮음←→높음)						
					중앙	지방	보편	선택	①	②	③	④	⑤	⑥	⑦
소음	월평균 소음 수준			–											
	교통소음유발 환경	교통량 현황. 교통속도, 도로분포	환경보건 평가지표	–											
	소음유발 시설과의 근접성	공항. 소음유발 제조업 등 거리		–											
	소음/진동 체감환경의 변화	7점 척도(매우 나쁨~매우 좋음) 중 매우 좋아짐과 약간 좋아짐의 합 비율		–											

6.2 소음 구성 지표 중 이상의 지표 외에도 추가되어야 할 지표가 있다면 제시해주세요.

_____

6.3 소음 지표로서 부적합한 지표가 있다면 어떤 지표인지 이유와 함께 간략하게
기술해주세요.

7.1 환경복지 최저기준의 세 번째 영역인 '환경보건'의 하위요소와 세부지표입니다.
환경보건은 환경재화와 서비스의 결핍이나 환경위해요인에 장기간 노출됨으로
써 유발될 수 있는 각종 질환에 대한 지표를 포함하고 있습니다. 각 지표의 관
리주체, 복지유형, 적합성에 대해 해당 칸에 각각 체크해주세요.

평가 영역	세부지표	산출방법	지표 출처	자료 구축 여부	관리 주체		복지 유형		적합성(낮음 ⟷ 높음)						
					중앙	지방	보편	선택	①	②	③	④	⑤	⑥	⑦
수명	만성질환에 의한 사망률	성별 사망률	EU	O											
	연령표준화 사망률	국가 사망자료에 의한 지역 내 사망률 평가	통계청	O											
	영아사망률	특정연도의 1세 미만의 사망아 수 대비 당해 연도의 연간 총 출생아 수	UNCSD, 국가 지속 OECD	O											
	노인 건강기대수명	현 65세 인구 건강기대수명	EU	O											
질병발생률	수인성 매개질환 발생률	유발률: 특정기간동안 환자수×1000/총인구수	환경보건 평가지표	–											
	말라리아, 뇌염 등 감염성 질환 발생률	연도별 질병발생자 수/ 연도별 총인구수	환경보건 평가지표	O											
	어린이 알레르기 질환 유병률	천식, 아토피 피부염, 알레르기성 비염 진단 어린이 환자 수	환경보건 평가지표	–											
	어린이의 혈중 납 중독		환경보건 평가지표	–											
	어린이 수인성 질병 발생률		환경보건 평가지표	–											
	호흡기 질환으로 인한 신생아 사망률		환경보건 평가지표												
	대기오염으로 인한 노인질병 유발률	부정맥, 심장질환, 심근경색 뇌졸증 등	air korea	–											

	실내공기오염으로 인한 노인질병 유발률	미세먼지, 간접흡연, 휘발성유기화합물, 이산화질소 등으로 인한 천식 및 만성 폐질환 인구	air korea	–									
	주관적 건강수준 인지율	병원방문횟수, 건강검진횟수 등 자가측정통계	지역사회 건강조사	–									
보 건 서 비 스	건강보험에서 환경성 질환 보조 정도	–	신규	–									
	주요한 보건 시설 접근성 (인구비율)	의사진료자수는 기간 내(2주간) 병.의원 진료자수 대비 조사대상인구(0세 이상)	UNCSD, 국가 지속위	O									

7.2 '환경보건' 영역의 각 하위요소에 제시된 지표 외에도 특히 어린이, 노인 등 민감계층의 환경성 질환이나 그 외에 추가되어야 할 지표가 있다면 하위요소와 지표를 함께 제시해주세요.

7.3 '환경보건' 영역의 하위요소 중 해당 지표로서 부적합한 지표가 있다면 어떤 지표인지 이유와 함께 간략하게 기술해주세요.

III. 환경만족도 하위요소별 세부지표

> ※ 환경만족도는 환경재화와 서비스 배분에서의 공정한 대우를 보장하기 위한 시민참여와 정부의 대응을 평가하고 환경복지 최저기준을 넘어 인간다운 삶을 누릴 수 있는 환경 여건 및 수준을 측정하기 위한 지표체계입니다. 아래 하위요소별 세부지표를 검토하신 후 해당 사항에 체크해주세요.

1.1. 환경만족도 영역의 첫 번째 구성요소인 환경참정권은 환경문제에 대한 시민 참여를 높이기 위한 세부지표입니다. 각 지표의 관리주체, 복지유형, 적합성에 대해 해당 칸에 각각 체크해주세요.

평가요소	세부지표	산출방법	지표출처	자료구축여부	관리주체 중앙	관리주체 지방	복지유형 보편	복지유형 선택	적합성(낮음 ⟷ 높음) ①	②	③	④	⑤	⑥	⑦
환경참정권	환경분야 주민참여예산 비중	주민참여예산/ 환경예산×100	경기도	–											
	민간단체 환경보조금	민간단체환경보조금/ 환경예산×100		–											
	환경오염 정보공개	환경오염 정보공개	환경오염 정보공개	–											
	환경분쟁 피해 구제비율	환경분쟁피해구제건수 /환경분쟁전체소송수		–											
	환경관련 정부위원회 주민대표 비율			–											

1.2 환경참정권 구성 지표 중 이상의 지표 외에도 추가되어야 할 지표가 있다면 제시해주세요.

1.3 환경참정권 지표로서 부적합한 지표가 있다면 어떤 지표인지 이유와 함께 간략하게 기술해주세요.

2.1 환경만족도 영역의 두 번째 구성요소인 정부정책 및 대응 관련 세부지표입니다. 각 지표의 관리주체, 복지유형, 적합성에 대해 해당 칸에 각각 체크해주세요.

평가요소	세부지표	산출방법	지표출처	자료구축여부	관리주체		복지유형		적합성(낮음 ⟷ 높음)						
					중앙	지방	보편	선택	①	②	③	④	⑤	⑥	⑦
정부대응	수질 관련 민원 처리율	–	신규	–											
	대기질 기준 위반 행정처분 수	무허가배출시설 설치운영, 대기오염배출시설 임의변경, 미신고, 배출허용기준 초과수 등	통계청 (환경통계)	O											
	대기질 관련 민원 처리율		환경신문고	–											
	대기오염 저감지출	대기질 목표 달성 위해 대기오염 방지 시설의 설치와 운영과 관련된 정부지출액	국가지속위	△											
	폐기물 관리지출	폐기물관리 설비설치 및 운영을 위한 정부·기업·가계지출	국가지속위	O											
	폐기물 수거 주기	폐기물평균수거횟수/주	통계청	O											
	소음관련 민원 처리율	–	신규	–											
	환경소음 저감대책		환경보건평가	–											
	지자체 환경관련 조례개정 건수	행정지표별 1인당 조례 재개정 건수 중 환경관련 건수(내고장알리미, 행정안전부)	신규	O											
	환경복지 관련사업 예산비중	환경복지관련사업예산/ 총예산	신규	–											

2.2 정부대응 구성 지표 중 이상의 지표 외에도 추가되어야 할 지표가 있다면 제시해주세요.

_____

2.3 정부대응 지표로서 부적합한 지표가 있다면 어떤 지표인지 이유와 함께 간략하게 기술해주세요.

_____

3.1 환경만족도 영역의 세 번째 구성요소인 쾌적한 환경 관련 세부지표입니다. 각 지표의 관리주체, 복지유형, 적합성에 대해 해당 칸에 각각 체크해주세요.

평가 요소	세부지표	산출방법	지표 출처	자료 구축 여부	관리 주체		복지 유형		적합성낮음 ⟷ 높음						
					중앙	지방	보편	선택	①	②	③	④	⑤	⑥	⑦
쾌 적 한 환 경	음식원산지 표기비율	국내 생산 대비 외국 식품 원산지 비율	UK	O											
	인구 천 명당 도시공원조성면적	시도별, 161시군, 2003~2008	통계청	O											
	지자체 인구밀집지역 대비 근린공원 면적	–	신규	–											
	도시공원 접근성	거주지역 일정거리 내 도시공원 분포	신규	–											
	지자체 내 어린이 인구 대비 어린이놀이터 면적	–	신규	–											
	개발제한구역 내 도시민 여가활용시설수	농구장, 야영장, 치유의 숲, 삼림욕장 수	통계청	O											
	지역별 자전거도로	자전거도로 총길이, 인구별길이 (2002~2009)	통계청	O											
	녹지환경도 체감환경의 변화	1997~2010/ 5점 척도 (매우 나쁨~매우 좋음) 중 매우 좋아짐과 약간 좋아짐의 합 비율	통계청 (사회 통계)	O											
	환경/녹색 사회적기업 수 및 종사자 수	녹색/환경 사회적기업 수 및 종사자 수 변화율	경기도	–											
	자발적탄소시장(CDM) 사업 등록현황	등록기업 위치 및 수 /2007~	에너지 관리 공단	O											

3.2 쾌적한 환경 구성 지표 중 이상의 지표 외에도 추가되어야 할 지표가 있다면 제시해주세요.

_____

3.3 쾌적한 환경 지표로서 부적합한 지표가 있다면 어떤 지표인지 이유와 함께 간 략하게 기술해주세요.

_____

IV. 환경취약계층 관리

※ 환경취약계층관리는 모든 국민이 공평하게 환경복지 최저기준을 향유할 수 있도록 선택적 복지의 수혜대상을 결정하는 중요한 요소이다. 환경복지 정책은 지리적 요인과 사회·경제적 요인이 복합되어 나타나므로 기존의 복지취약계층과의 공통점 및 차이점을 고려하여 환경복지의 수혜대상의 결정기준을 환경취약지역과 환경취약계층으로 재정립할 필요가 있다.

.1 환경취약지역 관련 세부지표입니다. 각 지표의 관리주체, 복지유형, 적합성에 대해 해당 칸에 각각 체크해주세요.

평가요소	세부지표	산출방법	지표출처	자료구축여부	관리주체		복지유형		적합성(낮음 ⟷ 높음)						
					중앙	지방	보편	선택	①	②	③	④	⑤	⑥	⑦
환경취약지역	1인당 GRDP	통계청		O												
	지방자치단체 재정자립도	통계청(나라지표)		O												
	총예산 중 환경복지예산비중	신규		–												
	폐수시설 분포	폐수배출시설 수 및 배출량	통계청	O												
	폐기물 처리시설분포	매립지, 소각장, 폐기물 적환장 시설 위치 및 용량(배출량)	통계청	O												
	대기오염 배출시설 분포	시설의 위치 및 배출량(톤/년)	통계청	O												
	다중 실내공기 오염시설 분포	용도별시설수(개수)/ 시군	통계청	O												
	특정원인으로 대기오염에 노출된 도시인구비율	PM_{10}, CO, sumO_3, NO_2, SO_2 등으로 인한 대기오염노출인구	EU	O												
	소음 노출인구 비율	소음원의 소음지도 및 소음발생원 주변 인구밀도를 이용한 노출추정모델	EU, 환경보건 평가 지표	–												

.2 환경취약지역 구성 지표 중 이상의 지표 외에도 추가되어야 할 지표가 있다면 제시해주세요.

1.3 환경취약지역 지표로서 부적합한 지표가 있다면 어떤 지표인지 이유와 함께
    간략하게 기술해주세요.

2.1 환경취약계층 관련 세부지표입니다. 각 지표의 관리주체, 복지유형, 적합성에
    대해 해당 칸에 각각 체크해주세요.

평가 요소	세부지표	산출방법	지표 출처	자료 구축 여부	관리 주체		복지 유형		적합성(낮음 ⟷ 높음)						
					중앙	지방	보편	선택	①	②	③	④	⑤	⑥	
사 회 적 형 평 성	빈곤인구비율	개인화한 가처분 소득(가구소득/ 가구원수^2) 16.5% 이하 인구(2012 기준)	UNCSD, 국가지속 가능위, 통계청	O											
	소득불평등에 관한 지니계수	지니계수	UNCSD, 국가지속 가능위, 통계청	O											
	실업률	실업률	UNCSD, 국가지속 가능위, 통계청	O											
	고용안정성지수	6개월 이하 단기고용 근로자 비율	OECD BLI	O											
	거주지역과 환경질 수준	5점 리커드 [(매우 불만족, 불만족) ~(만족, 매우 만족)]	국민 설문	–											
취 약 계 층 관 리	영유아·어린이 인구 비율	성별, 나이별, 지역별 영유아 / 어린이 인구비율	통계청	O											
	노인인구비율	성별, 거주형태별, 지역별 경제활동 인구별 노인인구비율	통계청	O											
	저소득층 하수처리 미향유 인구	저소득층인구수/하수처 리구역 외 인구수	UNCSD	O											
	저소득층 안전한 식수 미접근인구	저소득층인구수/미급수 인구수(총인구- 급수인구)	UNCSD	O											
	지역별 에너지 빈곤층 비중	소득분위별 가계 광열비 비중	통계청												
	가계 소득 대비 관리비 부담률	관리비의 합(수도세, 전기세, 폐기물 처리세)/전체소득	신규	–											

2.2 환경취약계층 지표 중 이상의 지표 외에도 추가되어야 할 지표가 있다면 제시
해주세요.

2.3 환경취약계층 지표로서 부적합한 지표가 있다면 어떤 지표인지 이유와 함께
간략하게 기술해주세요.

V. 환경복지서비스 전달체계

1. 다음은 환경서비스 전달체계에 관한 문항입니다. 각 서비스 제공의 적절한 주체
에 체크해주세요. 기타에 체크하신 경우 어떤 주체가 바람직한지 기술해주세요.

문항	중앙 정부	지방 정부	시장 (영리기관)	시민단체 (비영리기관)	기타
저소득계층 친환경적 거주환경 개선사업 지원					
저소득계층 거주지역 내 상수도 공급					
공장주변 및 주택밀집지역 매연. 악취 관리					
저소득계층 환경성 질환 의료지원					
저소득계층 환경개선보조금 지원					
저소득계층 환경정보제공 및 네트워크 구축					

2. 다음은 환경복지서비스 전달방식에 관한 문항입니다. 적절하다고 생각되는 전
달방식에 체크해주세요. 기타에 체크하신 경우 어떠한 방식이 바람직한지 기술
해주세요.

문항	현금	바우처	세금감면	직접서비스	기타
저소득계층 친환경적 거주환경 개선사업 지원					
저소득계층 거주지역 내 상수도 공급					
공장주변 및 주택밀집지역 매연. 악취 관리					
저소득계층 환경성 질환 의료지원					
저소득계층 환경개선보조금 지원					
저소득계층 환경정보제공 및 네트워크 구축					

3. 다음 중 환경복지서비스 전담부처로 적절하다고 생각하는 곳에 체크해주세요. 기타에 체크하신 경우 어떤 부처가 적절한지 기술해주세요.

환경부	보건복지부	여성가족부	고용노동부	안전행정부	기타

4. 환경복지모형 전반이나 환경복지 실현을 위해 정부가 수행해야 할 사업 등에 관한 의견이 있으시면 하단에 기술해주세요.

_____

_____

_____

_____

※ 전문가조사에 참여해 주셔서 감사합니다.

참고문헌

■ 국내문헌

고재경.(2012). "환경복지 패러다임의 필요성과 정책방향." 환경정책평가연구원 토론회 발표자료. 「환경복지 토론회; 환경복지, 방향과 과제는?」. pp. 15 – 31.

고재경 외.(2012). 「미래의 복지는 환경복지」. 경기개발연구원. 「이슈&진단」 제35호.

고용노동부.(2012). 「한권으로 통하는 고용노동정책」.

교육과학기술부 · 보건복지부 · 환경부.(2011). 환경보건종합계획.

국립환경과학원.(2010). 「환경보건지표의 발굴 및 개발에 관한 연구」.

국토해양부(2011). 「국토해양 정책융합 효과분석 연구」.

정회성 · 김태용 외.(2011). 「지역기후변화정보 어떻게 활용해야 하나?: 기후변화 적응정책 수립을 위한 제언 중심」.

박명호 외.(2009). "경제사회발전지표의 개발 및 응용." 한국경제포럼 2(4): 115 – 131.

박순애 외.(2010). "지방자치단체 역량이 녹색성장정책 추진에 미치는 영향 연구." 「한국지방자치학회보」. 22(4): 107 – 128.

법제처. 국가법령정보센터. 토양환경보전법 시행규칙.

법제처. 국가법령정보센터. 환경정책기본법.

양장일.(1992). 「서울의 지역별 대기오염도와 소득분포간의 상관관계에 관한 연구」. 서울대학교 환경대학원 석사학위논문.

오영서 · 김번웅.(2004). 「환경행정학」. 서울: 대영문화사.

윤갑식.(1999). 「환경정책과 사회복지: 수도권 지역 내 수질정책의 비용 – 편익분석」. 한양대 대학원 석사학위 논문.

이원형.(2009). 「폐기물 매립세 적용의 타당성 분석」. 현대경제연구원.

이정전.(2008). 「우리는 행복한가」. 서울: 한길사.

장영식.(2007). 「한국인의 삶의 질 수준에 관한 연구」. 한국보건사회연구원.

정우현 외.(2012). 「환경거버넌스의 다각화 현황 및 시사점」. 한국환경정책 · 평가연구원. 제17 – 254호.

정회성.(2012). "환경복지정책의 이념과 과제." 한국환경정책 · 평가연구원 토론회 자료집. 「환경복지. 방향과 과제는?」. pp. 1 – 11.

정회성 · 변병설.(2011). 「환경정책론」. 서울: 박영사.

조복현.(2011). 「저소득층 에너지 복지사업의 도시 정책적 효과 평가: WAP사업을 중심으로」. 세종대학교 도시부동산대학원 석사학위 논문.

추장민.(2012). 「환경불평등 실태와 환경복지 정책과제」. 한국정책지식센터 · 한국행정연구소 제654회 「정책&지식」포럼 자료집.

추장민 외.(2009). 「도시지역 저소득계층 보호를 위한 환경정책 연구 Ⅱ – 2」. 경제 ·

인문사회연구회 협동연구총서 09-38-02. 한국환경정책·평가연구원.

최경구.(1997). "통일시대의 복지이데올로기-파라다임의 전환과 환경복지자본주의." 성균관대학교 사회과학연구소. 「사회과학」. 36(2): 1-18.

최경구.(2006). "환경복지국가연구: 지속가능성의 패러다임과 사회복지의 결합." 「사회복지정책」. 24(4): 337-360.

최승철.(2011). "도시 및 지역의 환경정의: 수도권 지역의 환경불평등 실태를 중심으로." 녹색도시컨퍼런스 자료집.

최재천.(2009). 「생태복지의 개념 및 적용모델개발」. 보건복지부 건강증진사업결과보고서.

행정안전부.(2012). 행정안전부 업무보고.

홍개영.(2005). 「환경복지정책형성에 있어서 환경복지정책원리에 관한 연구」. 성균대 대학원 석사학위 논문.

홍성태.(2009). "생태위기와 세대정치-생태복지사회의 관점." 「경제와 사회」. 통권 81호: 89-111.

환경부.(2000). 「국가환경성평가지표 개발·적용연구」.

환경부.(2001a). 「Toward Sustainable Development. OECD(1998)」.

환경부.(2001b). 「국가지속가능발전지표 및 활용방안연구」.

환경부.(2002). 「환경백서」.

환경부.(2010). 내부문서. "09년도 공공하수처리시설 운영관리실태 평가결과."

환경부.(2011a). "주요정책-토양, 2011년도 특정토양오염관리대상시설 현황 및 토양오염조사결과."

환경부.(2011b). 「환경백서」.

환경부.(2012). 주요정책. "폐기물 소각 및 매립시설 현황(2010년 말 기준)."

황규선.(2012). 「강원도 행복지수 작성을 위한 기초연구」. 강원발전연구원.

황규선.(2005). 환경복지사회로 나아가는 길 위에서: 제주도 사회복지정책을 중심으로. 「耽羅文化」. 제27호: 1-17.

■ 국외문헌

Asch, P. & Seneca. J. J.(1978). "Some Evidence on the Distribution of Air Quality." *Land Economics* 54(4): 278-297.

Asch, P. & Seneca. J. J.(1980). "The Incidence of Water Quality: A County Level Analysis." *Water Resources Research* 16(2): 319-324.

Bullard, Robert, D. & Glenn S. Johnson.(2000). "Environmental justice Grassroots activism and its impact on public policy decision making." *Journal of Social Issues* 56(3): 555-578.

CDC.(2012). *Climate and Health Program Brochure.*

DEFRA.(2012). *Informal Consultation on Sustainable Development Indicators.*

EPA.(2008). *The US EPA's Sunwise Program: Roadmap.*

EPA.(2009). *Screening－Level Hazard Characterization.* Alkylphenols Category.

EPA.(2011). *Environmental Justice Small Grants Program Fact Sheet.* Environmental Protection Agency Compliance Assurance Office of Environmental Justice. 2201A.

Eurostat.(2011). *Sustainable development in the European Union 2011: monitoring report of the EU sustainable development strategy.*

Freeman III, Myrick. A.(1972). Distribution of Environmental Quality in *Environmental Quality Analysis: Theory and Method in the Social Sciences.* Baltimore: The Johns Hopkins Press.

Golembiewski, Robert & Michael J. White.(1983). *Cases in Public Management.* Boston: Houghton Mifflin Co..

HUD.(2009). *Leading Our Nation to Healthier Homes: The healthy Homes Strategic Plan.*

Jayalakshmi, T. & A. Santhakumaran.(2011). "Statistical Normalization and Back Propagation for Classification." *International Journal of Computer Theory and Engineering.* 3(1): 89－93.

King et al,(1995). "Temporal Instability of the Unemployment－Inflation Relationship." *Economic of the Federal Reserve Bank of Chicago* 19: 2－12.

Kneese, A. V. & Bower, B. T., eds. (1972). *Environmental Quality Analysis: Theory and Method in the Social Sciences.* Baltimore: The Johns Hopkins Press. pp. 243－278.

Kyle, J.W., et al.(2008). "Economic Evaluation of the U.S. Environmental Protection Agency's SunWise Program: Sun Protection Education for Young Children." *Pediatrics.* 121(5): e1074－e1084.

LWCF.(2011). *LWCF Factsheet.*

Matus, K. & K.－M. Nam & N.E. Selin & L.N. Lamsal & J.M. Reilly & S. Paltsev.(2012). *Health Damages from Air pollution in China.* MIT Joint Program Report. March 2011.

OECD.(1995). *Environmental Principles and Concepts, Joint Session of Trade and Environment Expert.* 20－22 March 1995.

OECD.(2001). *OECD Environmental Indicators towards Sustainable Development.*

OECD.(2011). *OECD Sustainable Governance Indicators.*

Oliveria, S.A, et al.(2006). "Sun Exposure and Rik of Malanoma." *Arc Dis Child.* 91(2): 131－138.

Park, Soonae & Dukyun Hwang.(2010). "An Analysis of Policy Satisfaction

Using the Expectancy Disconfirmation Model." *The Korean Journal of Policy Studies* 25(3): 47−67.

Park, Soonae & Hyunwoo Tak.(2012). "The environmental effects of the CNG bus program on metropolitan air quality in Korea." *Annals of Regional Science* 49(1): 261−287.

Park, Soonae & Youngmi Lee.(2011). "Regional model of EKC for air pollution: Evidence from the Republic of Korea." *Energy Policy* 39(10): 5840−5849.

Pops, Gerald M.(1997). "Seeking Environmental Equity and Justice," KETRI. *Environmental Ethics for the 21st Century*. March 1997: 1−32.

Pruss−Ustun, A. & Corvalan. C. (2006). *Preventing Disease through Healthy Environment*. WHO.

Sachs, Jeffrey D. (2011). *The Price of Civilization: Reawakening American Virtue and Prosperity*. New York: Random House.

Steinbuka et al.(2007). *Indikatorer for sosial bærekraft til bruk i planlegging ogutvikling av boligomrader*. Norwegian Institute for Urban and Regional Research.

TPL.(2009). *Report 2009*.

UNCSD.(2011). *Indicators of Sustainable Development−CSD: Guidelines and Methodologies*.

Welsch.(2007). "Environmental welfare analysis: A life satisfaction approach." *Ecological Economics* 62(3−4): 544−551.

WMO & UNEP.(2007). *Climate Change 2007: Synthesis Report*. A Report of the Intergovernmental Panel on Climate Change.

■ 국내 및 해외 사이트

강원발전연구원 http://www.gdri.re.kr

경기통계 http://stat.gg.go.kr

고용노동부 http://moel.go.kr

국가기록원 나라기록 http://contents.archives.go.kr

국가법령정보센터 http://www.law.go.kr

국가통계포털홈페이지 http://www.kosis.kr

국립환경과학원 http://www.nier.go.kr

국민건강보험공단 http://www.nhic.or.kr

국토교통부 http://www.mltm.go.kr

국회도서관 http://www.nanet.go.kr

대통령기록관 http://www.pa.go.kr
대형폐기물온라인시스템 http://waste.suwon.go.kr
물환경정보시스템 http://water.nier.go.kr
법제처 http://www.moleg.go.kr
보건복지부 http://www.mw.go.kr
보건복지부통계포털 http://stat.mw.go.kr
서울대학교중앙도서관 http://library.snu.ac.kr
서울특별시서울통계 http://stat.seoul.go.kr
안전행정부 http://www.mopas.go.kr
e-나라지표 http://www.index.go.kr
정부연구 프리즘 http://www.prism.go.kr
토양지하수정보시스템 http://sgis.nier.go.kr
한국교통연구원 http://www.koti.re.kr
한국환경정책·평가연구원 http://www.kei.re.kr
한국폐기물협회 http://www.kwaste.go.kr
환경부 http://www.me.go.kr
환경연구종합포털 http://www.nier.go.kr
환경용어사전 www.me.go.kr
환경일보 http://www.hkbs.co.kr
환경통계연감 http://stat.me.go.kr
환경통계포털 http://stat.me.go.kr
ATSDR http://www.atsdr.cdc.gov
Brownfield http://epa.gov/brownfields
CARE http://www.epa.gov/care
CIW http://www.ciw.ca
EUROPA http://europa.eu
JSTOR http://www.jstor.org
OECD http://www.oecd.org
Superfund http://www.epa.gov/superfund
UK DEFRA http://www.defra.gov.uk
UNCSD http://www.un.org/esa/sustdev/natlinfo
US EPA http://www.epa.gov
US HUD http://www.hud.gov
US LWCF http://www.lwcfcoalition.org

찾아보기

저자 약력

박순애

(현) 서울대학교 행정대학원 교수
환경정책학회 편집위원장
지식경제부 에너지위원회 위원
지속가능위원회 민간위원
환경부 자체평가위원
서울시 녹색시민위원회 위원
환경운동연합 중앙집행위원
University of Michigan 행정학(Planning) 박사

구철회

(현) 청주대학교 행정학과 교수
보건복지부 과장
언론중재위원회 위원
보건복지부 정책평가위원
국무총리실 정책평가위원
영국 Oxford 대학 박사

이희선

(현) 국무총리 산하 경제·인문사회연구회 전문위원
서울대학교 행정대학원 공공성과관리센터 선임연구원
서울대학교 행정학 박사

장원창

(현) 인하대학교 경제학과 교수
금융감독원 제재심의위원
기획재정부 공기업경영평가위원
한국금융연구원 연구위원
Purdue University 경제학 박사

정남지

(현) 인천발전연구원 연구위원(지역경제개발)
서울시립대학교 도시행정학과 강사
한국교통연구원 초빙부연구위원
코넬대학교 초빙조교수
플로리다 주립대학교 초빙조교수
시드니 대학교 강사
Cornell University 도시 및 지역계획학(City and Regional Planning) 박사

정회성

(현) (사)환경과문명
(현) 한국환경한림원 부회장(인문사회분과위원장)
(현) 코리아DMZ협의회 상임대표
한국환경정책평가연구원 원장
한국환경정책학회 회장
국가지속가능발전위원회 본위원회 위원
West Virginia University 정책학 박사

추장민

(현) 한국환경정책·평가연구원 글로벌전략센터 연구위원
(현) 환경부 황사대책위원회 위원
(현) 기상청 남북기상협력 자문위원
미쯔비시화학생명과학연구원 특별기술원
북경대학교 환경과학(중국환경/국제환경정책) 박사

환경과 복지

초판인쇄   2014년 1월 20일
초판발행   2014년 1월 30일

엮은이   박순애, 정회성, 정남지, 장원창, 추장민, 구철회, 이희선
펴낸이   안종만

편 집   김선민 · 전채린
기획/마케팅   조성호 · 정병조
표지디자인   홍실비아
제 작   우인도 · 고철민

펴낸곳   (주) **박영사**
               서울특별시 종로구 새문안로3길 36, 1601
               등록 1959. 3. 11. 제300-1959-1호(倫)

전 화   02)733-6771
f a x   02)736-4818
e-mail   pys@pybook.co.kr
homepage   www.pybook.co.kr
ISBN   979-11-303-0034-4   93350

Copyright©박순애 외, 2014, Printed in Korea

※ 본 저서는 서울대학교 행정대학원 공공성과관리연구센터에서 수행한 환경부의
  "환경복지 실현을 위한 구상(안) 마련" 연구용역에 기반하여 작성되었음
※ 잘못된 책은 바꿔드립니다. 본서의 무단복제행위를 금합니다.
※ 저자와 협의하여 인지첩부를 생략합니다.

정 가   18,000원